陳福成著

陳福成著作全編

第六冊　國家安全與戰略關係

文史哲出版社印行

國家圖書館出版品預行編目資料

陳福成著作全編 / 陳福成著. -- 初版. --臺北
市：文史哲,民 104.08
頁： 公分
ISBN 978-986-314-266-9（全套：平裝）

848.6　　　　　　　104013035

陳福成著作全編

第六冊　國家安全與戰略關係

著　者：陳　福　成
出版者：文　史　哲　出　版　社
http://www.lapen.com.tw
登記證字號：行政院新聞局版臺業字五三三七號
發行人：彭　正　雄
發行所：文　史　哲　出　版　社
印刷者：文　史　哲　出　版　社
臺北市羅斯福路一段七十二巷四號
郵政劃撥帳號：一六一八〇一七五
電話886-2-23511028・傳真886-2-23965656

全 80 冊定價新臺幣 36,800 元

二〇一五年（民一〇四）八月初版

ISBN 978-986-314-266-9　　08981

陳福成著作全編總目

壹、兩岸關係

①決戰閏八月
②防衛大台灣
③解開兩岸十大弔詭
④大陸政策與兩岸關係

貳、國家安全

⑤國家安全與情治機關的弔詭
⑥國家安全與戰略關係
⑦國家安全論壇。

參、中國學四部曲

⑧中國歷代戰爭新詮
⑨中國近代黨派發展研究新詮
⑩中國政治思想新詮
⑪中國四大兵法家新詮：孫子、吳起、孫臏、孔明

肆、歷史、人類、文化、宗教、會黨

⑫神劍與屠刀
⑬中國神譜
⑭天帝教的中華文化意涵
⑮奴婢妾匪到革命家之路：復興廣播電台謝雪紅訪講錄
⑯洪門、青幫與哥老會研究

伍、詩〈現代詩、傳統詩〉、文學

⑰幻夢花開一江山
⑱赤縣行腳・神州心旅
⑲「外公」與「外婆」的詩
⑳尋找一座山
㉑春秋記實
㉒性情世界
㉓春秋詩選
㉔八方風雲性情世界
㉕古晟的誕生
㉖把腳印典藏在雲端
㉗從魯迅文學醫人魂救國魂說起
㉘六十後詩雜記詩集

陸、現代詩（詩人、詩社）研究

㉙三月詩會研究
㉚我們的春秋大業：三月詩會二十年別集
㉛中國當代平民詩人王學忠
㉜讀詩稗記
㉝嚴謹與浪漫之間
㉞一信詩學研究：解剖一隻九頭詩鵠
㉟囚徒
㊱胡爾泰現代詩臆說
㊲王學忠籲天詩錄

柒、春秋典型人物研究、遊記

㊳山西芮城劉焦智「鳳梅人」報研究
㊴在「鳳梅人」小橋上

總序：陳福成的一部文史哲政兵千秋事業

陳福成先生，祖籍四川成都，一九五二年出生在台灣省台中縣。筆名古晟、藍天、司馬千、鄉下人等，皈依法名：本肇居士。一生除軍職外，以絕大多數時間投入寫作，範圍包括詩歌、小說、政治（兩岸關係、國際關係）、歷史、文化、宗教、哲學、兵學（國防、軍事、戰爭、兵法），及教育部審定之大學、專科（三專、五專）、高中（職）等各級學校國防通識（軍訓課本）十二冊。以上總計近百部著作，目前尚未出版者尚約二十部。

我的戶籍資料上寫著祖籍四川成都，小時候也在軍眷長大，初中畢業(民57年6月)，投考陸軍官校預備班十三期，三年後（民60）直升陸軍官校正期班四十四期，民國六十四年八月畢業，隨即分發野戰部隊服役，到民國八十三年四月轉台灣大學軍訓教官。到民國八十八年二月，我以台大夜間部（兼文學院）主任教官退休（伍），進入全職寫作高峰期。

我年青時代也曾好奇問老爸：「我們家到底有沒有家譜？」

他說：「當然有。」他肯定說，停一下又說：「三十八年逃命都來不及了，現在有個鬼啦！」

兩岸開放前他老人家就走了，開放後經很多連繫和尋找，真的連鬼都沒有了，茫茫無垠的「四川北門」，早已人事全非了。

但我的母系家譜卻很清楚，母親陳蕊是台中縣龍井鄉人。她的先祖其實來台不算太久，按家譜記載，到我陳福成才不過第五代，大陸原籍福建省泉州府同安縣六都施盤鄉馬巷。

第一代祖陳添丁、妣黃媽名申氏。從原籍移居台灣島台中州大甲郡龍井庄龍目井字水裡社三十六番地，移台時間不詳。陳添丁生於清道光二十年（庚子，一八四〇年）六月十二日，卒於民國四年（一九一五年），葬於水裡社共同墓地，坐北向南，他有二個兒子，長子昌，次子標。

第二代祖陳昌（我外曾祖父），生於清同治五年（丙寅，一八六六年）九月十四日，卒於民國廿六年（昭和十二年）四月二十二日，葬在水裡社共同墓地，坐東南向西北。陳昌娶蔡匏，育有四子，長子平、次子豬、三子波、四子萬芳。

第三代祖陳平（我外祖父），生於清光緒十七年（辛卯，一八九一年）九月二十五日，卒於（年略記）二月十三日。陳平娶彭宜（我外祖母），生光緒二十二年（丙申，一八九六年）六月十二日，卒於民國五十六年十二月十六日。他們育有一子五女，長子陳火，長女陳變、次女陳燕、三女陳蕊、四女陳品、五女陳鶯。

以上到我母親陳蕊是第四代，到筆者陳福成是第五代，與我同是第五代的表兄弟姊妹共三十二人，目前大約半數仍在就職中，半數已退休。

寫作是我一輩子的興趣，一個職業軍人怎會變成以寫作為一生志業，在我的幾本著作都詳述（如《迷航記》、《台大教官興衰錄》、《五十不惑》等」。我從軍校大學時代開始寫，從台大主任教官退休後，全力排除無謂應酬，更全力全心的寫（不含為教育部編著的大學、高中職《國防通識》十餘冊）。我把《陳福成著作全編》略為分類暨編目如下：

壹、兩岸關係

①《決戰閏八月》②《防衛大台灣》③《解開兩岸十大弔詭》④《大陸政策與兩岸關係》。

貳、國家安全

⑤《國家安全與情治機關的弔詭》⑥《國家安全與戰略關係》⑦《國家安全論壇》。

參、中國學四部曲

⑧《中國歷代戰爭新詮》⑨《中國近代黨派發展研究新詮》⑩《中國政治思想新詮》⑪《中國四大兵法家新詮：孫子、吳起、孫臏、孔明》。

肆、歷史、人類、文化、宗教、會黨

⑫《神劍與屠刀》⑬《中國神譜》⑭《天帝教的中華文化意涵》⑮《奴婢妾匪到革命家之路：復興廣播電台謝雪紅訪講錄》⑯《洪門、青幫與哥老會研究》。

伍、詩〈現代詩、傳統詩〉、文學

⑰《幻夢花開一江山》⑱《赤縣行腳‧神州心旅》⑲《「外公」與「外婆」的詩》、⑳《尋找一座山》㉑《春秋記實》㉒《性情世界》㉓《春秋詩選》㉔《八方風雲性情世界》㉕《古晟的誕生》㉖《把腳印典藏在雲端》㉗《從魯迅文學醫人魂救國魂說起》㉘《60後詩雜記詩集》。

陸、現代詩（詩人、詩社）研究

67《政治學方法論概說》68《西洋政治思想概述》69《中國全民民主統一會北京行》70《尋找理想國：中國式民主政治研究要綱》。

拾參、中國命運、喚醒國魂

71《大浩劫後：日本 311 天譴說》、《日本問題的終極處理》72《台大逸仙學會》。

拾肆、地方誌、地區研究

73《台北公館台大地區考古・導覽》74《台中開發史》75《台北的前世今生》76《台北公館地區開發史》。

拾伍、其他

77《英文單字研究》78《與君賞玩天地寬》（別人評論）79《非常傳銷學》80《新領導與管理實務》。

我這樣的分類並非很確定，如《謝雪紅訪講錄》，是人物誌，但也是政治，更是歷史，說的更白，是兩岸永恆不變又難分難解的「本質性」問題。

以上這些作品大約可以概括在「中國學」範圍，如我在每本書扉頁所述，以「生長在台灣的中國人為榮」，以創作、鑽研「中國學」，貢獻所能和所學為自我實現的途徑，以宣揚中國春秋大義、中華文化和促進中國和平統一為今生志業，直到生命結束。我這樣的人生，似乎滿懷「文天祥、岳飛式的血性」。

抗戰時期，胡宗南將軍曾主持陸軍官校第七分校（在王曲），校中有兩幅對聯，一是「升官發財請走別路、貪生怕死莫入此門」，二是「鐵肩擔主義、血手寫文章」。前聯原在廣州黃埔，後聯乃胡將軍胸懷，「鐵肩擔主義」我沒機會，但「血手寫文章」的

「血性」俱在我各類著作詩文中。

人生無常，我到六十三歲之年，以對自己人生進行「總清算」的心態出版這套書。

回首前塵，我的人生大致分成兩個「生死」階段，第一個階段是「理想走向毀滅」，年齡從十五歲進軍校到四十三歲，離開野戰部隊前往台灣大學任職中校教官。第二個階段是「毀滅到救贖」，四十三歲以後的寫作人生。

「理想到毀滅」，我的人生全面瓦解、變質，險些遭到軍法審判，就算軍法不判我，我也幾乎要「自我毀滅」；而「毀滅到救贖」是到台大才得到的「新生命」，我積極寫作是從台大開始的，我常說「台大是我啟蒙的道場」有原因的。均可見《五十不惑》、《迷航記》等書。

我從年青立志要當一個「偉大的軍人」，為國家復興、統一做出貢獻，為中華民族的繁榮綿延盡個人最大之力，卻才起步就「死」在起跑點上，這是個人的悲劇和不智，正好也給讀者一個警示。人生絕不能在起跑點就走入「死巷」，切記！切記！讀者以我為鑒！在軍人以外的文學、史政有這套書的出版，也算是對國家民族社會有點貢獻，對自己的人生有了交待，這致少也算「起死回生」了！

順要一說的，我全部的著作都放棄個人著作權，成為兩岸中國人的共同文化財，而台北的文史哲出版有優先使用權和發行權。

這套書能順利出版，最大的功臣是我老友，文史哲出版社負責人彭正雄先生和他的夥伴們。彭先生對中華文化的傳播，對兩岸文化交流都有崇高的使命感，向他和夥伴致上最高謝意。

台北公館蟾蜍山萬盛草堂主人　陳福成　誌於二〇一四年

五月榮獲第五十五屆中國文藝獎章文學創作獎前夕

自序——千禧年的願景

壹、揮不去的使命感：無利可圖的無價之寶

儘管有關國家安全話題是每日媒體上的焦點新聞，出版界討論國家安全（國防、軍事、戰爭）的書，也頗爲豐富。可惜，至今並沒有一本「國家安全導論」之類的專書，因爲出版這樣一本硬生生的理論性作品，對出版商和作者都是無利可圖的。正當世紀之歲杪，還有誰願意幹這種無利可圖的事業呢？

有，這是時英出版社吳心健先生，我和他認識談話才五分鐘，就建立了「共同語言」，我們因共同的信念，本書才有機會與世人見面。

人活著，不該少了這份使命感，雖無利可圖，卻是無價之寶。

貳、忘不掉的多情種：秀才人情的烏烏私情

我近年出版的國家安全系列書籍，每本都希望有些意義上的交待，在我的生活、生命中

也代表一種重大內涵，如：

「決戰閏八月」：追念父母親。

「防衛大台灣」：水晶婚誌。

「國家安全與情治機關的弔詭」：軍旅生涯的紀念。

那麼本書呢？什麼是特別的意義？

像我這種民國四〇年代出生的人，人生觀好像特別「復古」，總想在自己有生之年對誰有交待！例如想對社會有交待，對國家有交待，對朋友有交待，對父母有交待……

以本書出版的機會，對我的兩個妹妹陳鳳嬌、陳秀梅呈獻最高謝意，我從軍三十年，她們照料父母三十年，無怨無悔，不求代價。

而我這當哥哥的，才這點秀才人情！

參、教與學的好工具：國安安全的完整系列

自從五年前我開始寫國家安全系列專書，就希望逐年完成各領域的研究及出版事宜，而把「國家安全導論」做爲最後收尾工程，可惜「導論」這部份始終不夠週全，例如交給教育部當成各級學校（高中職到大學）教科書的「國家安全」，已刪減得顛三倒四，脫離原意；台灣大學雖印了「概論」，也僅止於內部流通，未正式發行。如今時英出版社出「國家安全

導論」，終於使國家安全專書有個完整系列，有個案研究，有通論，也有範例參考補充，現在把這個系列標示如次：

「決戰閏八月─中共武力犯台研究」（全編第一冊）：這是國家安全的個案研究。

「防衛大台灣─台海防衛作戰研究」（全編第二冊）：也是，與前者互為攻守。

「國家安全與情治機關的弔詭」（全編第五冊）：高中職、大學教科書的補充教材。

「國家安全與戰略關係」（全編第六冊本書）：國家安全導論。

這四本書對研究國家安全的人，不論教與學都是很好的工具；對想要深入了解國家安全的社會大眾，也可以當成不錯的「閒書」，因其概念明確，系統完整，架構不變，所變動者只是一些數據（如敵我戰機隨年代改變）。

期望我提供的工具，對諸君有用，假以時日定能使你「人器合一」「稱霸同行」。

肆、尋覓生命中的寶貝

每個活著的人都在追求生命意義之「最」，具體的說是在尋找生命中的「寶貝」。有的天才「四十不惑」，這表示他找到了想要的寶貝，他和寶貝之間已能合一交流；有的人到五十、六十，依然「大惑不解」，這表示他可能永遠找不到寶貝，甚至他生命中根本沒有寶貝。其實，一個正常的人，一生當中都能找到寶貝，若始終沒有，可能是賢慧，也可能是機率的問題。

對了！一個人生命中是否有寶貝，還得看因、看緣、看悟力；沒有這些，縱使尋尋覓覓，終是白做工。

我，不如孔子，他四十不惑，我回想起來，我生命中的寶貝出現在四十三歲之年，所以本書最應說是獻給我生命中的寶貝——寶寶。

「寶寶」的出現，算是一個因緣，也是一個「神蹟」，在此之前，我只是每日忙於眼前工作或任務，期待著一個「圓」的來臨，我知道生命中的寶貝遲早會出現。果然，在二十世紀末葉寶貝出現了，夢想中的圓成爲真實世界的圓。

本書寫作過程中，台灣大學教官陳梅燕、陳國慶二位，負責資料蒐整，極備辛勞，一併致謝。本書出版了，我已把「國家安全」暫時放下，現在成了一介布衣草民，正期待另一個春天——第二春。

陳 福 成

公元二〇〇〇年元月一日寫於萬盛山莊

目 錄

附表目錄

緒　論

國家安全（National Security）是當前國內、外習見的名詞。它之成爲一個各階層關心的主題，進而形成一種國家性或整體性的重大施政要項，實是近代政治制度發展上重要的一環。早在第一次世界大戰以前，各國雖有國家安全事務，但相關制度均甚欠缺；到第二次世界大戰後，先進國家才開始有較完備的制度，用以規範國家安全實務，並由高度的機密等級，轉而可以部份公開，接受民意機關監督，我國亦然。

從傳統觀念來看，國家最可能受到的生存威脅是外敵入侵，所以國家安全可以是國防（National Defense）的同義字。這又似乎意味著國防力量愈強大，國家安全程度愈高，古今中外許多國家莫不以最大努力，發展其國防武力，建立強大軍備。然而，觀察歷史上的強權興亡，確又讓人疑惑，西洋古代之羅馬強權，近代之法國拿破崙、德國威廉二世、中國之秦始皇朝、蒙古大帝國，乃至當代蘇聯之瓦解，凡此其兵力非不堅固也，強兵適足以埋下滅亡的火種。

最明顯：外敵
最不明顯：內敵、腐化、惡化

何以「兵強馬壯」不能完全確保國家安全呢？以羅馬帝國衰亡爲範例觀察。在「羅馬興亡史」一書中提到，羅馬帝國到西元四世紀時，雖已建立有強大軍事武力，但在政治、經濟、社會及其他內外環境方面，已醞釀著亡國悲劇的淵源，足使後世讀史者慄慄危懼。（註①）羅馬到了戴克里先（Diocletion, 284－305）時代，政治制度已建立在君權神聖、君位世襲和武力壓制三大基礎之上，形成中央集權，國民之創意及自由思想已奄奄一息。在社會制度上，羅馬的自由民與奴隸，富人與窮人，完全淪入嚴格的階級制度（Rigid caste system），人民的職業都有世襲規定：由於大地主之勃興，多數的佃農、自耕農和鄉村的奴隸，都成了農奴階級（Class of serfs），經濟破產更是羅馬衰亡的根本原因，由於日益貧窮，殺嬰盛行，人口激減，生產力大降，造成經濟大恐慌，官僚大臣們卻依然豪奢腐敗，增加人民各種重稅。

正當羅馬帝國的內蝕日愈嚴重，其境外蠻族（主要有日耳曼、汪達爾、東哥德、西哥德、法蘭克和盎格魯薩克森等族人）乘機入侵，到四七六年日耳曼人推翻羅馬傀儡皇帝綸繆拉斯（Romulus Augustulus），歷史上的「西羅馬帝國」正式告終。

當代苏联崩解更是戲劇化，至今叫人不解，數以萬計的坦克、大砲、飛彈、毒氣、化武，及各式戰艦、飛机、航空母艦、潛艦，加上難以估計的核子武器、五百萬紅軍，論「量」絕对是地球上的第一超強。一夜之間亡了，留下許多疑惑……

歷史殷鑒雖在，但要追察國家敗亡之原因，可能還是很複雜，孫子告訴我們「兵者，國之大事，死生之地，存亡之道，不可不察也。」（註②）曾任美國參謀首長聯席會主席的泰勒將軍（Maxwell D. Taylor）說：「武力不足以支持國家政策。」（註③）從古今在「理論」與「實務」的相互印証之下，我們至少體認出國家興亡，絕非單方面的強權或軍力問題，而是一個「政、軍、經、心」的整體性問題。所以第二次世界大戰以後，先進的民主國家，才開始從一個比較新的架構去思考國家安全事務，圖謀國家的長治久安。

全方位總體性大工程

美國自一九四七年頒佈「國家安全法案」以來，逐年建立完備的國家安全制度，爲彌補三軍武裝部隊及情報機構之不足，相繼再設立聯邦民防管理局（Federal Civil Defense Administration）。蓋民防是國家安全實務中的最後要素，在現代核、生、化及空中攻擊，並配合敵前、敵後的奇襲威脅下，任何龐大的常備部隊都不能保証能阻止敵人達到目標。

在「一九八五年日本防衛白皮書」中，當時國務大臣防衛廳長官加藤紘一提序言：「日本的防衛絕非僅賴自衛隊及日美安全保障體制即可克盡全功—全體國民的理解與支持亦不可或缺，國防若無法獲得全民一致的贊同，必無法圓滿達成任務。」（註④）日本經過第二次世界大戰慘痛教訓，目前除自衛隊及日美安保條約確保國家安全外，更大聲疾呼全民參與國家安全事務。

古有明訓「國家無禮則不寧」。（註⑤）國語：「民之羸餒，日已甚矣。四境盈壘，道殣相望，盜賊司目，民無所放。是之不恤，而蓄聚不厭，其速怨於民多矣。積貨滋多，蓄怨滋厚，不亡何待。」（註⑥）可見國家安全之道，除國防武力外，政經及社會秩序、貧富差距或民心士氣，都可能直接影響到國家存亡。故我國「八十五年國防報告書」開宗明義地指出：

國防建設固以整軍經武爲中心，但絕非僅指軍事而言，凡可能影響國力者，如國家政治發展、經濟建設、國民精神培育等皆屬之，但軍事建設，厥爲保障國家安全的最後憑藉，須有賴全民共同支持、積極參與乃克有濟。（註⑦）。

國家安全是一項全方位、總體性的大工程，爲求國家與國民的安全福祉，務須讓一般國民，特別是當代知識青年，對國家安全的相關課題，能夠瞭解、關心、支持，進而參與，「與民同意」才是國家安全堅實的基礎。捨此而求國家安全，都不能成立。從一個現代、總體性的角度切入，本書分析架構如「附表0—1」（註⑧）

除了附表0—1是國家安全的思維架構流程外，我們也可以從其他三個觀點來看國家安全。附圖0—1是國家安全的結構關係；0—2從歷史的縱向發展看國家安全始末；惟重點放在維持國家和平與安全階段；0—3是從政治學領域的橫切面看國家安全範圍，而國家安全政策（制度、戰略），只是達成國家安全目標的三個途徑。

從「附表0—1」所示，本書內容有國家安全理念、政策、制度、戰略關係及長治久安

附表0－1：國家安全分析架構

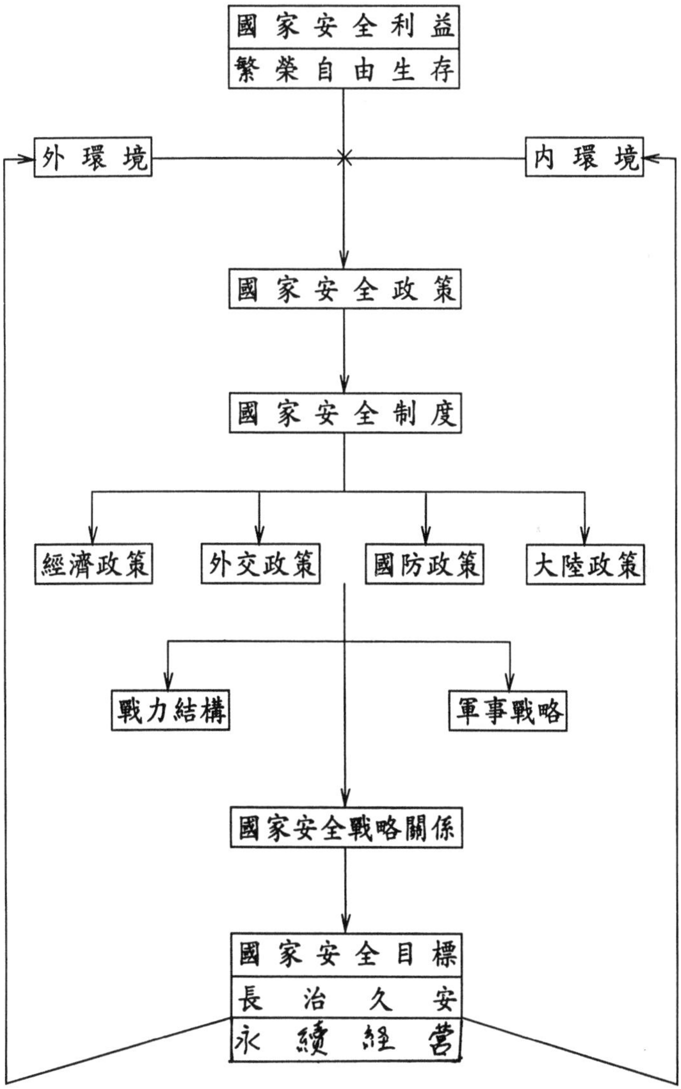

附圖 0－1：國家安全的結構關係

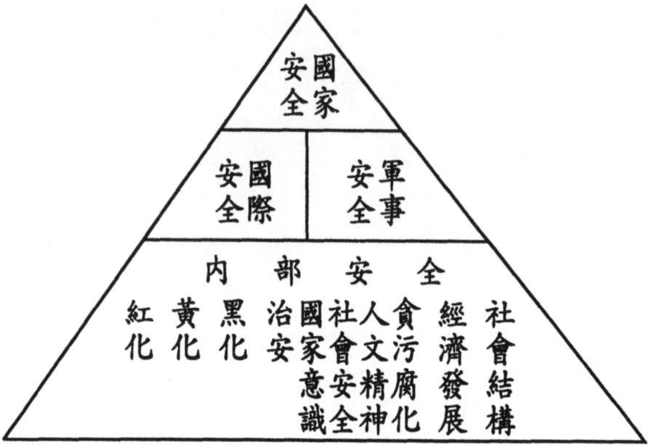

附圖 0－2：從歷史的縱向發展看國家安全始末

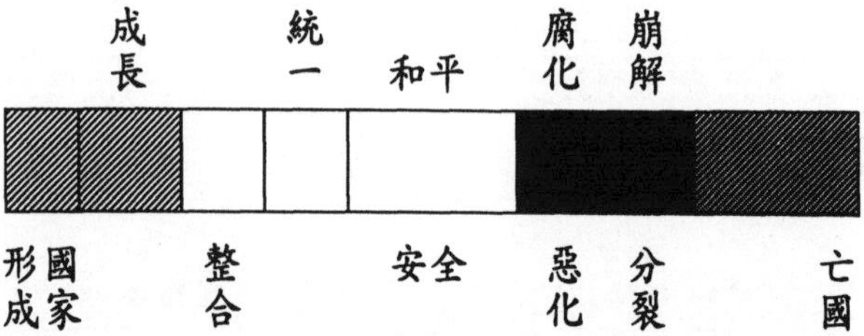

附圖 0－3：從政治學領域的橫切面看國家安全範圍

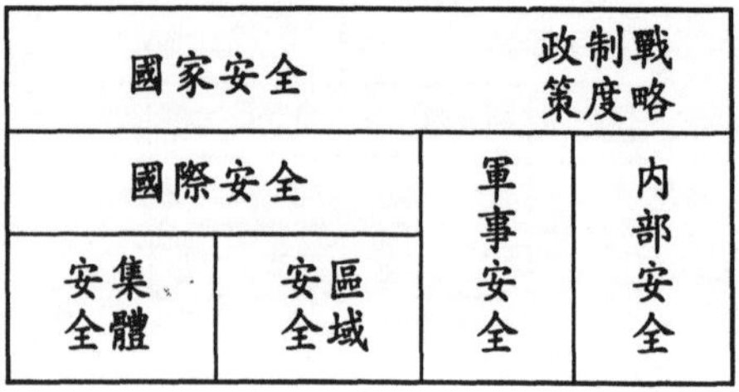

之道。惟不論那一方面研究，都必須考量到政治發展（Political Development）所引起的許多變數，蓋因「追根過去、體認現在、展望未來」雖有其連續性，更有難知、未知的因素；同時，每個時代的國家安全，也受到當時的外社會環境（Extra－societal Environment，如國際關係）與內社會環境（Intra－societal Environment，如國內政經現況）交錯影響，而這種內外關係常是互動。

把國家安全目標訂的太高，通常會帶來更多不安全；一國的防衛措施超過某個限度，對他國而言可能就是一種侵略。例如一九三八—一九三九年間，德國爲了在對抗蘇聯方面得到最大安全，便犧牲捷克斯拉夫和波蘭而擴張其實力，除德國外，對任何國家來說都是侵略行爲。所以「一個國家的絶對安全，便是別國的絶對不安全」，故追求國家安全，期使國家處於長治久安而不腐敗、衰亡，實是一門至高無尚的政治藝術。

本書撰寫過程中，採用一般社會科學的研究方法，並特別注意概念界定及價值中立問題之處理，使讀者能在客觀、理性及嚴謹的脈絡之中，體悟國家安全的重要性。全書除緒論、結論外，餘分六章，依序是國家安全的基本認識、國家安全政策、各國國家制度比較（有美、英、日本及中共）、我國國家安全制度的建立、戰略關係與國家安全、國家長治久安之道。

註釋

①王文彝，羅馬與亡史（台北：台灣中華書局，民國73年1月台七版），第十一、十二章。關於羅馬帝國衰亡可詳見Edward Mcnall Burns，西洋文化史（Western Civilizations Their History and Their Cultur），上冊，周恃天譯，第十一版（台北：黎明文化事業股份有限公司，民國82年4月），第八章。

②孫子兵法，始計篇。魏汝霖註，孫子今註今譯（台北：台灣商務印書館，民國76年4月修訂三版）。

③Bruce Palmer Jr等著，一九八〇年代大戰略（台北：黎明文化事公司，民國74年9月再版），頁一。泰勒自一九五五年至一九五九年擔任美國陸軍參謀長，自一九六二年至一九六四年擔任參謀首長聯席會議主席，一九六五年至一九七〇年擔任國外情報顧問委員會主席。

④日本防衛廳，昭和60年版防衛白書，廖傳紘譯（台北：國防部史政編譯局，民國七十七年二月出版），頁二。

⑤荀子，修身篇，梁啓雄，荀子簡釋（台北：華正書局，民國63年10月臺一版），頁一六。

⑥周、左丘明，「國語」，楚語下（台北：漢京文化事業公司，民國72年12月31日），頁五七四。

⑦國防部「國防報告書」編纂小組，中華民國八十五年國防報告書（台北：黎明文化事業股份有限公司，民國85年5月初版），序頁19。

⑧附表0—1的參考資料：

㈠Daniel J. Kaufman, Jeffrey S. Mckitrick and Thomas J. Leney, U.S. National Security（Massachusetts：D.C. Health and Company / Lexington），P.5。

㈡孔令晟，大戰略通論（台北：好聯出版社，民國84年10月31日初版一刷），頁三六三，附圖表3—1—1。

第一章　國家安全的基本認識

國家安全是一項複雜而爭議甚多的公共事務，尤其在我國即將邁入已開發國家行列，國家安全在整體公共事務中應有其合理合法的定位，才能在政府施政流程中正常運作，使爭議性降到最低。

不論開發中或已開發國家，其國民都希望從國家得到最多的安全保護，但又怕受到國家的傷害，例如自由限制或政治迫害等。人們對「國家」真是「又愛又怕受傷害」，本章從國家安全的基本認識說起，深入討論關於國家安全的概念、涵義，威脅及其範圍。

第一節 概念與範圍

認識國家安全的基本理念，包括「國家」與「安全」的意義、「國家安全」的概念及其涵義、威脅國家安全之因素，與國家安全的範圍。

國家（State）是政治學研究的主要單位，就人類政治生活的演進來觀察，國家是影響最深遠。關係最密切的政治組織，國際社會的基本成員，可以說是存在最久的政治巨靈（Leviathan），但國家的涵義在各個時代，因環境背景不同差異頗大。

我國在春秋戰國時代，諸侯稱「國」；西方在古希臘時代是以城邦（City－state）爲國，這些與現代國家觀念都不同。將國家視爲一個獨立的政治社會（Political Community）觀念，是從馬基維利（Niccolo Machiavelli, 1469－1527）開始，他說：「所有支配或曾經支配人類的國家和統治權，或是共和國，或是君主國。」（註①）後來盧梭（Jean Jacques Rousseau, 1712－1778）在他的經典名著民約論（Du contrat Social）中說：

> 我們每個人都把自身和一切權力托付給公衆，受公意（General Will）的最高指揮，我們對於每個分子都作爲全體之不可分的部分看待。這種訂約的行爲，立即

把訂約的個體結成一種精神的集體，這集體是由所有到會的有發言權的分子組成的，並由是獲得統一性，共同性，及其生命，和意志。這種集體…現在稱「國家」（State）。（註②）

時代在不斷演進，從現代觀念來解析，國家是由四個要素組織而成，即人民（people）、土地（Territory）、政府（Government）及主權（Sovereignty）。常態的國家是完全主權國，所以國家和一般的政治團體不同，國家不僅有權限的獨立，也有下列三個特性。

第一、權限的排他性（Exclusivism），也即權限的獨立性，國家在一定的空間以內，原則上得排除外部的干涉，單獨行使其權限。

第二、權限的自律性（Autonomy），國家得自行決定其行爲，不受外部干涉、命令或指揮。

第三、權限的完整性（plenitude），國家在其領域内行使權限，其行使的對象或範圍均無任何限制。

能夠稱爲一個現代的國家，若欠缺前述四個組織要素及三個特性，不僅不能成爲國家，亦不能視爲完全主權國，不能構成完整的國際法人。（註③）

安全（Security）一詞是個廣泛運用，但都模糊的符號（Ambiguous Symbol），同時也是爭議甚多的概念，難有明確之定義，基本上，安全是人類生存的基本前提，人類爲求生存而對抗危險是自然的。美國軍方及美洲防衛委員會（IADB）對安全的解釋最廣泛：其一是警戒，某一部隊爲防範間諜、觀測、陰謀破壞、騷擾，或奇襲以求自保而採之措施；其二即安全之本意，一種因建立與維持防範措施而生之狀況，藉以確保免受敵人侵害行動或影響之妨害；其三是保密，對保密資料而言，乃防止未經核准之人員接近有關國防利害之官方資料；其四爲警衛，對補結品或補給設施之保護，便免受敵人之攻擊、縱火、偷竊與陰謀破壞。

自保權與自衛權

北約組織（NATO），中約組織（CENTO）等國家對「安全」的詮釋，指建立各種措施以保護核定情報資料、人員、各種系統、各種組成分件與裝備，以免遭受敵方人員、行動或影響之狀況。我國在軍事上使用「安全」一詞，乃確保我戰力完整及行動自由，以防制敵人之奇襲、滲透、陰謀破壞與竊取情報，爲確保致勝之要道。

對安全之研究亦有若干不同層次，如針對個人、社會、經濟、戰爭、國家、國際等，但一般的安全研究是以國家爲中心，探討國家面臨安全威脅時，以國家層次的國家安全，則是整合各層次的安全關係，瞭解威脅安全因素，並謀求解除威脅之道。本書所謂的安全研究，其實就是國家安全研究的同義詞。

安全也是人類的基本需求，人們的需求是層級的發展，從最基層的生理需求開始，層層向上昇華，到安全與社會的、自我實現的等精神層面的滿足。安全需求來自害怕環境的突然劇變，或應有權益的橫遭掠奪，以及恐懼不確定的未來因素，尤以生命與財產的喪失最嚴重。因此，安全是客觀環境下的主觀認知，在概念上易於形成相對性與主觀性。

就安全而言，國家如同個人，首先需謀求生存之保障，這個保障就是國家的自保權與自衛權（The Right of Self－Preservation and Right of self－Defense of States），這便是國家的安全了。

概念必須先要界定，賦予一個精確的定義，對科學研究才是有幫助的。只有經過嚴格界定的術語，使其合乎經驗意涵和系統意涵兩個標準，才能納入科學研究的範圍。從這個嚴謹的態度，追究國家安全「是」甚麼?才能得到一個比較精確而客觀，並對國家安全研究有用的定義。

國家即如同個人，生存與發展的前提，首要謀求安全保障。則傳統的國家安全概念，是指免於受到外敵壓迫和威脅，這個標準早已銘刻於聯合國憲章第二條第四款：

各會員國在其國際關係上不得使用威脅或武力，或以與聯合國宗旨不符之任何其他方法，侵害任何會員國或國家之領土完整或政治獨立。（註④）

這是第二次世界大戰結束初期，對國家安全比較狹義的觀點，把重點放在外來的威脅。其後，美國前國防部長布朗（Harold Brown）曾對國家安全提出一個定義：「國家安全是一種保存國家物質和領土完整，在合理條件上維持其與世界其餘部分之間經濟關係；保護其特性、制度和統治不受外力擾亂，以及控制其國界的能力。」（註⑤）布朗已經強調國家安全的非軍事部分。

保障經濟與政治利益

從戰略觀點，國家安全是「對所有外來侵略，間諜活動、敵意偵察、破壞、顛覆、困擾及其他敵意影響等國家所採取之保護。」（註⑥）

國內學者曾復生先生簡單的說：「國家安全是國家持續生存與發展。」（註⑦）戰略學家鈕先鍾先生認爲，國家安全是「國家利益受到威脅時，對抗各種威脅所採取的措施。」⑧沒有威脅就沒有安全問題。

當中共升高台海緊張情勢，國內學術界呼籲「國家安全應涵蓋新的經濟層面」，界定國家安全「狹義是指保衛人民免於遭受外來侵略，廣義的說，還有經由各種途徑保護經濟與政治利益，以維護國家生存發展基礎。」（註⑨）此處則包含三個層面上的問題，首先是軍事上指國家沒有戰爭失敗的危險，亦不存在被迫一戰與不能應戰的危機，否則就不能確保國家生存與領土、主權的完整；其次還有政治和經濟上的利益。綜合可謂之「國家利益」（National Interest），但國家利益並不全然是國家安全。

簡言之，國家利益有國家之安全、經濟與發展。

國外學者，如潘得福與林肯（Norman J. Padelford and George A. Lincoln）認爲國家安全有三種意義：㈠保障國家生存、獨立與領土完整，不受外力的干涉；㈡保存傳統文化與生活的方式；㈢維持國家在國際間的地位。（註⑩）加彭（Jules Cambon）更認爲，國家安全「不僅在維持海內外領土之完整，並使世界敬仰本國人民；不僅在維持本國經濟利益，並維持足使國家能夠榮耀生存於宇宙之間的一切事項。」（註⑪）

綜合前述各家之說，可以爲「國家安全」界定一個定義：「爲維持國家長久生存、發展與傳統生活方式，確保領土、主權與國家利益，並提升國家在國際上的地位，保障國民福祉，所採取對抗不安全的措施。」按照這個定義，國家安全又可解析成下列五個涵義：

㈠國家生存不受威脅，這是國家安全的基本涵義。

㈡國家領土完整，不受任何侵犯。

㈢政治獨立和主權完整，維持政府運作和國家發展。

㈣維持經濟制度及發展的正常。

㈤確保國民傳統生活方式，不受外力干涉與控制。

威脅國家安全的因素幾乎是無所不在的，曾任美國國務卿的季辛吉（Henry A. Kissinger）有過名言：「假使某一個國家居然獲得絕對安全，則所有其他國家都會感到絕對不安全。」（註⑫）國內學術界在面對台海危機時，呼籲全體國民，最大的危機就是「不知道」，或者不承認危機的存在。（註⑬）從歷史上觀察也發現，不論强權或小國，都不可能得到所謂「永久的絕對安全」，那麼一般威脅國家安全的因素何在？條列如下：

㈠來自傳統的敵對者：如以色列與阿拉伯國家的世仇，印度與巴基斯坦之間的歷史宿怨，十九、二十世紀德國與法國的心結。

㈡侵略性的意識形態：如蘇聯在一九一七年革命成功後，在世界各地策動共產革命，企圖赤化全世界；再如意識形態的差異，也曾引發過影響深遠的宗教戰爭。

㈢領土擴張政策：如一九九〇年伊拉克入侵科威特，十九、二十世紀的俄國、日本對中國的侵略。

㈣鄰國之間戰力相差懸殊：如科威特之於伊拉克，民國八十四、八五年間的台灣對中共，及近代波蘭多次被强鄰瓜分。

㈤國家解體（種族不合或社會變遷失控）：如蘇聯解體後，俄羅斯與車臣；南斯拉夫解體後，塞爾維亞人與波士尼亞人的戰爭；南非境內的黑白衝突等等。

㈥新國家建立後的整合（Integration）、認同（Identity）和統一之過程，所產生的暴動、內戰、及各種價值、利益和政權的非法爭奪等。中國近代的內戰就是實例，在國家形成的過程中，處處潛藏著亡國滅種的危機。（註⑭）

以上不過列舉大端，其他如爭奪經濟市場。地緣上的戰略要點、政治腐敗，民意機關各黨派勢力或利益不能妥協，都可能威脅國家安全。盧梭在其民約論中就說：

> 大會中愈和諧，即意見愈趨於一致，則公共意志愈佔優勢；反之，討論冗長，意見紛歧，吵鬧不休，即爲私利抬頭，國家衰亡之徵。（註⑮）

直接威脅國家安全因素最嚴重者，是國家的消滅（Extinction of States），包含合併、征服、解體和瓜分等種。（註⑯）有時候威脅因素並非明顯易見，戰略學家鈕先鍾先生曾舉例說明，台灣西部海岸因超抽地下水導至地層下陷，表面看似單純的農漁業或水土保持問題，與國家安全無關。但因西部海岸地層下陷必然影響海岸防衛工事構築與兵力部署，若因而導至反登陸作戰失利，就成爲直接威脅國家安全的因素。（註⑰）這個「內與外」因素若無連接機緣，威脅國家安全因素可能就不凸顯出來，一旦有了連接時機，則內外因素常是互動的。

內部國際與軍事安全

因爲威脅國家安全因素的複雜性和普遍性，造成國家安全的範圍可以說是「其大無外，其小無內」，但爲分析方便仍要定出一個合理的範圍，以利研究人員和學者之觀察或研究。

在「美國國家安全管理學概論」一書中，分析國家安全的結構時區分內政、外交和軍事三部份。（註⑱）在國內公共安全學術研討會論國家安全時，區分國防安全、社會安全和國內安全三者。（註⑲）在國家安全學術研討會中，引用政治學家杭廷頓（Samuel P. Huntington）論國家安全時，區分軍事安全、內部安全和情境安全三者。（註⑳）

在「德國指南」和「聯邦德國國家手冊」中，把德國國家安全區分爲內部安全和外部安全。我們鄰近的日本，則把國家安全分成軍事安全保障和非軍事安全保障。（註㉑）

我國在動員戡亂時期的國家安全工作，除軍事武力和外交工作之外，再區隔出「國內安全」這部份，範圍包含政治、經濟、社會及心理等安全工作，是屬「內部保衛」的工作。

在國家安全範圍的界定上，爲力求簡單、明顯、週全與合乎國情，區分軍事安全、內部安全和國際安全三者，本章區分論述於後。（註㉒）

註釋

① 馬起華，政治學原理，上冊（台北：大中國圖書公司，74年5月初版，頁四五八。

② 盧梭，社約論，徐百齊譯，台二版（台北：台灣商務印書館，民國57年7月），頁二一。

③ 李鍾桂，「國家」，國際關係，第四冊，雲五社會科學大辭典（台北：台灣商務印書館，民國74年4月增訂三版），頁二一四。

④ 「聯合國憲章」，見丘宏達編輯，現代國際法基本文件（台北：三民書局，民國80年3月第四版），頁一一。

⑤ 台灣研究基金會編輯部，國防白皮書（台北：前衛出版社，一九九五年七月初版二刷），頁一八。

⑥ John M. Collins，大戰略，鈕先鍾譯，（台北：黎明文化事業公司，民國64年6月），頁四五五。

⑦ 曾復生，「九十年代中華民國國家安全戰略分析」，民國83年10月13日，在台灣大學專

題講座：「國家安全戰略與資訊」，民國85年1月11日，台灣大學專題講座。

⑧ 陳福成、陳梅燕，訪鈕先鍾先生談國家安全，台北市：鈕先生居所，民國八十五年元月十六日。

⑨ 聯合新聞通訊社、社團法人中華危機管理協會共同舉辦「國家安全與核能發電」座談會，聯合報，民國85年3月22日

⑩ Norrman J. Padelford and George A. Lincdn, International Politics, (United states Military Academy Press. 1954) P.289。

⑪ Ibid, P.290。

⑫ 同註⑤，頁一九。

⑬ 同註⑨。

⑭ 同註②，頁六七。

⑮ 同註②，頁一四三。

⑯ 同註③，頁二一六。

⑰ 同註⑧。

⑱ 國家總動員委員會，美國國家安全管理學概論（台北：國家總動員委員會，民國59年4月），頁四三。

⑲ 中央警官學校、公共安全學系與警政研究所編印，公共安全學術研討會論文暨會議記錄（民國75年8月），頁一九三。

⑳ 政治作戰學校研究部政治研究所，國家安全學術研討會論文集（民國85年6月7日），頁四一一。

㉑ 息曙光，世界戰略大格局（台北：風雲時代出版公司，民國82年9月初版），頁一七。

㉒ 前國家安全會議計畫委員李樹正將軍，在研究著作中把國家安全範圍分成集體、軍事、國內安全等三個領域，對區域安全並無納入，稍欠周全。李樹正，國家戰略研究集（台北：自印本，民國78年10月10日），頁一八三－一八六。

第二節　軍事安全—確保國家安全的軍事條件

「軍事」一詞常與「國防」混為一談，實則兩者在內涵與字義上都有明顯差別。比較簡單的分別，國防包含有政治、經濟、心理、軍事及武力等範疇上之事務；而軍事就是指單純的三軍武力，凡已動員或已服役之人員及財務之編組與運用，概屬軍事系統內事務。這些事務至少分成軍事組織、政治作戰、人事行政、軍事動員、情報業務、作戰計畫、軍隊教育、後勤支援、科技發展及退役輔導等十項工作。（註①）

「軍事安全」是直接運用軍事力量確保國家安全，其中包含建軍、備戰與用兵三方面的問題。

建軍備戰與用兵

日本在第二次世界大戰後，廢除軍事武力，希望從其他方面得到安全與和平。日本為確保國家安全，戰後與世界各國廣泛交流，建立友好關係，從事經濟合作，緩和對立關係；對內安定內政，謀求經濟發展，作為保障安全的基礎。然而僅此努力，難以用其現有實力防範侵略於未然，亦不能排除實際發生的侵略情況，在一九八七年的日本方衛白皮書就說：

在此複雜變動的國際社會中，既然無法否定外國侵略之可能，則必須具備軍事力量，以防止侵略，作爲維持國家生存、獨立、和平及安全之手段。（註②）

日本雖有「美日安保條約」保障，他們爲了排除可能的外力侵略，還是建立了强大的軍事力量，早在一九八三年，日本的軍費支出，就已經排名全世界「最高的十個國家」之一。（註③）

對於軍事力量之建立及運用，各國因政策不同而有目的上的差異。美國認爲軍事力量是用以防止任何有組織之敵方軍事行動，直接威脅本土任何部份，及其領土或屬地。（註④）惟軍事力量的大小，隨國內外政治情勢而改變，例如駐外美軍的軍事力量（Military Sufficiency），可以配合軍事同盟（Military Alliances）和經濟援助（Economic Assistance）而擴張。在雷根（Ronald Reagan）時代著眼於運用軍事力量，把國家安全程度提到最高，重振軍事優勢（Military Superiority）。（註⑤）

大體而言，軍事力量的任務乃至功能，在能夠充分應付敵方或競爭者之力量，或用力量直接阻止對方使用武力。我國目前的軍事力量，主要還在防止中共武力犯台，維護台海地區安定，確保國家安全。

當前建軍要務

政治學大師Lucian W.Pye研究中國近代政治發展後，在他的名著「亞洲權力與政治」（Asian Power and politics）一書中認爲，一九四九年後的中國成爲分裂中國家，台灣飽受中共武力侵犯威脅。然而數十年來能保持政治、社會的穩定基礎，促成經濟成長及政治改革的成功，雖然强勢的威權領袖和一黨獨大的控制很重要，但更重要的是，有一支强大的軍隊穩住台海情勢，才是決定性的影響力。（註⑥）

建軍之目的不外有三，對外抵禦外侮，鞏固國家安全；對內平定內部動亂，確保國家安定；在國際上伸張正義，制止侵略，維護世界和平。此三者所能達到之程度，端視國家之國策、國力、國情及國際情勢而定。我國當前而言，建軍之目的以鞏固國家安全爲首要，內部安定爲次，其後才是國際和平。

建軍之內容是建立戰力，係依「建軍構想」、「兵力整建」之規劃，以「打什麼、有什麼」爲目標，分年、分期建立一支可恃戰力以嚇阻敵人，使其不敢輕啓戰端，這是整個國防政策之一部份。故建立何種軍事力量，乃在整體國防政策指導下進行。

現階段的國軍，是一支擁有四十餘萬兵力的武裝部隊，其組織體系如附表1－1（註⑦）。陸軍現階段任務，爲防衛國家安全；海軍維護台海安全及對外航運之暢通；空軍掌握

附表1－1：國軍武裝部隊編組體系表

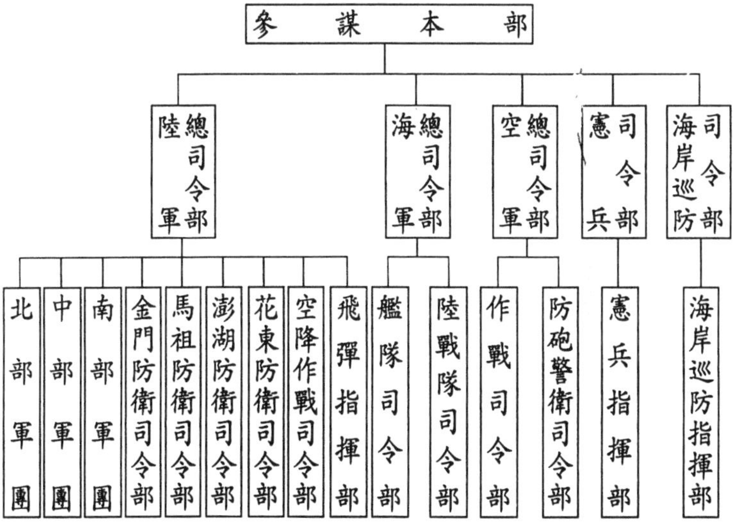

空域狀況，確保空域安全；憲兵執行軍法及司法警察任務，確保國家與軍事安全及社會安定。海岸巡防部隊負責台澎地區海防安全。

後備軍人是持續軍事力量之泉源，按我國軍隊動員政策係依據防衛作戰需求，以「編實、擴編、戰耗」等動員方式，平時強化後備訓練與管理，達到「立即動員、立即作戰」目標，確保國家安全。（註⑧）

建立「一支可恃戰力以嚇阻敵人」，即一支「現代化軍隊」，以穩定台海情勢，確保軍事安全，此爲我國當前建軍之要務。這是支持政府推動各項政經施政及改革，並確保國家安全的先決條件。

建軍備戰意在止戰

「備戰」可以解釋成戰爭準備或作戰準備。建軍乃為備戰，而備戰在阻止戰爭，或不得已而戰時求取勝利，故「兵可百年而不用，不可一日而無備」，這是備戰的意義。備戰與建軍、用兵之間的關係，中國近代兵學家蔣百里先生說的很透徹：

> 無兵而求戰，是為至危；不求戰而治兵，其禍尤為不可收拾。練兵將以求戰也。故先求敵而後練兵者，其兵強；先練兵而後求敵者，其兵弱。徵之以中外古今之事，而可信者焉。（註⑨）

關於「備戰」的真意，蔣百里再三強調，不但是「預備」，更應該是「完備」，就是戰備整備方面的完備。我國的武裝部隊在軍事力量方面的戰備整備，按八十五年國防報告書分動員計畫、應變戰備及作戰計畫三部份：

一、完成動員計畫與訓練

依據備戰計畫，策頒戰時動員施政計畫，俾利戰時人力、物力、財力獲取，以滿足戰時需求。常備部隊除持恆整訓外，動員教召訓練為年度重點工作。

二、應變戰備以反制「第一擊」

因應中共始終不放棄武力犯台，且突襲作戰能力不斷提昇。國軍爲應變制變，反制中共「第一擊」之能力，運用現有指管通情系統、空中預警機，提高早期預警時間；持續戰場經營及重要軍事設施地下化；完成海岸整體及聯合監控系統規劃；快速反應部隊及戰備部隊，保持二十四小時警戒待命，以因應突發狀況，及掩護其餘部隊完成應變整備。

三、防衛作戰計畫及演練

國防部（含）以下各級武裝部隊，均完成作戰計畫，依年度訓練計畫置重點於射擊、夜戰、軍種聯合及兵種協同作戰演習。現階段以提昇三軍聯合防空、反封鎖、反登陸作戰能力爲目標。

「建軍」或「備戰」，都是在建立戰力（包含無形和有形戰力），無形戰力來自思想、武德、武藝。有形戰力除依據「精兵政策」提高官兵素質外，必須建立獨立自主的國防工業能力。

全軍破敵爲用兵主旨

「用兵」是運用兵力使敵人不敢入侵，或敵人膽敢入侵時殲敵於國境之上，以確保本身的安全。所以國軍教戰總則曰：「全軍破敵爲用兵主旨」，全軍乃確保我戰力完整，破敵乃消滅敵人。故一切作戰行動必須採取保密、防諜、偵察、搜索、警戒、掩護、防空及核生化等安全防護措施，以保持戰力完整與行動自由，迅速接近或脫離敵人，創造有利狀況，迫敵決戰，務期以最少損耗，獲致最大戰果。故用兵的本質可簡單的說：

> 軍以戰鬥爲主，戰以戰勝爲要求，勝以殲敵爲目的。殲敵意義在使其感覺孤立，喪失戰力平衡，放棄其作戰意志與行爲，甚至連最後的抵抗象徵亦不許可。（註⑩）

用兵之要旨一方面要保全自己，又要殲滅敵人，那麼用兵是否有一定的方法或原則呢？有的。「在用兵上永久不變之一般性的原則，就是戰爭原則。」（註⑪）美國、英國及中共軍隊戰爭原則：

美軍：目標、攻勢、集中、節約、機動、統一指揮、合作、安全、奇襲、簡單共十項。

英軍：目標、攻勢、集中、節約、安全、奇襲、彈性、行政、士氣共九項。

中共：目標、主動、攻勢、殲滅、協同、集中、變化、奇襲、連戰、士氣共十項。（註⑫）

戰爭原則各國概同，英、美重視「節約、安全」，中共重視「殲滅」，我國亦有戰爭十大原則。

目標原則與重點。
主動原則與彈性。
攻勢原則與準備。
組織原則與職責。
統一原則與合作。
集中原則與節約。
機動原則與速度。
奇襲原則與欺敵。
安全原則與情報。
士氣原則其紀律。

用兵按此原則可勝，不按此原則通常打敗仗，此實即孫子兵法中「常道」與「變道」之用。九變篇曰：「用兵之法，將受命於君，合軍聚衆。」又曰：「將通於九變之利者，知用兵矣。」（註⑬）用兵雖要守常，但不必固守；變道可用，亦非亂變。用兵應奇正常變互用，靈活運用戰爭原則，才能全軍破敵，確保軍事安全。

建軍之本身屬於備戰工作之一，但二者不完全相同，爲支持用兵取勝，除了建軍之外，還有許多備戰工作，故建軍、備戰與用兵三者，實爲整體性作爲，用孫子的一句話來包含此三者：「用兵之法，無恃其不來，恃吾有以待之；無恃其不攻，恃吾有所不可攻也。」（註⑭）

註釋

① 劉仲平，中國軍事思想（台北：中央文物供應社，民國70年12月），頁四。

② 曾清貴譯，一九八七年日本防衛白皮書（台北：國防部史政編譯局，民國77年12月），頁三。

③ 一九八三年各國軍事支出最高的十個國家，排名依序是蘇聯（二五八〇，單位：億美元，以下同）、美國（二一七二）、中共（三四五）、英國（二七四）、沙烏地（二七二）、法國（二三八）、西德（二三六）、波蘭（一二三）、伊拉克（一一九）和日本（一一五）。詳見高希均，經濟學的世界，上篇（台北：天下文化出版公司，一九九一年元月三十一日第一版），第十三章。

④ 國防部，美華華美軍語詞典，陸軍之部（台北：國防部，民國67年6月），頁九六二。

⑤ John Norton Moore, Frederick S. Tipson, Robert F. Turner, National Security Law（North Carolina：Carolina Academic Press, 1990）, PP.12－13。

⑥ Lucian W. Pye, Asian power and Politics（Harvard College：The United States of

America, 1985）,pp.228－229。

⑦ 國防部「國防報告書」編纂小組，中華民國八十五年國防報告書（台北：黎明文化事業公司，民國85年5月），頁一三九。

⑧ 我國列管後備軍人約三八○萬人，其中年輕精壯及專技人力約有八○至一○○萬人，納入「年度動員計畫」，每年實施點、教召訓練。其餘編成「後備大隊」，以保鄉保產及支援持續戰力所需後備人力。詳見八十五年國防報告書，第四篇第七章。

⑨ 王冉之，蔣百里將軍與其軍事思想（台北：率眞印製廠，民國64年2月），頁一三二—一三三。

⑩ 蔣緯國，軍制基本原理（台北：三軍大學，民國58年10月），頁九○。

⑪ 丁肇強，軍事戰略（台北：中央文物供應社，民國73年3月），第四章，第二節，本文有關戰爭原則均參考本書。

⑫ 陳福成，「對常與變戰爭理念之體認」，陸軍學術月刊，第二十九卷，第三三六期（民國82年8月16日），頁二二。

⑬ 孫子兵法，九變篇，魏汝霖，孫子兵法今譯今註（台北：台灣商務印書館，民國76年4月修訂三版），頁一五六—一五七。

⑭ 同註⑬。

第三節　內部安全——確保國家安全的非軍事條件

湯恩比（Arold Joseph Toynbee 1889-1975）曾說：「外部敵人的最大作用，只能在一個社會自殺卻尚未斷氣的時候，給予它最後一擊。」（註①）這就是說，一個文明、國家或社會總是本身快要「斷氣」時，外部敵人會給它最後一擊，結束它的生命—亡國滅種。

但是，那些內部因素使它面臨「斷氣」呢？

國父孫中山先生在七十多年前就到處奔走呼號，中國即將要亡國滅種：

中國已到民窮財盡之地位了，若不挽救，必至受經濟之壓迫，至於亡國滅種而後已。

若不恢復民族主義，中國不但要亡國且要亡種。

我們的海陸軍和各險要地方沒有預備國防，外國隨時可以衝入，隨時可以亡中國。

用一張紙和一枝筆亡了中國……（註②）

現代學者深刻研究歷史變遷及政權更替興衰，認爲影響國家存亡的內部因素有政治團結力（Political Cohesion）和經濟能力（Economic Capability）。特別是意識形態凝聚力（Ideological Unity）、政治支持、社會風氣、經濟創造力、科技能力、危機處理能力及其他。（註③）這些都是確保國家安全的非軍事條件，主要作用在維護國家內部非軍事範圍之安全，本文由民政、民防、保防及重大危機處理等方面加以論述。

民政是內部安定的基礎

泰勒（Maxwell D. Taylor）在「變局中的國家安全」（Precarious Security）一書論及國家安全的民政（Civil Administration）時，強調國家福利事業經常擔任支援國家安全的角色，國家安全亦爲福利事業的後盾。爲確保我們的經濟及社會福祉，我們必須使「國家珍貴資產」得到安全的保障，安全和福祉乃相互爲用。（註④）這個民政的範圍，可指一個國家除國際及軍事以外，其內部與國民相關的各項政務，大致上有政治、社會、經濟，或文化方面事務。

民政與安全的關係，其實就是指一個社會的發展程度，基礎結構佈局的穩定性。任何社會都有因經濟收入、聲望、權力等所造成的社會階層（Social strata），這種階層垂直流動（VerticalMobility）較大的社會，比較接近民主社會。中產階級較多的社會比較穩定；下

附圖1－1：社會、經濟發展與政治穩定關係

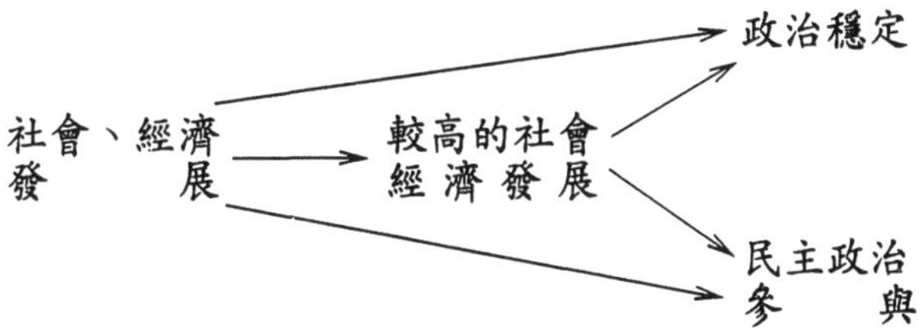

層眾多，中間亦少，而由極少數高層統治的社會，並佔有絕大多數利益，此種社會很不安定。

多數的開發中國家，以及仍處於威權統治的國家，其整體社會資源由少數統治階級佔有，並用強大武力控制內部安全，如杭廷頓研究得知，社會、經濟發展，可以提高社會、經濟平等，增加政治穩定（Palitical Stability）及民主政治參與（Democratic Political Participation）。附圖「1—1」（註⑤）

在經濟領域之內，與內部安全最有關係的民政事務，就是物價與失業。（註⑥）我國憲法第十三章所規定的國民經濟、社會福利、安全、保險及婦幼福利政策，就是民政工作的主要內容，發展程度愈高，愈能建立良好制度，也愈能確保內部安定與安全。

當政治發展日趨成熟，社會的內部基礎結構達到較高的安全性時，人民的政治活動（如組織、示威、遊行、選舉與罷免等）都已能在法令規章內運作。此時一般國民生活與國家安全關係日愈接近，這就是所謂的「文武合一」或「國防與民生合一」的問

題，蔣百里在他的國防經濟學原則說：「生活條件與戰鬥條件一致則強，相離則弱，相反則亡，」（註⑦）把這個原則印証在許多現代國家，發現民政是內部安定、安全的基礎。如果基礎穩定，則發生政變、叛變、暴動或其他失控的群衆運動事件，可能性極少。一但發生也會在內部的危機處理過程中，獲得合理妥善的解決。

民防是國防的基礎

所謂「民防」（Civil Defense），為由民衆在民間機構指揮之下保護國內前線，以儘量減少傷亡與戰爭破壞，並保存民衆對戰爭的最大支援力。（註⑧）國內學者認為，民防是民力自衛，在非常時期，維護政府功能及支援軍事行動，以保障民間安全之組織與作為。（註⑨）國內外對民防所界定之定義差異不大，其功能大致有三：

一、自保自衛：

約言之是保身、保家、保產、保鄉，詳言之概有民衆自衛、警報與防空救護勤務、防護建築、居留管制與難民處理、衛生勤務與文化古蹟保護等。

二、維護政府行政運作能力的正常：

主要在支持國家各種行政能力，確保內部秩序、立法程序和執法能力。尤其在危險災難或戰爭時期，許多政府公共機能，如交通、運輸、補給或有關公共安全方面都有賴民防支援。

三、支援軍事作戰：

民防、軍防和國防的關係，其實是一個整體的防衛系統，這也是現代國防的新觀念。可表示如下：

國防（國家防衛系統）
- 軍防（軍事防衛系統）
- 民防（民間防衛系統）

民防與軍防是國防的一體兩面，故戰時乃有後備軍人或國民兵所建立的「民防部隊」，可支援軍事作戰，賦予警戒、偵察、運輸、通信、構工、欺敵或破壞等任務。民防部隊於必要時，可實施獨立作戰，這是總動員作戰的基本精神。

現代新觀念認爲民防加以組織後，可以產生人道與有效的嚇阻功能，其費用又只有軍事支出的百分之一，便能確保安全。（註⑩）在英國，民防是陸海空三軍以外的第四軍種，只要有軍事防衛上的需要，就必須有民防計畫。美國則在總統之下，成立「聯邦民防管理局」（Federal Civil Defense Administration），以補武裝部隊之不足。

我國的民防工作按「兵役法」與「兵役法施行法」，有國民兵和後備軍人兩部份。其編組、管理、訓練、服役，由國防部會同內政部辦理，並由省（市）政府統籌規劃，縣（市）政府負責執行，其有關軍事範圍由軍師團管區司令負責指揮、督導與協助之責，國民兵在戰時或非常事變時，其任務爲：

㈠輔助戰時勤務，必要時得參加作戰。

㈡協助維持地方治安，擔任地方自衛。

㈢擔任地方防空有關勤務。

但後備軍人和國民兵不論平時或戰時，都要接受各種召集（有動員、臨時、教育、勤務與點閱等五種召集），以執行平戰時各項民防任務，發揮民防功能，確保社會內部及國家安全。

保防意在增進國家安全

保防就是保密防諜，乃在保護國家機密，防止敵諜活動，並肅清潛在敵人，以維護與增進國家安全。（註⑪）保防工件的範圍，可以說放之則彌六合，大至無外，但歸納起來不外政治、軍事、經濟與外交等四個領域。

一般人以爲，只有軍隊或國家處於非常時期，才需要做保防工作，這是很大的錯誤，以美國爲例，早在一九四七年杜魯門總統就頒佈「聯邦人員忠貞辦法」（Loyalty Program），一九五三年艾森豪總統修訂忠貞方案，强調任何公務員之任用，必須顯明符合國家安全之利益，各州立法亦規定不論公私立學校，教職員任用必須經過忠貞調查。爲執行上之便利，又成立「忠誠審查局」（Loyalty Board），專門審查公務員言行是否不利於美國國家安全。

在英國為確保其國防、軍事、商業與外交上之機密不外洩，目前仍有大約二五〇條的「守密條款」，規範公務人員避免洩漏國家重要機密，並防止無關人等之刺探，危害國家安全。（註⑫）

目前，我國規範保防工作較具體的法令是「妨害軍機治罪條例」，其他如「陸海空軍刑法」、「刑法」、「台灣地區大陸地區人民關係條例暨施行細則」也有若干規定。妨害軍機治罪條列第二條「職務業務上洩漏軍機罪、第三條「洩漏刺探收集而得之軍機罪」、第七條「侵入國防處所罪」；刑法第二編規定助敵罪、洩漏交付國防秘密罪、公務員過失洩密罪；在台灣地區與大陸地區人民關係條例第九、十條分別有如下規定：

> 台灣地區人民經許可進入大陸地區者，不得從事妨害國家安全或利益之活動。
>
> 經許可進入台灣地區之大陸地區人民，不得從事與許可目的不符之活動或工作。（註⑬）

隨著海峽兩岸情勢變遷，中共不僅未放棄武力犯台企圖，也必定派出間諜人員對台灣進行迂迴、深入之滲透，前述有關保防工作之法律規範已不足應付，立法院乃於近期（85年元月12日）通過「國家安全法部分條文修正案」，增訂「間諜條款」。（註⑭）

本「間諜條款」主要是有鑑於現行法律中，對於爲中共當局蒐集、交付「國防秘密」之犯罪，固然規定甚爲完備，但對於「非國防秘密」之「公務秘密」，則尚不夠完備。對於兩岸關係密切發展後所可能衍生問題，尤爲不足，行政院特在國安法中增訂「間謀條款」，希望藉此維護國家安全及社會安定。這兩項增訂條文內容爲：

第二條之一：人民不得爲大陸地區行政、軍事、黨務或其他公務機關，或委託之民間團體刺探、蒐集、交付或傳遞關於公務上應保密之文書、圖書、消息或物品，或發展組織。

第五條之一：意圖危害國家安全或社會安定，違反第二條之一規定者，處五年以下有期徒刑或拘役，得併科新台幣一百萬元以下罰金。

根據情治機構分析，中共目前對台滲透方式有政治、經濟、社會、文化等方面，透過明（兩岸交流）暗（非法滲透）各種手段，以獲取我方兵力部署、軍事設施、武器裝備及其他政、軍、經、心有用之秘密。同時迂迴派遣間諜對台滲透，從事情報蒐集、破壞社經秩序、發展組織及擔任聯絡工作。相信這項法案的通過施行，對推行保防工作必將更落實有效，更能確保國家安全及社會安定，這才是保防工作之本意。

因應重大危機

所謂「重大危機」（The Greatest Dangers），語意甚爲廣泛而多變，一般認爲危機程度必須與國家安全利益有聯結者才算是「重大危機」。例如恐怖主義的暴力攻擊，叛變、內亂、失控的群衆運動等，都是重大危機事件，依其危險性程度由高而低又分九級：

滅絕（Annihilation）→蹂躪（Devastation）→鎮壓（Domination）→顛覆（Subversion）→威脅（Intimidation）→剝奪（Deprivation）→控制 Manipulation）→屈辱（Humiliation）→惡化（Aggravation）。（註⑮）

此種內部危害國家安全的重大危機事件，依其危機程度的不同，所要考慮的是警察、國民兵或軍隊的介入時機。前西德在一九六八年修訂緊急時期憲法增訂法（Siebzehntes Gesetz Zur Ergaenzung des Grundgesetzes），可以成爲現代民主國家在解決內部重大危機事件時，軍隊是否可以介入的參考模式。（註⑯）

按該憲法增訂法，解除內部危機是警察的主要權責，但發生「重大社會動亂」時，軍隊的出動是最後手段。在考量危害國家安全程度，端視是否危及德國的生存以及自由民主的基本秩序而定。這個重大內部危機或社會動亂。所指就是有組織、有武裝的暴動者。所謂「武裝叛亂」，依國際法上的定義，是一群反對政府，並且企圖自己接收政府權力的人，雙方都不承認對方的合法性，此即內亂。

按該增訂法規定，當危及德國生存與基本民主體制時，出動軍隊不需要國會許可，因爲敉平危機最需要時間和速度。不過軍隊介入的終止，可由參議院或衆議院單獨提出，此外，危機排除後也必須立即停止軍事行動。

在對抗自然災害及重大災難，按該增訂法規定，乃屬各省權限，但各省得向聯邦要求軍隊支援。惟軍隊只能因警方要求支援而介入，援助時也只付與軍隊有限的警察權，如指揮交通或封鎖道路等。

我國對內部重大危機之處理，類似前西德的憲法增訂法，當民國三十六年憲法公布施行後，爲解決中共叛亂危機，於三十七年公布「動員戡亂時期臨時條款」，使軍隊介入內部危機有憲法上的依據。除敉平內亂外，我國在約四十年的戡亂時期中，軍隊對於是否介入內部危機，原則上尊守「是否危及國家生存及自由民主基本秩序而定」。例如民國六十七年「中壢事件」及六十八年「高雄事件」，都是憲警（憲兵有司法警察身份）在第一線處理，軍隊則完成警戒待命，而未介入處理。

我國對於天然災害及重大災難，總統得依憲法第四十三條「緊急命令權」處理。總之，內部安全是確保國家安全的非軍事條件，亦爲國家安全的基礎。若社會經常處於不安定，甚且不安全的狀態中，則憲警、情治單位必疲於奔命，軍隊經常處於警戒待命，國家難以正常發展。當威脅國家安全的內部因素慢慢滋長，內部安全與整體國家安全就不保了。根據研究在冷戰時代被共產主義赤化的國家，其內部腐敗（Domestic Decay）對自己國家造成的威脅，大於外部的共產主義。（註⑰）所謂「肉腐蟲生，魚枯生蠹」，誠然有理。

註釋

① 轉引蘇曉康、王魯湘，河殤（台北：風雲時代出版公司，一九八九年二月第四十七版），頁二一。

② 孫中山，民族主義各講，國父全集，第一冊（台北：中國國民黨中央委員會黨史委員會，民國77年3月1日再版），頁一—六四。

③ John Norton Moore, Frederick S. Tipson, and Robert F. Turner, National Security Law（North Carolina : Carolina Academic press, 1990）, PP.13－14。

④ 泰勒（Marwell D. Taylor），變局中的國家安全（Precarious Security），李長浩譯，再版（台北：黎明文化事業公司，民國71年3月），頁一一五—一一六。

⑤ Samuel P. Huntington, No Easy Choice－political Participation in Developing Countries（U.S.A : Harvard University Press, 1977）, PP.19－26。

⑥ 薛琦，演講有關國家安全戰略與經濟，台北市：國立台灣大學軍訓室，民國85年元月18日。

⑦ 王冉之，蔣百里將軍與其軍事思想（台北：率眞印製廠，民國64年2月），頁一〇〇。

⑧ 林哲也、張雨田，美國國家安全組織（台北：空軍總司令部，民國48年11月），頁五三。

⑨ 蔣緯國，國防體制概論（台北：中央文物供應社，民國70年3月），頁三九。

⑩ 孫紹蔚，民防體制概論（民防與國家安全）（台北：中央文物供應社，民國70年11月），頁三。

⑪ 石牌訓練班函授研究部，國內安全工作（台北：石牌訓練班，民國51年5月），頁三〇。

⑫ 中國時報民國85年5月30日，張靚蓓，關於C－SPAN及守密條款報導。。

⑬ 台灣地區與大陸地區人民關係條例，民國81年9月18日施行。

⑭ 「間諜條款」及相關規定，自立早報85年元月13日，另見當日國內各報。

⑮ John Norton Moore, Frederick S. Tipson, and Rober F. Turner, op.cit., p.17。

⑯ R. Hoffmann 著，楊芳玲譯，「論國家內部危機、自然災害及軍隊的介入」，中山社會科學譯粹，第二卷，第一期（民國76年元月），頁五—一六。

⑰ John Norton Moore, Frederick S. Tipson, and Rober F. Turner, op. cit., P.19。

第四節　國際安全—確保國家安全的國際條件

「國際安全」（International Security）是國內近年常見的新名詞，它有時候用來討論區域安全或者集體安全。（註①）實則國際安全是二個以上國家所產生安全和威脅的互動關係，（這表示世界上若只存在一個國家就沒有國際安全問題，必須從國際性的架構來思考威脅來源，國家本身才更能找到對抗威脅的對策。

「國際安全」這個名詞目前已衍生出更多的內容，例如合作安全（Cooperatiove Security）、（註②）恐怖主義、經濟危機、環境公害、核武擴散，甚至愛滋病流行，都算是真正的國際安全問題。（註③）當然，透過國際關係的運用，孤立、自給自足、中立與不結盟，或同盟等政策，也有機會達成國家安全。（註④）國際安全雖然也有許多複雜的內容，惟與國家安全最有直接關係，且可以透過有組織、有制度之途徑而達成國家安全者，便是區域安全和集體安全。爲此處論述主題。

集體安全制度

「國際政治學」（International Politics）一書認爲，不論用多極（Multipolarity）取代

兩極（Bipolarity），國際政治體系依然得保持均衡才能維持安全，此即權力均衡制度（Balance－of－Power System）或國際均衡（International Balance），但想要運用傳統的國家安全或外交機構，達成這種國際安全已是愈來愈難了，而必須運用國際組織或有關國際法。（註⑤）孔令晟將軍在近著「大戰略通論」直接明白的說，從拿破崙戰爭到現在後冷戰時代，國際政治都是以權力均衡構想爲主流，而國際安全的互賴，集體安全措施則是日益受到重視。（註⑥）

集體安全（Collective Security）思想古已有之，希臘城邦曾有集體防衛構想，馬基維利、盧梭和康德均先後有集體安全思想或理論依據。尤其盧梭的公共意志（Generall Will）觀念把社會契約主張延伸到國際社會；康德則主張各國放棄主權，以便社會契約國際化，或透過裁軍、成立聯盟或法治，達到國際上永久和平。這種契約理論對形成現代集體安全影響很大，當代學者仍認爲集體安全體系，係在一種契約行爲下運用爲原則。（註⑦）

一九二〇年威爾遜（Woodrow wilson）總統推動國際聯盟成立，集體安全成爲一種制度出現了希望，這時候集體安全的定義是「全體保障下的個體安全」。（註⑧）可惜德、意、日三個的侵略罪行，國際聯盟卻無力解決，集體安全制度等於不能推行而瓦解。所以集體安全從思想、理論到一九四五年聯合國時代來臨，方才成爲可以實行的制度。

集體安全除了是一個體系的涵意外，更重要的必須是一種制度，否則集體安全依然不樂觀。

首先，在涵義上有寬狹標準，凡認定由各國集體努力，達成維護安全的方法或制度，都算有集體安全功能，則關貿總協（GATT）等經濟性組織也可以認爲是維繫集體安全機構，則很難爲集體安全訂一個較正確的定義。所以從國際政治觀點，認爲必須是在國際安全與國家安全有關的組織上，偏重軍事衝突與爭端的解決方面。在這個前提下的集體安全，是有組織的國際社會，用集體力量負責保護各國安全，使不遭受侵略。（註⑨）所以集體安全的核心是集體防衛，但不論是集體安全或集體防衛，根本目的在發揮集體力量，保護個別或集體的利益。

集體安全能落實成爲一個可行的制度，除了聯合國憲章的明文規外，爲使集體安全功能的發揮，仍須其他制度的設計配合，計有四部份，茲分述如下：

㈠聯合國憲章的明文規定

憲章一至七章各條爲有關解決國際和平及安全之規定，並用集體手段行之，舉其重要條文內容如後：

第一條第一款：聯合國之宗旨爲維持國際和平及安全；並爲此目的：採取有效集體辦法，以防止且消除對於和平之威脅，制止侵略行爲…。

第五十一條：聯合國任何會員國受武力攻擊時，在安全理事會採取必要辦法，以維持國

際和平及安全以前，本憲章不得認爲禁止行使單獨或集體自衛之自然權利。（註⑩）

㈡聯合維持和平決議案（Uniting for Peace Resolution）

一九五〇年朝鮮危機，蘇聯又動用否決權，安全理事會無法通過任何關於韓國問題的決議案。美國發動各會員國促使大會通過「聯合維持和平」決議案，授權聯大在安理會因否決權阻礙而無法有效處理危機時，得召開緊急特別會議（Emergency Special Session），用集體軍事力量對付破壞和平的行爲。

該決議案亦同時決議成立「和平觀察委員會」（Peace Observation Commission），以利派遣觀察員到衝突區，並授權「集體措施委員會」（Collective Measure Committee）研究集體安全的做法。本決議案在一九五〇年十一月通過後，只使用了四次：一九五六年蘇伊士運河危機與匈牙利危機、一九五八年中東危機、一九六〇年剛果危機。

㈢軍事參謀團（Military Staff Committee）之設置

在聯合國憲章第七章，第四十五、四十六及四十七各條，均規定軍事參謀團的設置，惟設置以來都難以發揮功能。直到一九九二年元月聯合國秘書長蓋里（Boutros Boutros－Ghali）發表和平計畫（Agenda For Peace），認爲聯合國未來若想發揮集體安全功能，不須另起爐灶，而是繼續透過軍事參謀團討論聯合國設立常備部隊的規模與指揮權等問題，相信對解決後冷戰時代集體安全，應能發揮較大的功能。

㈣聯合國維持和平部隊（United Nations Peace Keeping Farce）

聯合國並無常備武力，和平部隊的設立始於一九五六年暫時接管蘇彝士運河，同時敦促英法及以色列自埃及佔領區撤軍，設置了「聯合國緊急部隊」（U. N. Energencey Force），此即「聯合國和平部隊」。其主要功能不在制裁發生衝突的任一方，而在恢復該地區和平與安全，預防衝突擴大。從一九四七年到一九九二年，和平部隊執行了三十一次任務。（註⑪）

聯合國安理會在一九九四年五月議決，建立維持和平作業基本指導方針，涵蓋層面包括維持和平部隊的成立、預備部隊安排、指揮、訓練及財務問題。

就理論上言，集體安全制度可以保証國際社會的和平、穩定與安全，深值努力實踐之。惟從經驗上觀察，目前聯合國的集體安全制度功能並未彰顯，例如大國情結，保証制裁的確定性、侵略者的法律責任，而否決權的設立等於是對集體行動條款的强權宰制，都是聯合國集體安全制度尚待改進的地方。

區域安全制度

全球性的集體安全制度通常不易建立，其運作也困難重重（如前述的否決權障礙）。因此有的學者主張區域性安全組織必須强化，甚至認爲集體安全也可以是區域性組織，古德比

（James E. Goodby）持這個看法，並認爲歐洲安全暨合作會議（Conference on Security and Cooperation in Europe）就是一個成型的區域集體安全體系。則其他如北大西洋公約、美日安保條約等區域安全組織，當代學者稱之「聯盟政治」（Alliance Politics）。（註⑫）

從權力平衡（Balance－of－power）出發的學者認爲，一個有管理功能的世界政府是不可能建立的，換言之，國際間的無政府狀態（International Anarchy）自古以來就是持續的，馬基維利是這樣的看法。（註⑬）因爲各國都不會放棄自己利益和主權，而去接受任何形式的世界政府指揮。「大戰略通論」一書中，也認爲主權國家是國際社會主角，國際社會是平行體系（Horizontal system），只有協調關係，沒有從屬關係，沒有共同價值系統，最後的世界政府仍未實現，權力仍然分屬各主權國家。（註⑭）由此推論，各國想要獲取安全，只有靠自己力量與他國建立安全保障關係，如同盟或友好條約，來共同抵抗敵人入侵。當權力平衡時安全得以維持，失衡則可能面臨戰爭。

從歷史發展經驗及國際現勢的需要看，區域安全顯然比較有利，較能達成人類渴望安全之目標，在這樣的理論基礎之下，美國在冷戰時代與各地區成之許多區域安全組織，例如：美澳紐組織，東南亞公約及中美共同防禦條約等，都曾經發揮了階段性、區域性的安全功能。冷戰結束後，各地區衝突增加，而全球性的集體安全制度運作不易，以地區性爲主體的區域安全制度若能先建立，不失爲務實的做法。

區域安全之所以可以形成制度，解決多數區域衝突或糾紛，以及來自聯合國憲章的規定，這就是「區域性安排」（Regional Arrangement），明訂區域安全制度的要旨：（註⑮）

㈠本憲章不得認爲排除區域辦法或區域機關、用以應付關於維持國際和平及安全而宜於區域行動之事件者；但以此項辦法或機關及其工作與聯合國之宗旨及原則符合者爲限。

㈡締結此項辦法或設立此項機關之聯合國會員國，將地方爭端提交安全理事會以前，應依該項區域辦法，或由該項區域機關，力求和平解決。

㈢安全理事會對於依區域辦法或由區域機關而求地方爭端之和平解決，不論其係由關係國主動，或由安全理事會提交者，應鼓勵其發展。

㈣安全理事會對於職權內之執行行動，在適當情形下，應利用此項區域辦法或區域機關，如無安全理事會之授權，不得依區域辦法或由區域機關採取任何執行行動。

㈤爲維持國際和平及安全，依區域辦法或由區域機關所已採取或正在考慮之行動，不論何時，均應向安全理事會充分報告之。

聯合國自成立以來，集體安全制度的發揮，分別以韓戰和波斯灣戰爭爲冷戰與後冷戰時代的顯著實例。當一九五〇年北韓南侵，聯合國按憲章規定集體援助南韓；一九九〇年伊拉克入侵科威特，聯合國採行全面強制手段，是韓戰以後首次符合集體安全定義的制裁行動。

在區域安全制度的發揮方面，一般認爲歐洲安全合作會議（CSCE，簡稱歐安會議）是較佳的協商建構模式。（註⑯）而亞太安全體系則尚在摸索階段，經濟性的亞太經濟合作會議（APEC）我國元首尚不能參加；非官方的亞太安全合作理事會（CSCAP），我國目前仍僅是「觀察員」；官方的東協區域論壇（ASEAN Regional Forum, ARF）我國和北韓都尚未入會。而我國和美國關係僅賴「台灣關係法」維持，看來亞太地區（特別是：台海、南海、兩韓）的安全變數仍多，區域安全制度能否在亞洲產生功能，尚待觀察考驗。

本章雖然把國家安全區分成軍事安全、內部安全和國際安全三個範疇論述，惟戰略學家鈕先鍾先生認爲，未來國家安全這個課題的重要性將愈來愈高，而國家安全的定義可能更分歧，語意則更廣泛，在軍事與非軍事，內部與國際之間的分界則更模糊，（註⑰）從最近國際上發生的「危害國家安全重大事件」，已證明了這種趨勢。

其一、駐沙烏地阿拉伯美軍在六月二十五日晚間十點（台北時間：民國八十五年六月二十六日清晨三點半）。遭到卡車炸彈恐怖攻擊，死傷數百人，柯林頓總統指示聯邦調查局支援沙國調查。其二、美國中央情報局局長杜意奇最近向參議院報告，國際恐怖組織利用電腦網路，正針對美國的國防、戰略、能源、交通、電信、銀行、商業等系統，進行全面破壞，嚴重威脅國家安全，中情局已和國防部合作，在國家安全局之下成立專門反擊「電腦戰爭」的組織，以防堵對美國的國家安全威脅。（註⑱）

再者，聯合國在最近舉行的「第二屆城市高峰會議」提出警告，「水」可能成爲破壞和平的因素，水危機將比過去的石油危機嚴重，國家間爲爭水資源，將爲爭水爆發戰爭。（註⑲）如何在危疑的內外環境中確保國家的生存、和平與安全，實賴我們投入更多心力與智慧。

註釋

① 用「國際安全」的概念來討論區域安全，如何思因，「亞太地區的國際安全」，問題與研究，第三十卷，第六期（民國80年6月10日）；用國際安全的概念討論集體安全，如我國八十五年國防報告書第一篇，第一章，國際安全的基礎有聯合國和平任務、集體安全體系、軍備管制與裁軍。

② 合作安全重在保証（Reassurance）而非嚇阻，在此一策略下各國強調軍事的透明度及公開性、武器管制，一系列的信心建立措施及防禦性（Defensive）的兵力結構來促成區域性安全。王高成，「東協與亞太區域安全」，問題與研究，第三十四卷，第十一期（民國84年11月），頁六〇—六七。

③ 台灣研究基金會編輯部，國防白皮書（台北：前衛出版社，民國84年7月），頁二一一—二二二。

④ 李登科，「國家安全與外交」，台北市，國立台灣大學，民國85年3月21日

⑤ Fred I. Greenstein, Nelson W. Polsby, International Politics (Massachusetts : Addison

－Wesley Publishing Company),P.204,P.339.

⑥ 孔令晟，大戰略通論（台北：好聯出版社，民國84年10月31日初版），頁一．二九六。

⑦ 原田稔久著，楊鴻儒譯，未來國防論（台北：黎明文化事業公司，民國71年元月三版），頁一九三。

⑧ 周世雄，「概念性探討國際和平與集體安全」，問題與研究，第三十三卷，第五期（民國83年5月），頁七一。

⑨ 李其泰，國際政治（台北：正中書局，民國65年3月台七版），頁二七一。

⑩ 聯合國憲章，見丘宏達編，現代國際法基本文件（台北：三民書局，民國80年3月），頁九一—三〇

⑪ 陳文賢，「聯合國與集體安全」，問題與研究，第三十四卷，第九期（民國84年9月），頁一一—一一。

⑫ Ibid., p.331.

⑬ Ibid., p.33－35

⑭ 同註⑥，頁七—八。

⑮ 同註⑩。

⑯ 周世雄，「論當前歐亞安全體系之建構：多極體系下之運作模式」，問題與研究，第三

十一卷，第四期（民國81年4月），頁五七—七四。

⑰ 陳福成、陳梅燕，訪鈕先鍾談國家安全，台北市：鈕先生居所，民國八十五年元月十六日。

⑱ 自立晚報，民國85年6月26日；另見當時各報報導。

⑲ 自由時報，民國85年6月7日；另見當日各報報導。

第二章　國家安全政策的制訂

國家安全事務到一九五〇年代中期，在政治與社會專業領域中仍然沒有它的定位，有時看成國際關係之一部份，處理外力入侵問題。實則國家安全事務有其特殊性，各國依其個別環境策訂國家安全政策。（註①）

目前，我國仍是處於分裂狀態中之國家，又面臨中共強大的武力威脅，聯合國的集體安全體系功能不彰，亞太區域安全尚難成爲一個較佳之制度，各國亦自顧不暇。當此之時，我們再進一步檢視何謂「國家安全政策」？怎樣的政策？或應包涵那些政策？才能有利於國家之生存與發展，深值大家重視研究。

第一節　國家安全政策概述

首先界定「政策」、「國家安全政策」的涵義，並概述國家安全政策的產生、影響因素及範圍。特別是國家安全政策的範圍（指政策所包含的內容），各國因其國情、受威脅程度及國家目標之不同，均分別策訂不同的政策內容。

「政策」一詞，通常指某一團體組織，無論小如社團，大如國家、政府及國際組織，爲達到其自身之種種目的，就若干可行的方法之中，擇一而決定之方法。按現代政治學認爲，政策乃爲某目標值與實踐而設計的計畫，政策程序應包括釐訂、頒佈及執行。（註②）在Fred I. Greenstein 和 Nelson W. Polsby合著的International politics 一書中，把公共政策看成一種週而復始的流程，「附圖2—1」。（註③）

附圖2－1：公共政策流程

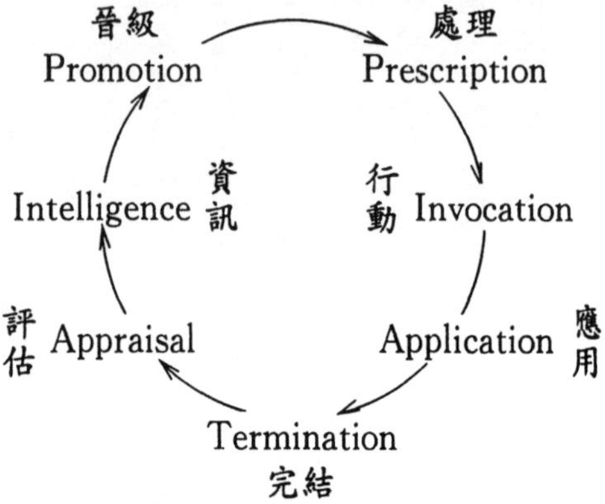

國家安全政策不僅是公共政策，更是國家重大之政策，當然也受政策之意義和流程的規範。尤其現代民主國家，政黨間的競爭，當選舉結束後，立即轉移到另一戰場，那就是「國家元首—行政機關—議會」三者之間的政策競賽（Game），國家安全政策即事關國家生存與發展，必將成爲各政治團體政策競賽之另一戰場。

攸關國家生存與發展

何謂「國家安全政策」（National Security Policy）？向來就有不同看法，美國的國家戰略（National strategy）對外公開稱爲「國家安全政策」。（註③）大戰略通論一書中，認爲國家安全政策就是大戰略構想（Grand Strategy Concept），他說：

> 國家政策有的分爲國家發展政策和國家安全政策，也有分爲對外政策和對內政策。一般言，國家安全政策是對外政策的重心，國家安全政策也就是大戰略構想。（註④）

蔣緯國將軍把國家政策分成一般性國家政策和國家安全政策，一般性國家政策爲國家階層的一般性個別政策，與國家安全不發生直接影響作用，對象普遍，範圍廣泛，通常由行政部門制訂，如我的農業政策。國家安全政策是一個國家設計用來達成國家目標的特別政策，與國家安全發生直接影響作用，由國家最高當局決定。我國往昔把國防政策（National Defence Policy）稱爲國家安全政策，直到「國家安全會議」成立，才正名爲「國家安全政策」。（註⑤）

故所謂「國家安全政策」，應就政治、經濟、心理與軍事等諸方面釐訂有關決策，並爲加强國家安全做必要之協調與配合，其特質不同於一般性國家發展政策，並與國家安全有直接影響關係。當代學者爲國家安全政策下的定義是「有關創造有利於國家持續生存與發展態勢的施政方向與措施，由總統主其事，負責國家安全事務之機構策訂完成之。」（註⑥）

國家安全政策如何產生

從系統理論（System Theory）觀察，公共政策的產生，都是來自環境因素的投入（Inputs），並對政治系統（Political System）形成要求（Demands）和支持（Support），政策系統本身乃有其決定與行動（Decisions and Actions），一個可以被多數人所接受的政策於焉產生（Outputs）。這是政治學大師伊斯頓（David Easton）早在一九六五年所建立的理論，目前已運用到社會科學各個領域中。（註⑦）國家安全政策不僅是公共政策，並且是重大、特別的公共政策，按此程序產生，應無可置疑。

惟國家安全政策因其重大與特殊性，其產生亦有若干不同於一般政策。在民主國家，總統依憲法規定，負責國家政策含對外和國家安全政策的確定，行動方案（Action Programs）的策動，並在法律和國會所提供資源的範圍內，予以執行政策（Executing Policies）。（註⑧）但在總統制的國家（美國爲例），國家安全會議有時候只提供建議，總統的國家安全事務特別助理在決策過程中，才是有決定性的主角，在一九七〇年代美國制訂國家安全政策時，季辛吉（Henry Kissinger）的影響力經常高於國防部長、國務卿及其他軍事首長。（註⑨）總統對國家安全政策的最後決定權，不論我國或美國，法源都還是來自憲法的規定，例如我國憲法規定的法源是：

總統就職宣誓：保衛國家，無負國民付託。

第四章各條：總統統帥權、締約宣戰媾和權、宣布戒嚴權、緊急命令權、任免官員權。

第一三七條：中華民國之國防，以保衛國家安全，維護世界和平爲目的。（註⑩）

總統雖可動用一切可用資源，產生國家安全政策，不僅爲了確保國家安全，也是履行宣誓諾言。惟產生國家安全政策必以國家利益（National Interests）和國家目標（National Objectives）爲依歸，才能最有利於國家發展和人民福祉。國家利益不外乎國家之安全、經濟及發展；國家目標區分「基本國家目標」和「特定國家目標」，前者屬永久性目標，後者爲階段性目標。（註⑪）可見國家安全政策的產生，除有既定流程外，並有國家元首主其事，由負責機構策訂之，以國家利益及目標爲準據。

情報工作影響政策品質

國家安全政策與決策之品質，大多仰賴所使用的知識資料之健全與否；如果使用的知識資料不健全，甚且誤用，則可能導致國家安全政策毫無品質，或是根本上的「三大情報失敗」（Three Intelligence Failures）：一九四一年六月希特勒突襲史達林、同年十二月日本偷襲珍珠港，及一九七三年十月以埃贖罪日戰爭，就是明顯實例。以下將由政策面討論情報的涵義與過程：

一、情報的涵義

情報（Intelligence）一詞既是資訊、知識、智慧之意外，也包含情報活動、情報蒐集、情報組織和計畫，甚至半官方和非官方的情報機構都包含在內。因爲情報活動總是明暗（Overt and Covert）交錯，掩人耳目，故道德的爭議性很高，通常情報當成一種工具性功能來運用。國家安全政策制定，必須依賴戰略、國家層次的情報，在政策制定全程仍然有賴情報指導、蒐集、處理及運用，循環不斷評估改進，政策品質才會提高。

美國官方情報的定義，是指外國情報與反情報而言。所謂外國情報，是指有關外國權力、組織或人員的情報能力、意圖與活動等。所謂反情報，乃指情報指導、蒐集、防禦、支持或代表外國權力、組織或人員的間諜活動及其他秘密情報活動、陰謀破壞、國際恐佈行爲或暗殺行爲。（註⑫）其他如北約組織、美洲防衛委員會等，對情報下的定義均頗有差異。

按我國國防部在軍語詞典中，情報的定義乃指對有關外國或地區某一方面或各方面一切情報資料，加以蒐集、鑑定、分析、整理，及研判後所獲致之結果，謂之情報。（註⑬）惟不論國內外，情報之重點部在四大過程（指導、蒐集、處理、運用），即情報循環（Intelligence Cycle）。

二、情報指導（Direction）

指導—情報需求之確定，蒐集計畫之擬訂，對情報蒐集機構下達命令或申請，以及對情報蒐集機構績效之不斷檢查。情報指導是情報過程的開端，提供國家安全政策瞻性的規劃參考，並完成政策面所期待的情報需求，以免導致政策失敗的後果。

三、情報蒐集（Collection）

蒐集—由蒐集機構對情報資料來源之吸取，並將此等資料分送至適當情報處理單位，俾產生情報。蒐集是整個情報過程的動力，在運用各種不同蒐集途徑與手段進行蒐集活動，以符合決策時所要之資訊需求。若蒐集成果欠佳，或未能提供必要的決策資訊，即是「情報失敗」，導致政策上的錯誤，甚至造成戰爭失敗。

四、情報處理（Processing）

情報資料透過鑑定、分析、整理、研判而成爲情報的步驟，決定情報是否發揮功能的重要關鍵，就在這段「解讀」與「轉化」的過程。情報面若未能依此原則提出解讀與轉化成果，供國家安全政策在決策時之諮詢，即視爲情報失敗。

五、情報運用

情報運用的概念，主要是在政策制定過程中對情報的態戒度，包括接納或排斥等不同程度的情報——政策互動關係。（註⑭）情報過程的前三階段都成功（如指導計畫正確、蒐集成果甚佳、處理步驟無誤），唯獨政策運用不良，一樣會導致政策戰爭的失敗結果。

情報循環的四大過程中，每一步都不能犯錯，否則就可能產生情報失敗，造成國家安全重大之不利，歷史經驗不勝枚舉。一九六二年十月古巴飛彈危機，美國政策面太晚提出情報需求；一九五〇年六月韓戰爆發，中共發動「抗美援朝」，美方情報蒐集能力受限而造成初期的敗退；一九四一年美國珍珠港受到攻擊，只是情報處理（分析）的失誤；而第二次大戰蘇聯受到德國奇襲，當時蘇聯的情報機構在情報過程的前三階段都算成功，唯獨史達林在情報運用上產生信念的偏見，蘇聯卻還是承受了德軍的攻擊。

國家安全政策的制訂過程，充滿著變數與不確定因素，但運用一把優良的工具——情報，循環檢討與改進，提供決策諮詢，則提昇國家安全政策之品質，不僅是「應然」，更爲「實然」。

民意變數影響鉅大

民意（Public Opinion，或稱輿論）是民主政治指標之一，故有謂民主政治即民意政治，惟民意多元、多變，且民意測驗（Public Opinion Poll）也有頗多限制。但國家政策的制訂者，對民意要有敏感的反應，否則可能難獲多數支持，政策便難形成，也沒有推行政策的機會。民意也爲國家安全政策投下更多、更不可捉摸的變數。

民意係指大衆所攸關的問題的口頭或文字表達。也有稱對公共議題的看法，或某一特定議題的多數人看法，有些學者認爲這種看法即可視爲共識（Consensus）。（註⑮）比較正確的涵意是「公衆綜合意見」，這是多數之「大衆」、少數之「意見領袖」及極少數之「政治決策分子」，交光互影輻輳而成者。（註⑯）當然，民意可能被利用，例如在極權社會，決策者可以舖設民意，僭奪民意，故難得民意真相。

民主與極權政體在方法上有根本差異，但兩者都在想要獲得最多民意支持則是一同。

附圖2－2：金馬民意對國家安全政策的衝擊

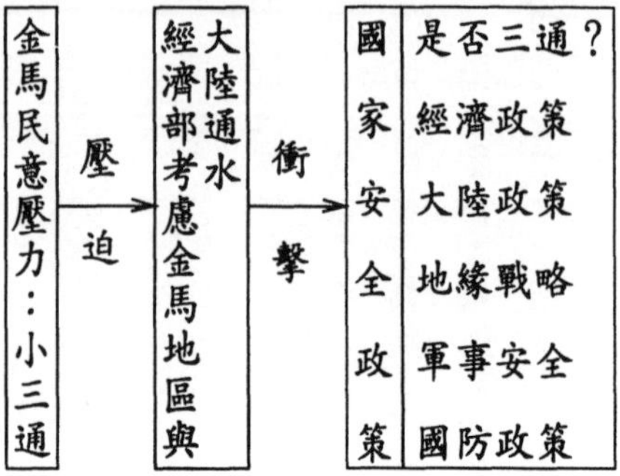

如果人民對情況不瞭解，民意便不易形成；如果沒有民意，則政策制訂者便無所反應，他只能根據揣測，結果人民對情況更加存疑，這是一種惡性循環，國家安全政策的情況亦然。美國在一九七〇年代中期未能迅速發展B—1轟炸機計畫，冷戰期間在世界事務中擔任的領導角色，圍堵共產主義及退出越南，可以說是因爲民意支持與否形成的。（註⑰）民意對國家安全政策上的作爲，通常持者的身份。

民意對國家安全政策可能的衝擊、檢驗或改變，實例比比皆是。最近金馬民意主張與大陸「小三通」的聲浪高漲，經濟部不得已打算規劃金馬地區與大陸通水，如此必將衝擊目前的國家安全政策（如附圖2—2所示）。（註⑱）在國際上，俄羅斯總統葉爾辛任命列貝德出任國家安全會議秘書長，開始整頓國安會，並將民族、經濟、打擊犯罪、貪污、糧食進口、區域經濟關係、資金不足及民營化等問題，全都列入「攸關國家安全的重大問題」。以色列的納坦雅胡曾以百分之五十五贏得大選，季辛吉（Henry Kissinger）認爲這不是單純事件，而

附表2－1：國家安全政策產生（內容）

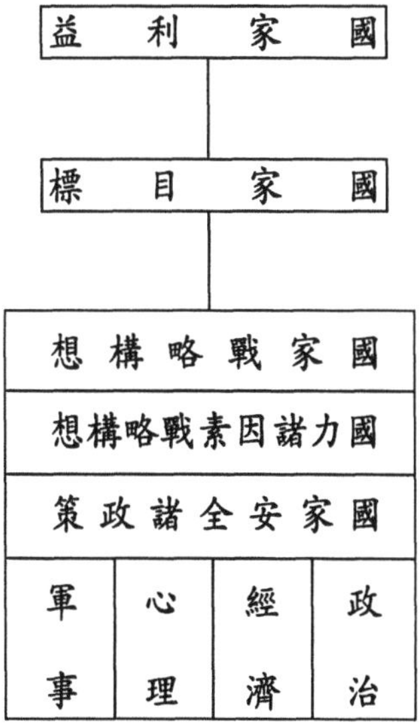

是民心對和平的定義要求改變。（註⑲）預判這兩國的國家安全政策，必將在民意支持下產生重大改變。

只要有正常的民意，只要政策制訂者接受與尊重民意，就是自由民主的國家，國家安全結構也必是健全的，則國家安全政策必能廣獲支持與推行。

國防外交經濟及統治政策

所謂「國家安全政策的內容」，是指國家安全政策的次級體系（Sub－System）所應包含的政策內容。早期的研究者依據國家利益、國家目標及國家戰略的四大國力，推演出「國家安全諸政策」，即政治、經濟、心理和軍事四者，「附表2—1」。（註⑳）這是

附表2－2：國家安全政策產生（內容）

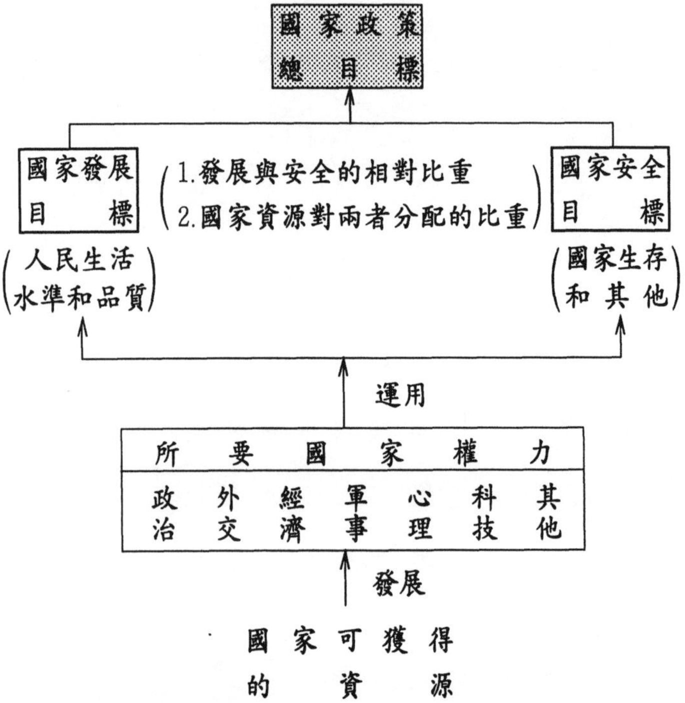

從國家戰略觀點，策訂國家安全所要之政策。

但從國際政治體系的歷史發展和現況來看，主權國家（Sovereign state）是國際社會的主角，國家權力與政策都是國家立足國際的工具，因此國家安全政策的內容是由國家目標推演而來，除了四大國力（政、軍、經、心）外，另有外交、科技及其他。「附表2—2」。（註㉑）

八十五年六月，國內的「國家安全學術研討會」中，把國家安全政策的內容化約成國防、外交、經濟及統治政策四者。前三

項正是一個國家處於平常時期的國家安全政策，而「統治」政策則有包含非常時期之意涵。（註㉒）

通常國家處於非常時期（戰時、變局或分裂狀態中），則國家安全政策的次級政策，除了國防、經濟與外交三大主要政策外，仍須策訂「非常時期政策」（例如南北韓的統一政策、我國的大陸政策）。

我國目前仍處於分裂狀態。故我國國家安全政策以國防、外交、經濟及大陸政策四者爲要，爲本章論述主題。

註釋

① Fred I. Greenstein, Nelson W. polsby, International politics（Massachusetts：Addison-Wesley publishing Company, 1975）,p.275.

② 王世憲，「政策」，政治學，第三冊，雲五社會科學大辭典（台北：台灣商務印書館，民國78年元月八版），頁二〇二。

③ 鈕先鍾，「國家戰略基本理論簡介」，三軍聯合月刊，第十九卷，第四期（民國70年6月），頁七二—七九。

④ 孔令晟，大戰略通論（台北：好聯出版社，民國84年10月31日），頁九二—九五。關於大戰略構想參閱本書，第二篇。

⑤ 蔣緯國，軍制基本原理（台北：三軍大學，民國58年10月），頁五八—五九。

⑥ 曾復生，國家安全戰略，台北市：國立台灣大學軍訓室，民國85年元月11日。

⑦ David Easton, A Framework for political Analysis（Englewood Cliffs, N. J. 112.）轉引華力進，政治學（台北：經世書局，民國76年10月增訂一版），頁六三。

⑧同註④，頁三七四。

⑨劉正侃譯，美國國家安全政策制訂（National Seeurity policy Formulation），台北：三軍大學，民國69年元月，頁二一。

⑩中華民國憲法，陶百川等編，六法全書（台北：三民書局，民國78年3月），頁一｜一二。

⑪關於「國家利益」、「國家目標」向來論者有不同見解，參閱註②、④、⑤各書相關章節。

⑫張枝榮，「涉外情報與國家安全」，中央警官學校公共安全學術研討論文（民國75年8月），頁一三〇｜一五五。

⑬國防部，美華華美軍語詞典（台北：國防部，民國66年6月），頁三一二。

⑭張中勇，「情報與國家安全決策──歷史的經驗與教訓」，政治作戰學校國家安全學術研討會（民國85年6月7日），頁九｜一至九｜二七。有關情報失敗參考本文。

⑮陳水逢，現代政治過程論（台北：財團法人中日文教基金會，民國79年8月），頁四六九。

⑯同註②書，頁九一。

⑰同註⑨書，頁二〇二｜二〇三。

⑱ 按中共武力犯台威脅並未解除，兩岸「三通」仍不可行，但金馬地區早已和大陸「小三通」，最近打算引進大陸水源。金馬單方面與大陸「小三通」，不僅違背目前國家政策，且將衝擊國家安全政策。有關報導詳見85年7月9日國內各報。

⑲ 季辛吉，「以土地換取國家安全」，中國時報，85年7月6日，第十版。根據美國在一九九一年起協助推動的中東和平計畫，以色列應當依據聯合國安全理事會第二四二號決議案，歸還在中東戰爭中佔領的埃及、敘利亞和約旦等國土地（含約旦河西岸和迦薩走廊），以換取和平。然而右派自由黨納坦雅胡大選獲勝，他堅決主張保有這些領土，比歸還土地謀和，更能保障以色列的國家安全。以色列人民的多數民意正在轉變他們的國家安全政策，是福是禍，美國、中東各國及以色列人都正在努力中，但是納坦雅胡說：「推動和平，不歸還領土，絕不犧牲國家安全。」相關報導可見85年5月底到七月初國內外各報紙。

⑳ 同註⑤書，頁五六。另見李啓明，不戰而屈人之兵（台北：中華書局，民國85年元月），頁一一〇。

㉑ 一六四八年衛斯法理（Westphalia）條約以後，主權國家開始形成，一般把主權國家界定爲一個有獨立主權的政治實體（a sovereign political entity）。參見註④書，第一篇，第一、三章。

㉒ 同註⑭，頁四—二。

第二節　國防政策

國家是由土地、人民、主權和政府等四要素構成，如何使其人民保衛此四者，使領土與主權獨立，政府能基於民意而建立及運作，人民生活安康，就有賴一套好的國防政策。自古以來，有國家就有國防，但國家興亡最直接關係是國防政策。孫子兵法始計篇說：

兵者，國之大事，死生之地，存亡之道，不可不察也⋯夫未戰而廟算勝者，得算多也；未戰而廟算不勝者，得算少也；多算勝，少算不勝，而況於無算乎？吾以此觀之，勝負見矣。（註①）

孫子的始計篇就是一套廣義的國防政策，（我國在國家安全會議成立前，國防政策即視同國家安全政策。）成為歷朝歷代策訂其國防政策的參用典範。當前我國所面臨的國家安全困境，實不亞於以前各朝代，國防政策是國家安全政策重心所在，當為吾人關注重點。

行動路線與指導原則

政府綜合運用政治、經濟、心理、軍事力量（即四大或國力），以爭取達成國家目標，凡與國家安全發生直接影響作用，而由最高當局經一定程序所決定的政策即爲國家政策，亦即廣義的國防政策。簡言之，國防政策就是政府保障國家安全所採取的廣泛行動路線與指導原則。（註②）

依據國家目標與國家戰略，乃產生內政策、外交政策、經濟政策、文化教育政策與軍事政策，此諸種政策亦統稱「國防政策」。（註③）惟國防政策是一種可公佈於世，且正大光明，主持正義並有助世界和平的政策，如若干國家的「國防白皮書」所示，不僅用來召告世人，也爲國防政策推行的方便，例如日本每年一次，澳洲兩年一次，美國並無發佈國防白皮書，由國防部每年向國會提出「年度報告」（Annual Report to the Congress），也是公開説明國防政策，以期獲得人民支持。

國防政策因爲要接受民意機構（國會或立法院）審查檢驗，又期待能取信於民，所以政策要具體而明確。能具備整體性、前瞻性、延續性爲佳，最要緊的要在「國防機密」與「人民知的權利」之間，有滿意的均衡，人民與國會有了認同與支持，通過國防部所提的國防預算，才能落實執行國防政策。

探討國防政策的實質內容何在?拉斯威爾（Harold D. Lasswell）認爲，政策實際上就是計畫活動（Planning Activity）。（註④）所以，國防政策即爲國防計畫，並由國防部擬訂和執行，分成兩大類：㈠戰略計畫，㈡施政計畫。

戰略計畫亦即戰爭計畫（含應變計畫），參謀本部（General Staff）爲計畫作爲的負責機構，在國防部內自成一個作業系統。例如我國現階段的「台澎防衛作戰計畫」就是一個戰略計畫，由國防部參謀本部策訂備用，並隨國內外環境之改變要經常修訂計畫。

施政計畫亦即建軍計畫，爲執行戰略計畫所必要之戰力。所謂「戰力」，區分兵力及火力，兵力方面如國軍「十年兵力整建計畫」，預計到民國九十二年達到不超過四十萬人之兵力目標。（註⑤）火力方面如二代機、艦整備計畫，均逐年達成預期目標，以利戰爭準備。

戰略計畫與施政計畫相輔相成，互爲因果，戰略計畫必須建立在即有的戰力基礎上，才能落實可行；但建軍計畫完成的程度，也會限制戰略計畫所達成之成果。二者不斷互動和回饋，其與國防政策的關係可用「附圖2—3」示之。（註⑥）

政策制定六項因素

國防政策制訂的相關因素頗爲複雜，大體上乃有其一般通則，亦有若干特例，歸納後概約以下六項：

附圖2－3：國防政策的內容

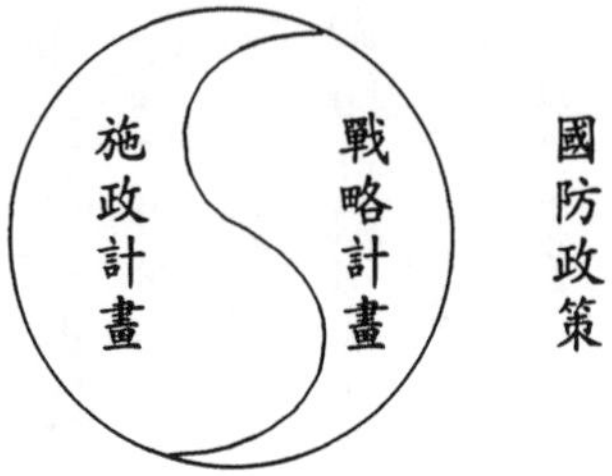

一、國防思想

國防思想爲制定國防政策的依據，一個國家的國防思想，是基於國家的立國思想而產生；立國思想乃由一國的民族性與哲人思想而形成。憲法前言「依據孫中山先生創立中華民國之遺教…」國父的三民主義可謂我國的立國思想，也是國防思想的依據。對我國近代政治發展甚有研究的政治學家Lucian W. Pye也認爲，台灣近數十年來，尤其是在兩位蔣總統時代，就是運用三民主義凝聚成一股傳統中國的政治文化（Political Culture），控制官僚體系免於腐化；透過三民主義的意識型態，統一國防軍事思想，凝結國防力量，才能渡過那風雨飄遙的年代，而有今天的成就。（註⑦）

二、國際情勢

包含世界全局形勢、盟國或友國可能的援助、危害我國之國家及其國力狀況。例如中共封殺我國際生存空間，武器獲得困難，影響國防政策甚鉅。早年中科院曾決定研發核武，由二所負責研製推進系統，三所負責發展電腦射控，都因美國干預而使研

發中止。（註⑧）

三、國家安全威脅來源

有威脅才有安全問題，故國防政策的制定必須先評估國家安全威脅來源。按國防報告書，中華民國爲採取「安內攘外」之護衛行動，歸納當前威脅有三：

㈠中共武力侵犯。

㈡國土分裂。

㈢區域衝突。（註⑨）

就當前台海情勢判斷，目前對我國家安全威脅最大、最直接者，乃爲中共武力犯台，爲抗拒此一重大威脅，實爲策訂國防政策的優先考量事項。

四、國家利益與國家目標

政治、經濟及社會發展所須確保者，爲國家利益。國家目標則有永久與階段性二者，中華民國自建國以來爲追求自由、民主、均富與統一的國家，此爲永久目標。而現階段國家目標爲：

㈠以和平民主方式追求國家統一目標，不因現階段分治而互不隸屬的事實，有所改變。

㈡爲達成此一目標，確保台澎金馬及諸外島安全，與爭取國人生存發展的國際活動空間，爲當前首要目標。（註⑩）

五、歷史與地理因素

戰略研究的兩大支柱：歷史與地理。任何國家政策的決定必然會受到這兩個因素影響，幾乎可以斷言絕無例外。（註⑪）俄羅斯民族自中世紀到第二次世界大戰間飽受異族侵襲，西疆安全特別敏感，戰後俄國的國防政策乃將東歐諸國變成附庸以收緩衝之效，並在東歐駐紮重兵以策安全。英國數世紀以來的國家利益，以避免荷蘭和比利時被强權佔領，否則英國本土將可能受到直接攻擊，是故，英國寧可發動戰爭以確保這種國家利益。（註⑫）

六、國防武力建立——國軍軍事戰略計畫

國防武力包含軍事及民防武力，並以軍隊爲中心。軍事戰略計畫乃在規劃建軍備戰事項。以支持國家戰略，俾得在爭取軍事目標時，能獲得最大成功公算與有利之效果，有三項：

㈠國軍建軍構想。

㈡國軍兵力整建計畫。

㈢國軍備戰計畫。

爲力求構想之能實現，兵力整建計畫能在預期完成，備戰計畫能落實，則有賴可行的國防政策；而制定國防政策，乃爲完成計畫，實現構想。

七、其他特殊原因：如某種經濟因素，美國之攻打阿富汗、伊拉克，許多國際專家學者認為該地區的石油及經濟利益

附圖2－4：武器裝備需求產生關係

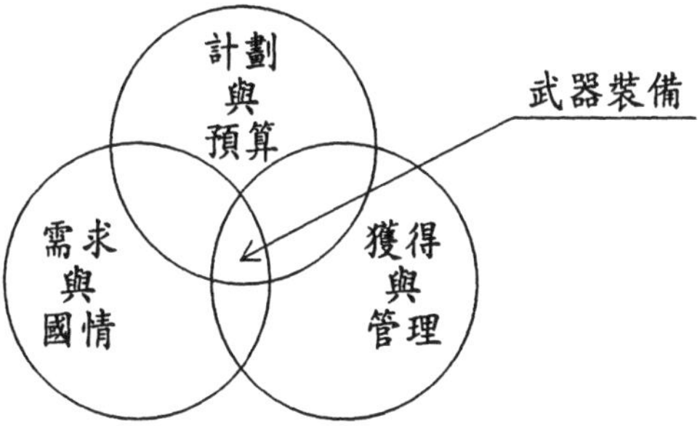

戰爭勝負取決國防工業

國防科技爲一廣泛之名稱，概爲國防武器系統，有時也稱之武器裝備，或國防工業，實際是指用於國防、軍事方面的科學、技術、組織，及其軟體、硬體之總稱，僅在不同層次使用不同稱呼。國防科技再度成爲各國國防政策的重點，開始於一九九一年波灣戰爭結束後，它被定位成一場「第三波科技戰爭」的序幕，戰爭勝負已經取決於國防工業基礎。

武器裝備需求產生關係，除了依打、裝、編、訓、用之理則行之，同時也是需求與國情、計畫與預算、獲得與管理等「三部份六變數」的交集，附圖2—4所示。（註⑬）若無需求，則不會有武器裝備的研發或採購；沒有週延的計畫也將難以獲得所需要之武器裝備；沒有預算財力支援，更不可能有得到。因研發或採購的需要，乃有若干體系之建立。我國爲將國防工業植根於民間，尋求國防科技之突破，降低外購依賴，以期建立自立、自主的國防科技工業，已在行政院下成立跨部會的「國防工業發展政策指導小組」，其作業體系如附表2—3。（註⑭）在國家整體推動下，我國國防工業，科技發展政策如下：

一、與民間科技及工業相結合，達到平時充分運用，促進國家整體科技升級，一旦戰爭發生，則可立即轉移爲國防整體力量。

二、根據建軍構想與兵力整建計畫，策訂武器裝備發展方案；扶植民間工業，建立衛星工廠，加强軍品試製採購，達到自足目標。

三、支援經濟與外交，重大國外採購案爭取技術轉移或工業合作，以提昇國家整體科技水準。

四、本「納動員於施政、寓戰備於經建」之方針，匯集全國軍、工、民營工業整體力量，建立國防工業發展體系（如附表2—3），結合各界力量共同致力武器裝備之研製與國防科技水準之提昇。

現階段國防政策

根據憲法「中華民國之國防，以保衛國家安全」之目的，且面對中共武力犯台威脅，當先求生存，再求發展，以「止戰而不懼戰，備戰而不求戰，主動而不被動」之方針建軍備戰。發展全民國防，期使國防與民生合一，確保國家安全，故當前國防政策應有建軍構想、

附表2－3：國防工業發展推行作業體系

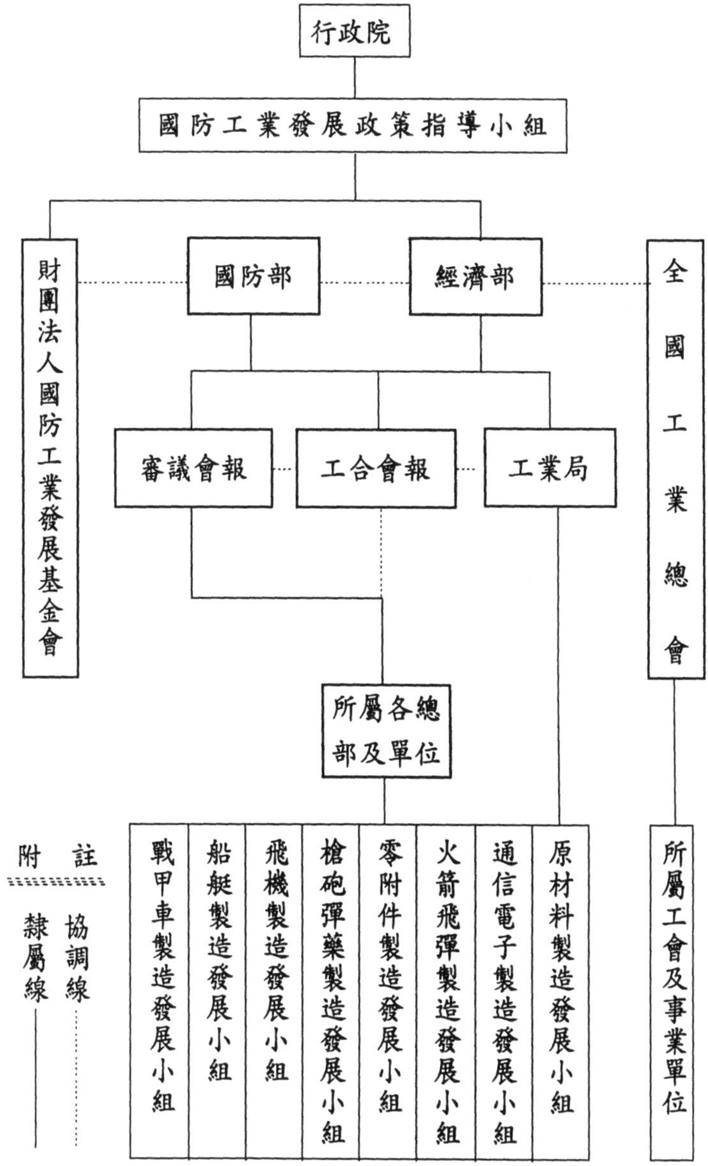

戰備整備、全般戰略構想與防衛作戰指導。註⑮

一、建軍構想

防衛力量之建立係「建軍構想」之規劃，在兵力整建方面，持續精兵政策，本「制空、制海為優先、反對鎖為首要、灘岸決勝為關鍵」之原則，按「十年兵力整建」計畫進程，完成兵力、組織結構之調整，建立現代化的武裝部隊。

二、戰備整備

在國防上必須保持的「基礎戰備」有常備部隊、後備軍人和「全民防衛動員」體系的整備，在戰備整備的基礎上、實踐戰略構想和防衛作戰指導。

三、全般戰略構想

現階段國軍依「防衛固守」、「有效嚇阻」的政策指導，評估敵情威脅、戰爭型態和國力現況，並依防衛作戰指導，藉制空、制海、反登陸等作戰方式，發揮總體戰力，達成保障國家及人民生命財產安全之目標。

四、防衛作戰指導

㈠現階段台海防衛作戰，係依「不挑釁、不迴避」的態度，處理防衛作戰地區可能突發的軍事危機，並按「戰略持久、戰術速決」之指導，運用整體可用之戰力，殲敵於水面、灘頭，迫敵付出最高代價，以有效嚇阻敵人蠢動，確保國家安全。

㈡若敵不計犧牲代價，運用其強大海空戰力，強行登陸其陸戰部隊。則我海空軍仍應依「不決戰戰略」指導，逐次消耗或小殲敵之戰力。（註⑯）反登陸作戰則依防空及反空降作戰、泊地攻擊、灘岸擊滅、陸上主力決勝，並動員全民聯合作戰，逐次擊滅敵人於灘岸與陸上。（註⑰）爭取最後勝利，確保國家安全。

國防預算爲國防政策的實質表達，也是國家戰略基礎，若無適當財力支持，所有構想、計畫都是空談。國防預算在國民生產毛額（Gross National Product, GNP）及國家總預算中都佔有相當比例，分配和運用方式，對國家經濟發展足以產生重大影響。

我國在民間八十五年度，國防預算爲二千五百餘億，占中央政府總預算爲二二・七六%，按軍費結構性質區分，人員維持最高，軍事投資次之，作業維持再次。按軍種單位及戰略構想結構區分（如附圖2—5、2—6）。（註⑱）

好的國防政策至少應有三要件：㈠基本戰略，㈡長程計畫，㈢未來導向。按此檢視，我國防政策亦不失爲佳，惟國際環境在變，敵情在變，國內政局也在變，如何策訂更好的國防政策，以確保國家安全，此不僅是國防部和立法院的職責，也須要民間團體及全民共同投入支持、監督，國防政策才能落實執行，保障國家長治久安。

附圖2-5：民國85年度國防預算依軍種單位結構區分

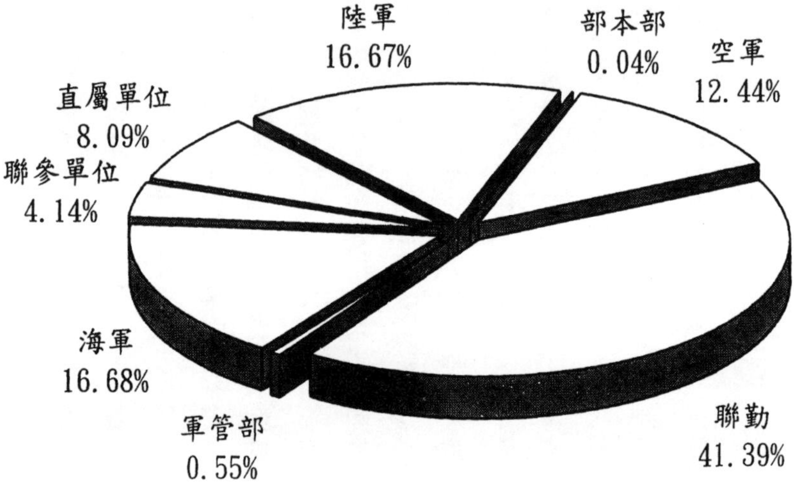

圖2-6：民國85年度國防投資預算依制空、制海、反登陸及戰備支援結構區分

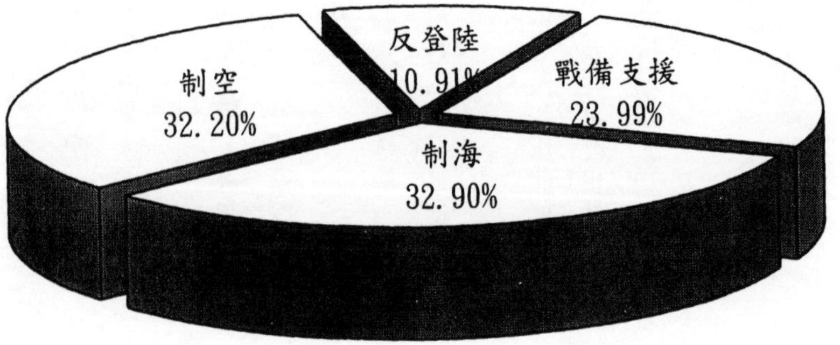

註釋

① 孫子兵法始計篇，魏汝霖註，孫子今註今譯（台北：台灣商務印書館，民國76年4月修訂三版），頁六三—六四。

② 國防部「國防報告書」編纂小組，中華民國八十五年國防報告書（台北：黎明文化事業公司，民國85年5月），頁五五。

③ 徐培根，中國國防思想史（台北：中央文物供應社，民國72年6月），頁二七。

④ Harold D. Lasswell, Research in policy Analysis : The Intelligence and Appraisal Functions, Handbook of political science, no. 6. policies and policymaking (Massachusets : Addison-Wesley publishing Company, 1975) ,pp. 2 – 3.

⑤ 同註②，八十二年—八十三年國防報告書，頁七四。

⑥ 台灣研究基金會編輯部，國防白皮書（台北：前衛出版社，民國84年7月），頁九〇。

⑦ Lucian W. pye, Asian Powdr and politics (U. S. A. : Harvard University Press, 1985) . pp.230 – 232.

⑧ 鄭毓珊，「國家安全與國防科技」，台灣大學專題講座，民國85年元月25日。

⑨ 同註②書，頁七五。

⑩ 同註②書，頁五六—五七。

⑪ 萬仞，「論國防政策作爲」，第三卷，第十二期（時間不詳），頁一九—二六。

⑫ Richard Smoke, National Security Affairs, Handbook of political Science, no. 8. International politics（Massachusetts：Addison-Wesley publishing Company, 1975）,p.249.

⑬ 賀俊，「武器系統之需求計畫與使用管理」，台灣大學工學院國防科技政策與管理系列講座(6)，民國81年10月28日。

⑭ 同註②書，頁九六，有關國防工業科技政策參考本書。

⑮ 參考註②書，第二篇。

⑯ 「不決戰戰略」指導乃考量敵我戰力在「量」上的懸殊，避免陷入中共「連續作戰」或「二換一、三換一」之策略；我海空軍須藉保存戰力、戰略偵察及早期預之手段，「避強擊弱」、「避大吃小」，積小勝爲大勝。一九四〇年德對英國發動「海獅作戰」，英國所用即「不決戰戰略」指導。詳見陳福成，防衛大台灣（台北：金台灣出版公司，一九九五年十一月一日），第十四章。

⑰ 關於防空、反空降、泊地、灘岸及陸上主力決勝等作戰，整體戰力作戰範圍之介紹，可

參閱註⑯書，第五、六篇。

⑱ 同註②書，頁一一六。

第三節　經濟政策

經濟乃經世濟物之道，國計民生之學，故一切經濟政策或制度都在服務民生，此即「建國」之學。由此觀之，中國人之論經濟者，此之西方人論經濟的範圍要廣得多。「國家的經濟本務，一方面是養民，養民即民生，他方面是保民，保民即是國防，民生與國防是一體的。」（註①）

經濟即與國防有如此密切之關係，而與國家之關係更稱「建國」之學，則經濟政策不僅是影響，且是支持國家安全的重要政策，深值吾人費心著墨，毋庸質疑。

經濟與國防關係密切

「强權的興衰」一書說：「興衰之契機在表面上爲軍事與外交，而幕後則有一隻看不見的手，即爲經濟。」（註②）果真的是，再尋一歷史上的强權——羅馬帝國之淪亡爲論證。羅馬帝國到了大約公元一世紀時，所建立的經濟政策概要如次：

㈠限制各省乃至城間的貿易往來。但這個政策保護了少數人搾取多數人的血汗，大地主興起，更多人變成奴隸。

㈡各省租稅的徵收大多交給武士（knights），但武士只圖勒索人民，「對待納稅人的殘酷，如同野獸對待牠的擄掠物。」羅馬的經濟受到空前傷害。

㈢軍事支出沈重必須抽以重稅，但重稅使小地主變成貧無立錐之地，更多的土地被大地主兼併，產生更多的農奴。

㈣公元前五十八年，羅馬採用「散放穀糧於城內人民」的制度，不論城市或鄉村的人乾脆可以不用工作，與無業遊民擁入羅馬城領取免費口糧。上述這些經濟政策、農業制度，竟成爲後來亡國的根本原因。（註③）

經濟對國家長遠的發展關係，主要表現在經濟政策目標、經濟成長、充份就業（Full Employment）、物價穩定、國際貿易與效率。（註④）惟經濟與國防的關係，可化約成因果、支持及依存三種關係，這三種關係也都可以從羅馬衰亡過程中觀察出一些頭緒。

經濟依賴理論（Economic Dependency Theory）證實，開發中國家（拉丁美洲、非洲最多）依賴出口、外債與外資，往往產生分配不均、擴大失業率和國內動亂。貧困與剝削相互循環的結果，「附圖2—7」是這種依存關係的流程。（註⑤）

很弔詭的是：經濟依賴的國家需要強大的軍隊，其後反而增加干政的機率。當然，政治派系鬥爭、種族對立等，也常有內戰、叛亂或軍事政變（Coup d'etat），但有一根本原因，即開發中國家的經濟衰敗。

附圖2－7：經濟依賴與軍隊干政的依存關係

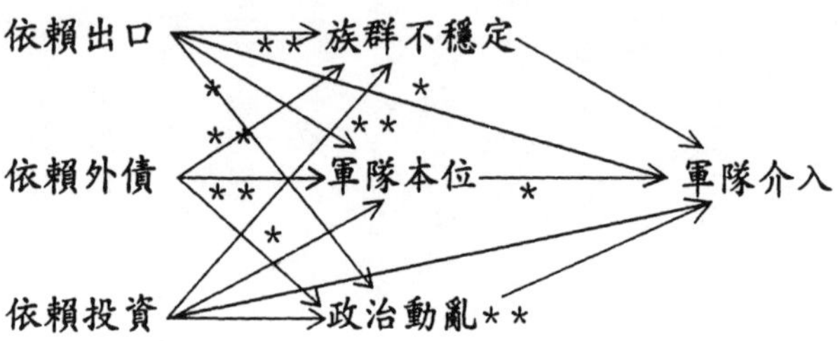

國防經濟互爲因果

一個國家因爲有良好的工業水準，才造出優良的坦克車；而不是因爲造坦克車帶來良好的工業水準。這就是經濟與國防的因果關係最簡單的說明，以日本今天的經濟大國，可以很快轉變成國防、軍事或政治上的强國。卻找不到一個國家，因爲全力發展武器而變成高所得的經濟大國。（蘇聯可以說顛倒了這種因果關係造成解體）

英國的「駿懋銀行評論」（Lloyds Bank Review ）曾有研究，三位經濟學家以三個總體指標，對六個工業化國家歸納出這種相關關係，國防研究支出較多的國家（如英、美、法），經濟競爭力較低；國防研究支出較少的國家（如日本、西德、瑞典），則有較高的經濟競爭力。如「附圖2—8」所示。（註⑥）

因此，國家想要提高經濟發展程度，乃是透過經濟領域內的項目去研究與投資，而不是繞道國防上的投資。

有足夠的財力支持國防所需，才能維護國家安全，這是每位國民都會同意的。但軍事支出要保持在甚麼程度，才能維護國家安全，而又不影響經濟發展；或某一國家的軍事支出應增或減，才能確保一國安全，則向來爭議很大，經濟學家也沒有定論。因爲這些涉及一個國家的客觀環境，及主觀上的價值判斷。

經濟與國防的支持關係，還是可以從軍事化（Militarization）的五個指標來看：（註⑦）

㈠每千人的軍隊人數。

㈡軍事支出佔國民生產毛額的百分比。

附圖2－8：經濟與國防的因果關係

	軍事研究發展經費佔國內生產毛額百分比(%)		民間研究發展經費佔國內生產毛額百分比(%)		競爭力指數*	
國名	1979年	1982年	1979年	1982年	1979年	1982年
英國	0.68	0.68	1.6	1.6	99.0	94.3
美國	0.58	0.72	1.8	2.0	100.3	99.7
法國	0.50	0.38	1.4	1.6	103.5	100.2
瑞典	0.22	0.24	1.7	1.7	102.9	117.2
西德	0.13	0.11	2.2	2.5	111.3	128.9
日本	0.01	0.01	2.3	2.5	110.3	138.3

註：*競爭力指數爲反映一國產出與國內使用量之比較的指標，根據駿懋銀行（Lloyds Bank）所做的一項調查顯示，花費較多軍事研究發展經費的國家，指數較低，經濟競爭力也較弱。

※資料來源：The New York Times, 1986年11月

㈢軍事支出佔中央政府支出百分比。

㈣每人軍事支出。

㈤每位軍人的軍事支出。

按這五個指標觀察，當前（一九八二年幣值計算）世界上軍事程度最高的國家，爲蘇聯和東歐國家。這些國家因經濟能力不足以支持長期龐大的軍事開支，乃相繼一一垮台或解體。

國安體系規範經濟政策

經濟政策（Economic Policy）是解決經濟問題或防止問題發生的行動與對策。（註⑧）或詳言之，經濟政策是政府採取一定的措施，達到穩定有效需求、經濟安定或其他經濟目標之謂。（註⑨）在現實經濟政策中，也許可以再發現背離國家安全政策者。但在理論上，所有經濟政策應在國家安全體系之規範之內；也就是説國家安全政策架構之外，並沒有另外一套經濟政策，這是重要的認知。經濟政策的內涵頗多，概有如後各項：

一、經濟政策的目標

包含促成充分的就業、增加社會生產、維持物價水準的穩定、促進所得分配的平均、促進資源的合理分配、改進國際收支地位、滿足集體需求。（註⑩）

二、經濟政策的工具

爲達成經濟政策目標，政府須運用一定之工具，目前各國所用約有政府財政活動或預算政策的運用、政府對貨幣因素的控制、政策對經濟活動的直接管制等三種。國家處於戰時或非常時期，直接管制常被採用。

三、財政政策（Fiscal Policy）及其效果

財政政策是經濟政策的主要工具之一，可促成經濟活動之平衡。當經濟高度繁榮時期，爲防止通貨膨脹，財政上有四種措施：㈠增加稅收；㈡減少財政支出；㈢增加稅收，同時減少財政支出；㈣減少稅收，同時減少財政支出。當經濟蕭條時期，爲避免經濟過度萎縮，亦有四種措施：㈠減少稅收；㈡增加財政支出；㈢減少稅收，同時增加財政支出；㈣增加稅收，同時增加財政支出。

四、貨幣政策（Monetary Policy）及其效果

政府透過貨幣數量的控制，以影響社會經濟活動，達成一定的經濟目標，謂之貨幣政策，並由一國的中央銀行代表政府此項政策。其運用措施有變更重貼現率、變更存款準備率及從事公開市場活動。（註⑪）

五、財政政策和貨幣政策共同使用

爲達成一定經濟目標，僅運用財政政策，或僅運用貨幣政策，其效果往往不如兩種聯合

使用爲佳。

六、直接管制政策

當國家處於非常狀態或戰時，直接管制幾爲必須。如運用物價管制或物價維持政策、配給政策等；當國際收支平衡，或爲促進國內經濟成長，則常採用外匯貿易的管制。

經濟政策非止一端，惟人民對經濟活動滿意度，可從兩個指標來測量社會安定及國家安全的程度：物價和就業。（註⑫）此即「痛苦指數」（Discomfort Index，或稱misery Index），愈是戰亂，愈是國家處於存亡之秋，痛苦指數愈高。民國三十八年的中國大陸、二次大戰末期的日本和德國，痛苦指數達到極高程度，表示人民受到的安全威脅達到最高，活的極「痛苦」。

附表2—4是台灣與鄰近各國目前的痛苦指數，（註⑬）以日本人生活的較爲快樂，我國次之；反之

附表2-4：我國與鄰近各國（地區）痛苦指數（1996.6.）

項目／國家	人口(百萬)①	人均國民生產總值(美元)②	經濟增長率③	通貨膨脹率④	失業率⑤	痛苦指數
						④+⑤
日本	125.7	38,315	3.6%	0.4%	3.4%	3.8%
南韓	44.8	10,076	7.9%	4.6%	1.9%	6.5%
中國大陸	1,215.5	540	10.2%	8.9%	2.9%	11.8%
台灣	21.5	12,265	5.31%	2.77%	2.21%	4.98%
香港	6.2	23,200	3.0%	6.9%	3.3%	10.2%

則以大陸人民活的最痛苦，香港較次之；數字顯示的政治經濟上之意義，值的我們深入反省。

經濟實力爲國家安全後盾

我國經濟政策在憲法中早已明定，此即第一四二到一五一條所規定的民生主義基本原則、國有私有土地併存、獨佔性企業公營原則、私人資本之節制與扶助、農業發展與外貿獎勵等。（註⑭）此爲永久性政策，我國自憲法頒佈後即本此政政實行之，這也是國家永久性的經濟目標所遵行的原則。

現階段我國經濟政策仍遵循憲法所定原則，惟受主客觀環境因素影響頗大，其中有的是結構性問題，有的是非經濟因素。分析目前影響我國經濟景氣的原因，如「附圖2—9」所示，國內及兩岸及國家利益亦爲制定經濟政策所依循，總須多方面之考量，所制定之經濟政策才能支持國家之長治久安。綜合歸納現階段我國經濟政策如下：

一、經濟發展、民主政治與環境均衡並進

經濟發展和民主政治，對我國而言實等同重要，沒有成功的經濟發展，「台灣經濟」很難成爲一個有示範性的「模型」；沒有民主政治，我們不可能成爲一個現代化國家，對大陸也失去號召力，也等於是違反了世界民主潮流。

附圖2－9：影響目前國內經濟景氣的主要原因

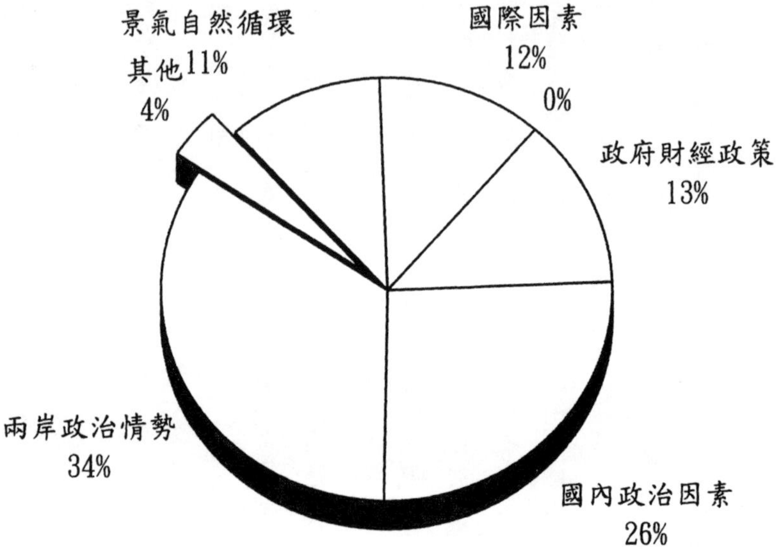

但經濟發展不能持續再破壞環境，這在國家整體發展上已有共識。惟環境保護亦非盲目的返璞歸真，在不妨礙整體經濟建設及發展前提下，保護生態環境，化解現存失調現象，才能促進國家整體發展。故經濟發展、民主政治和環境保護三者，有其互動相成關係，應均衡並進。

二、產業結構升級，迎接廿一世紀的挑戰

台灣產業結構已轉變爲製造業與服務業並重的型態，而台灣經濟奇蹟爲善用「後進國家的優勢」突破「貧窮循環」，走到現在的新興工業化國家。（註⑯）而今後進國優勢逐漸消失，產業結構面臨升級調整。重點爲：

㈠產業結構調整的目標：技術層次高、附加價值高，生產「差異性產品」（Differentiated Products）。

㈡消化並改良外來技術，使它成爲「台灣技術」，自行研發。此處所謂「技術」，指生產力的提高、生產設備改良、管理方法改善、科技人員及企業家的努力，教育制度改進等因素。

㈢從制度面到國際觀，由政府提供合理公平的發展環境與制度，使民間產業因應國際情勢變遷，迎接廿一世紀挑戰。

三、發展台灣成爲亞太地區營運中心

從八十四年年初行政院通過「發展台灣成爲亞太地區營運中心計畫」，同年七月立法院通過「亞太地域運中心」有關法規，發展亞太營運中心乃成爲現階段我國重大經濟政策。此一計畫是台灣邁向廿一世紀經濟再突破的關鍵所在，台灣藉此開拓國際發展空間，兩岸互補互利共創經濟遠景。

四、增強兩岸經貿往來，交流互惠化解敵意

兩岸經貿是大陸政策的一環，以整體大陸政策爲依歸，並以國家安全及人民福祉爲前提。按「國家統一綱領」的指導，現階段兩岸經貿仍在「近程：交流互惠階段」，本階段大陸地區持續經濟改革，台灣地區推動國家各項建設。兩岸以交流促進了解，以互惠化解敵意，擴大兩岸經貿往來，促進雙方社會繁榮，建立邁向中程、遠程之基礎。

經濟政策原是解決經濟問題，推國家的經濟能力亦在國際關係和大戰略的運用中，達成大戰略目標，此即經濟權力（Econmic Power）。（註⑰）韓戰之後，美國對於縮減軍事組織有過强烈爭辯，艾森豪總統做了幾乎完美的表達，國家真正的安全應在强大的經濟體系爲基礎，它隨時可以適應戰爭要求，生產力的優勢可以永不被擊敗。（註⑱）故經濟政策不僅爲達成經濟目標，也用於達成政治目標，我國經濟政策即有此功能。我國目前積極設法參與「世界貿易組織」（WTO）、「亞太經濟合作會議」（APEC）及其他國際、區域經貿性組織，都是現階段經濟政策中的重要工作。

註釋

① 蔣中正，「中國經濟學說」，蔣總統集，第一冊（台北：國防研究院，民國50年7月1日臺再版），頁一七二—一七九。

② Paul Kennedy，強權的興衰（The Rise and Fall of the Great powers），鈕先鍾譯，初版（台北：國防部史政編譯局，民國82年6月），提要頁三。

③ 王文彝，羅馬興亡史（台北：中華書局，民國73年元月台七版），第二篇，第七章。

④ Jaseph A. Pechman, Making Economic policy：The Role of the Economist：Handbook of political Science, no. 8, policies and policymaking（Massachusetts：Addison-Wesley publishing Company, 1975）, PP. 23－35.

⑤ 陳東波，「軍事政變之研究」，政治作戰學校政治研究所國家安全學術研討會論文集（民國85年6月7日），頁10—一至10—三三。

⑥ 高希均，經濟學的世界，上篇（台北：天下文化出版公司，一九九一年元月三十一日第一版），第十三章「麵包與槍炮之爭」。

⑦ 同註⑥書，頁二三六。

⑧ 同註⑥，下篇，頁四〇五。

⑨ 陸民仁，經濟學（台北：三民書局，民國69年一月增訂六版），頁四八三。本節經濟政策的內涵，附參考本書外，可參考高希均，經濟學的世界。

⑩ 有些勞務或財貨，爲社會全體所需要，但不能透過市場，由私人生產提供；或雖由私人生產者提供，但不能按成本向使用者取得代價，此種勞務便構成集體需求，而須由政府提供。例如國防安全、社會治安。

⑪ 同註⑨書，第二十七、三十一章相關各節。

⑫ 薛琦，「國家安全戰略與經濟」，台灣大學專題演講，民國85年1月18日。

⑬ 亞洲週刊，一九九六年六月三十日，頁六一。

⑭ 中華民國憲法，第十三章，第三節。陶百川等編，六法全書（台北：三民書局，民國78年3月）

⑮ 聯合報，民國84年9月16日，第三版。

⑯ 所謂「後進國的優勢」，是指後進國家付出極有限的代價，並於短期內將先進國家所累積的知識與技術，化爲己用，迎頭趕上先進國家之意。諾貝爾經濟獎得主Si Mon Kuznets 在其著作「Modern Economic Growth 」強調，人類文明累積著豐富的「國際

知識存量」（International Stock of knowledge）。這種知識存量是開發中國家經濟發展的原動力，我國的確運用「後進國家的優勢」，成爲新興工業化國家。辜振甫，我國民間產業如何迎接一世紀挑戰，中國時報「跨世紀國家發展策略講座」，民國83年4月30日，第七版。

⑰ 孔令晟，大戰略通論（台北：好聯出版社，民國84年10月31日），頁二九九。

⑱ 斯勒辛格（James R. Schlesinger），國家安全的政治經濟學（The political Economy of National Security），鈕先鍾譯（台北：軍事譯粹社，民國64年3月），頁四三。國家最大的生產力，便是最大的GNP，或稱之「國家經濟潛力」。到了戰時由於動員關係，生產力再持續擴大，此即「戰爭經濟潛力」（簡稱EPW）。

第四節　外交政策

國父在講民族主義時，提到國家亡於政治力者有兩種，兵力與外交。「如果用外交，祇要一張紙和一枝筆。用一張和一枝筆亡了中國，我們便不知道抵抗。」波蘭就是俄、德、奧三國協商後，一紙簽字就亡了國。（註①）

一九九六年七月間，日本宣告二百浬經濟海域，則台灣四周海域、港口都劃入日本經濟海域範圍。我外交部發表嚴正聲明：「絕不放棄一寸領土主權」。（註②）我國新任駐美代表胡志強先生赴美任時，社會各界期其「做好對美關係是國家安全的緊迫課題」，寄予厚望。（註③）以上幾件說明「外交」的勵害和重要，國家之存亡、安全、利益及尊嚴，無不可以經由外交之運作改變其結果，達成所望之目標。故外交政策是國家安全政策內三大政策（國防、經濟、外交）之一環，此三者是國家安全政策的「鐵三角」，外交失策，直接導致國家安全政策的失敗，應予警惕。

國家關係的工具

「外交」（Diplomacy）一詞常用來指涉各種不同的意義，有時視爲「外交政策」的同義語，有被用來指「談判」，若談判參加國家的有兩個稱之「雙邊外交」，兩個以上則稱「多邊外交」。此外，「外交」也常用來指談判的過程，或外交機構而言。

學術界對外交一詞的定義亦有不同層次的看法，沙多（E. Satow）認爲「外交」乃運用權謀智略之「術」，處理國家間之事務。卡佛（Ch. Calvo）認爲外交是國家處理對外關係之「學」。希偉耶（A. Riuier）則二者兼顧，認爲外交是國家代表談判之學與術，以處理對外關係，吾人以爲此說較爲合理，蓋外交之運用，無學則何以言術，但憑巧術，有時而窮。（註④）

現代國家大多把外交當成國際關係的工具，U. S. National Security 一書中，認爲「外交是國家在國際上維持邦誼及謀求發展的主要工具。」（註⑤）所以外交是國際關係或國際權力運作的核心工具，它是國家之間關係的管理，也是代表（Represntation）和談判（Negotiation）的程序。在和平時期，建立友好關係，消除國與國之歧見；戰時爭取國際助力支援。廣泛而言，外交主要工作有：

㈠調整和化解國家與國家間的歧見；

㈡溝通的媒介。（註⑥）

外交的涵義也因各時代歷史背景，有著許多詭異神秘色彩。我國古代孫子倡導「上兵伐謀，其次伐交」，西方在拜占庭時代，欺騙是外交的主要特質。法國外交家德卡里爾

（François de Carillieres）就說：「秘密是外交的靈魂，保持秘密是外交家的基本條件。」（註⑦）直到美國總統威爾遜（Woodrow Wilson）將自由民主觀念應用於外交，倡導「公開訂約，公開達成」（Open Covenants, Openly Arrive at）。但現代外交人員爲執行某項特定任務，仍有兩種公開與秘密之過程。

㈠秘密會議，在此真正進行談判。

㈡公開記者會，將談判結果公諸大衆，接受媒體、民意之監督和關注。

外交的基本功能

外交的基本功能有四：保護（Protection）、代表（Representation）、觀察和報告（Observation and Reporting）、談判（Negotiation）。此外，外交人員爲完成特定外交工作，尚有若干準外交功能，如經濟或軍事方面政策，或務實性的責任。（註⑧）

一、保護

駐外使節負責保護自己國家和在國僑胞的權利，通常他利用代表、談判或訂約完成上述任務。一旦駐在國發生戰爭，須盡力撤離本國人員或僑胞。若兩國斷交，仍須保護本國利益（一般協調中立國行之）。

二、代表

駐外使節是國家的象徵，也是國家的發言人，是自己國家政策的說明者，對外代表國家。代表必須盡力和當地政府、政黨、企業、社會等各界領袖建立良好關係，以利各項外交任務的執行。

三、觀察和報告

外交人員是政府在國外的耳目，須持續提出有價值的觀察和報告，範圍甚廣，其要目爲：

㈠駐在國的國際關係、互動現況及未來趨勢。
㈡駐在國政治、經濟、軍事和社會現況及其未來趨勢。
㈢正在國會中討論的立法案件。
㈣工業、科技、教育新資訊。

但觀察和報告亦有限制，不可從事間諜活動，情報資訊來源必須合法。

四、談判——外交的藝術

談判的目的按國家的外交政策及安全政策之目標而決定，談判的成敗決定雙方共同益。一般而言，談判追求的目的，在獲取談判對方的同意。具體的說，外交談判在透過基本程序和方法，達到外交的勝利（Diplomatic Victories），而這個運作過程包含勸服和折衷妥協、利誘和施壓、軍事威脅、第三者居中調停及其他非正規外交運作。「附表2—5」爲這個運

附表2－5：外交運作流程表

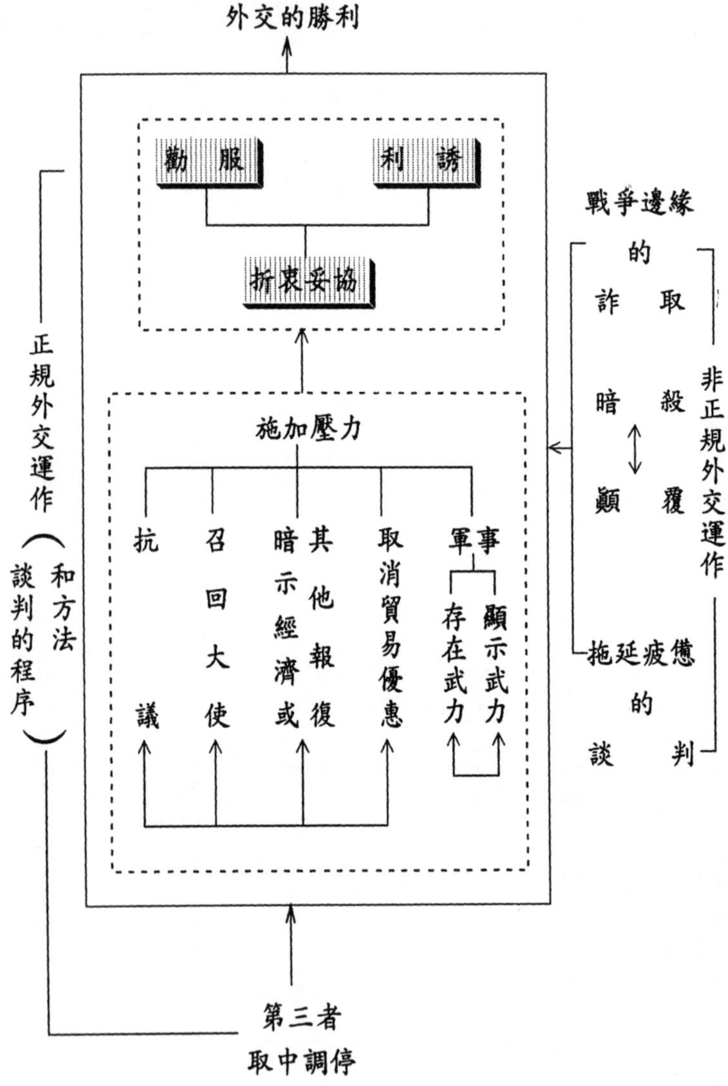

作的流程。（註⑨）

外交政策的目標

「外交」是執行外交政策的工具，「外交政策」是外交的指導原則，兩者仍不能混爲一談。而政策須有明確之目標，一般外交政策的目標不外乎：

一、維護國家安全。

二、增進人民福祉。

三、維護獨立自主地位。

四、爭取邦交國、國際輿論及外國軍售等特定目標。（註⑩）

五、維護國家在國際間的聲望、領導權、解決國際爭端，維持世界和平。

以上外交政策之目標，各國依其國力達之。惟國家若空有良好外交政策，而沒有實力爲後盾，也難以達成某些重大外交政策。此種情形以强國最明顯，例如美國爲維護其全球領導權的目標，乃建立强大國力（並以軍事武力爲中心）做後盾，即「軍事外交政策」系統。「附表2—6」是此一系統之流程。（註⑪）

美國解決波士尼亞內戰，派航空母艦巡弋台灣海峽，都是這種軍事外交政策目標的彰顯。廣義的說，國家建立强大武力，除有軍事上功能外，也有外交上的功能，支持外交政策

附表2－6：美國的軍事外交政策

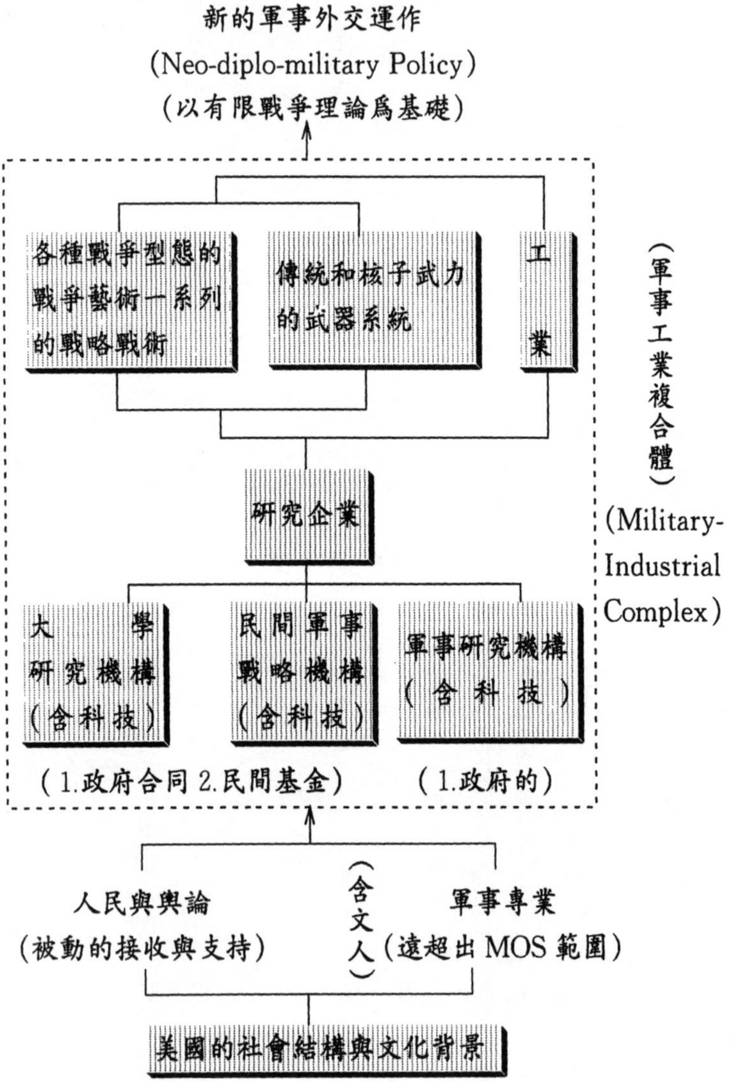
新的軍事外交運作
(Neo-diplo-military Policy)
(以有限戰爭理論為基礎)
各種戰爭型態的戰爭藝術一系列的戰略戰術
傳統和核子武力的武器系統
工業
(軍事工業複合體)
(Military-Industrial Complex)
研究企業
大學研究機構(含科技)
民間軍事戰略機構(含科技)
軍事研究機構(含科技)
(1.政府合同 2.民間基金)
(1.政府的)
人民與輿論
(被動的接收與支持)
(含文人)
軍事專業
(遠超出 MOS 範圍)
美國的社會結構與文化背景

之落實及目標之達成。

現階段我國外交政策

我國外交政策之宗旨，明訂於憲法第一四一條，中華民國之外交，應本獨立自主之精神，平等互惠之原則，敦睦邦交，尊重條約及聯合國憲章，以保護僑民權益，促進國際合作，提倡國際正義，確保世界和平。（註⑫）這是我國永久性的外交政策。

現階段我國仍處分裂狀態，中共不僅不放棄武力犯台企圖，且在國際上對我進行圍堵與封殺，否定我外交生存空間，破壞我與邦交國間的關係，阻撓我與無邦交國發展實質關係。我國爲突破困境，確保國家安全及利益，提出「務實外交」爲現階段之外交政策。具體而言，即前外交部長錢復先生列舉的四項：㈠務實外交理念；㈡積極參與國際活動；㈢提供對外援助合作，包括建立援外模式，成立「國際援助基金」；㈣整合國力推展務實外交。（註13）分述於下：

㈠緣起：

早在一九八〇年，魏鏞先生首先提出「多體制國家」的概念，他對二次大戰後的分裂國家做實證研究，認爲「多體制國家」較能澄清一個事實，亦即「分裂國家」並不是一個國家分裂成兩個或三個國家，而是在國際安排或內戰結後，一國之內出現一種以上的政、經、社會制度而已。魏鏞比較過類似「多體制國家」的兩德、兩韓情形，在國際社會的雙重承認，同爲聯合國的會員國，因此海峽兩岸應參考兩德、兩韓模式，有效處理中國在統一前，雙方在國際社會的共處問題。（註⑭）

在一九八〇年代，歷任總統、政府官員及民間學者，開始擴大了外交決策上思考的空間與行動的彈性。到一九九一年八月，李登輝以執政黨主席身分，在革命實踐研究院以「從不確定的時期到務實時期」爲題演講，提出我國推行務實外交的依據和基本指導方針。（註⑮）這個緣起即是從實證經驗中歸納出來的理論依據。

㈡理論：

務實外交是獨立自主國家行使其主權的國際行爲，行爲的主體是一個具有國際法人地位的國家或政治實體，依據中華民國憲法及國際法行使國家主權，爭取國際生存空間。其理論可化約成以下四條文：

第一、務實外交是政治實體的國際行爲。

第二、務實外交相當於國家主權的行使。

第三、源自憲法爲客觀存在的「法律與政治實體」。

第四、國際生存權源自國際法上的人權或正當防衛權（Legitimate Defense）。（註⑯）

㈢定義：

對於務實外交之概念，近年各界多所詮釋，最簡單的定義說「重裡子不重面子」。但比較爲多數人接受而較合理的定義應該是：

在迫切地需要和國際社會整合，以及一種不放棄中國在未來統一的強烈意願，中華民國政府對其外交政策採取了一種彈性的作法，稱之爲務實外交。（註⑰）

此種不拘官方、半官方或非官方之形式，在國際舞台上折衝樽俎、廣結善緣的作法便稱「務實外交」，或可稱「彈性外交」，是「外交」的廣義解釋。

㈣目標：

不同遠近階段有不同目標，不同對象所期望達成之目標亦不同，歸納我國務實外交之目標應有：

第一、以「治權論」來暫時取代「主權論」的爭議。

第二、讓世人了解兩岸客觀存在之事實，應能依兩德或兩韓作法，雙方政治對等，從分裂中謀求統一。

第三、國家的長程目標是統一，近程目標是生存與發展，務實外交只是達成這些目標的手段。

二、積極參與國際活動

在國際上官方組織尚不能突破之前，我國的務實外交採取「第二條途徑」（Track-Two），即非官方或經濟性之組織或活動。目前我國已是「太平洋經濟合作理事會」（PECC）、「亞太經濟合作會議」（APEC）會員，「亞太安全作理事會」（CSCAP）觀察員，其他參與將近八百個政府或民間的國際組織。不論參與聯合或亞太安全組織，我國均權衡兩岸關係及大陸政策，積極推展，確保國家尊嚴、安全與利益。

三、提供對外援助合作

當我國從四十多年前的一百美元國民所得到現在的一萬多美元，我們便會思考著如何從受惠國轉而回饋國際社會。民國七十七年政府成立「國際經濟合作發展基金」，每年編列固定預算，對受援國提供直接技術合作及貸款。

四、整合國力推展務實外交

中共雖盡其所能封殺我國空間，但我務實外交經多年推展也有成果。例如歐洲議會通過支持台灣加入國際組織決議案；美國國務卿克里斯多福在東協區域論壇會中，明確表示海峽兩岸必須和平解決，恢復對話；參與聯合國案已列入第五十一屆聯大臨時議程。近年武器裝備採購得以突破，美、法、德等國之售我高性能武器，凡此均有賴務實外交之努力。

總之，全方位的務實外交須要朝野與全民共識，需要整體國力的配合才能有成。

註釋

①孫中山，民族主義，第五講，國父全集，第一冊（台北：中國國民黨中央委員會黨史委員會，民國77年3月1日再版），頁四五—四八。

②聯合報，85年7月21日，第二版。另見當日國內各報紙。

③中央日報，85年6月7日社論。

④王人傑，「外交」，國際關係，第四冊，雲五社會科學大辭典（台北：台灣商務印書館，民國74年4月增訂三版），頁四七—四八。

⑤Daniel J. Kaufman, Jeffrey S. Mckitrick, Thomas J. Leney, U. S. National Security（Massachusetts：Lexington Books, 1985）,P. 19.

⑥孔令晟，大戰略通論（台北：好聯出版社，民國84年10月31日），頁三四〇。

⑦李其泰，國際政治（台北：正中書局，民國65年3月台七版），頁一三四。

⑧詳見註⑥書，頁三四三—三五五。

⑨同註⑥書，頁三四七。

⑩ 李登科，國家安全與外交，台灣大學國家安全講座，民國85年3月21日。

⑪ 同註⑥書，頁六五。

⑫ 中華民國憲法，第十三章，第二節，陶百川等編，六法全書（台北：三民書局，民國78年3月）。

⑬ 錢復，「一九九〇年代中華民國外交政策的新取向」，問題與研究，第三十卷，第十期（民國80年10月10日），頁一－九。

⑭ 吳新興，「台北務實外交對於兩岸關係的意義」，中國大陸研究，第三十七卷，第十期（民國83年10月），頁二五－三八。

⑮ 李總統的務實理念，乃引用哈佛大學經濟學教授蓋布雷斯（Galbraith）所著「務實時代」（The Age of pragmanism）一書。芮正皋，「中華民國務實外交的回顧與展望」，問題與研究，第三十二卷，第四期（民國82年4月10日），頁三三－五〇。

⑯ 同註⑮。

⑰ 同註⑭。

第五節 大陸政策

中共因不同意我國務實外交的作法，並認爲我方搞分離主義，乃從八十四年初以來對我發動連續四波大型軍事威脅演習，台海情勢再度升高。美國商業環境風險評估機構（Business Environment Risk Intelligence, BERI）報告指出，中華民國投資利潤機會評等（Profit Opportunity Recommendation, POR）已較去年滑落，投資環境風險升高。（註①）台灣加速二代戰力整建，研製中程飛彈。（註②）美國國會發動「送愛國者飛彈給台灣，支持台灣」運動。（註③）「兩岸關係與亞太局勢國際研討會」在台北召開，與會學者提報的論文認爲，台海危機衝擊亞太安全，包含美國、日本在內的亞太各國，必須重新調整其國家防衛關係。北京的中國政府公開宣稱「台灣問題比起中美關係重要。」（註④）

以上是同一系絡內的問題，即在說明我國大陸政策與其他三個政策的互動關係，如「附圖2—10」。現階段我國大陸政策若失策或失敗，將導至其他三個政策的失衡，而嚴重威脅國家安全。這也正好說明大陸政策在安全政策中的定位，表示了國家安全事務中具有最高度的重要性。

附圖2－10：大陸政策與其他政策的關係

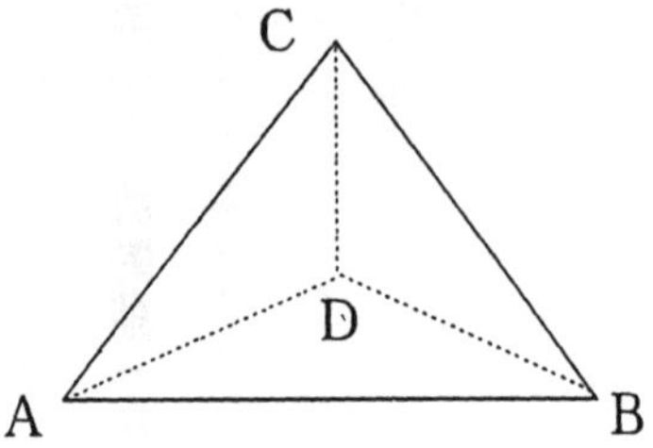

法源依據——國統綱領的形成

探討大陸政策的法源依據，應從國家統一綱領（簡稱國統綱領）的形成說起，但國統綱領的形成自有各個階段的歷史背景：

一、軍事衝突時期（政府遷台至民國六十七年）

雙方處於軍事衝突與緊張對立狀態，中共一再揚言「武力解放台灣」、「血洗台灣」；我政府則積極進行「反攻大陸，消滅共匪」之各項準備措施。雙方並付諸實際行動，而非空言恫嚇。例如古寧頭大戰、八二三砲戰，直到民國五十一年尚有「反共救國軍第七縱隊」突擊廣東台山，民國五十五年，情報局執行「雙溪專案」突擊閩江口岸。（註⑤）六十一年美國與中共簽訂「上海公報」，台海情勢已見緩和，六十八年美國與中共建交時，兩岸軍事衝突已完全停止。

二、冷戰對峙時期（民國六十八年至七十六年）

民國六十八年，中共發表「告台灣同胞書」，提出「三通」主張，暫時放棄「武力解放台灣」口號，停止對金馬地區砲擊，展開密集對台統戰。七十年葉劍英發表「葉九條」，七十三年鄧小平提出「一國兩制」，爲和平統戰基本模式。此期間我政府加速政經改革，同時對大陸提出「以三民主義統一中國」的號召，另一方面對大陸採「三不」政策（不接觸、不談判、不妥協），以化解中共統戰攻勢。

三、民間交流時期（民國七十六年至八十年）

七十六年政府開放部分國人赴大陸探親，兩岸民間才算正式接觸，並不斷放寬兩岸交流限制，兩岸關係有了根本性變化。七十九年政府開始著手規劃大陸政策法制化問題，同年十月國家統一委員會（簡稱國統會）成立；八十年二月二十三日，國統會第三次會議通過國統綱領，同年三月十四日行政院會議亦通過，正式成爲推行大陸政策的依據。

八十年五月動員戡亂時期終止，民間交流如波濤洶湧般蓬勃發展，隨著衍生許多問題，如民事、刑事及海上犯罪等，正待兩岸經由問題處理而建立共識。

四、和平統一時期（民國八十年五月以後）

國統綱領通過後，爲政府推動大陸政策的最高指導綱領。八十一年七月三日，立法院三讀通過「台灣地區與大陸地區人民關係條例」，其意義涵蓋政治、行政、民生及國家安全（如內部安全、飛航安全等），成爲大陸政策的基本法源。從此確立了推行大陸事務的基礎架構及法律依據。

大陸政策推行至今，我政府進一步基於務實態度，已宣佈「放棄法統、正統和代表權之爭」。中共則仍陷於「武力犯台」、「國家主權」及「一國兩制」的框架中，「和平統一時期」的路顯然艱困而久遠。

從國統綱領看大陸政策

國統綱領即爲大陸政策的最高指導原則，則應從國統綱領四個部分（前言、目標、原則和進程）來說明大陸政策的內涵。簡單歸納，可以用「一二三四」表示之，也就是「一國」、「二區」、「三階段」、「四原則」。

一、「一國」

就是一個統一的中國，應指民國元年（一九一二年）建立迄今的中華民國。雖自民國三十八年起，中國形成海峽兩岸分裂分治對峙局勢，但中共政權不等於中國，台灣與中華民國也不能畫上等號。因此，中國統一問題兩岸都應以務實態度，爲中國統一而貢獻智慧和力量。大陸政策的目標就是在追求國家統一，具體來說：「一個中國」最終目標是指政治民主化、經濟自由化、社會多元化和文化中國化的實現。

就當前兩岸情勢言，統一條件未臻成熟，我們不能犧牲台灣地區人民安全與福祉，貿然與中共談判統一，完成大一統的虛幻假象。中國的統一不是立即的目標，而是一個終極目標。

二、「二區」

從政治實況來看，目前中華民國政府與中共政權同時並存，同為對等的政治實體，各自分別享有治權，而這兩個區域都是屬於中國的領土。但中共否認這個事實，提出「一國兩制」作為統一的基本模式，這種設計隱含著兩層意義：

㈠「一國」是指「中華人民共和國」，而中華民國則會「消失」，成為中共管轄下的一個「特別行政區」。

㈡「兩制」是指大陸地區實行社會主義，台灣地區暫時實行資本主義制度，但中共為中央，台灣為地方。簡言之，兩制不過是中共設想過渡到共產主義的暫時安排，一項「和平統一」手段而已。故「一國兩制」是中共兼併台灣的策略。

國統綱領的「一國兩區」以現況事實為基礎，承認地理上存在的兩個不同區域，法律上的不同法域，政治上則是兩個對等實體。兩岸和平共存競爭，共創有利於統一的條件，這是國統綱領兼具務實性與前瞻性的考慮。

三、「三階段」

國家統一是長期而又艱鉅的政治工程，面對中共施展統戰技倆，企圖武力犯台的高風險因素，我政府在國統綱領中規畫了近、中、遠程三個階段，以開放、穩健的步伐，分階段完成國家統一。

㈠近程——交流互惠階段：

本階段透過民間各項交流相互了解，以互惠化解敵意，不危及對方的安全與安定，建立良性互動關係。同時建立交流制度與規範，如我方在民國八十年成立海峽交流基金會（簡稱海基會），中共成立海峽兩岸關係協會（簡稱海協會），立法院也在八十一年通過台灣地區與大陸地區人民關係條例，作爲兩岸交流的具體規範。

在此階段中，我方加速政經建設，也期望大陸地區積極推動經濟改革，並擴大政治改革之深度，縮短兩岸政經差，創造有利的統一環境。惟本階段中必須在三件事情上作出善意回應，才有可能進入中程階段：即放棄武力犯台、承認我爲政治實體、不干擾我國在國際社會的各項活動。

㈡中程——互信合作階段：

在本階段，我們願意與中共建立對等的官方溝通管道及開放「三通」。有了互信基礎，兩岸才可能擴大合作範圍，協力互助參加國際組織，達到「非零和競賽」境界，創造協商統一的有利條件。

直至目前，中共當局對近程民間交流階段仍未予我方善意回應，評估國家整體利益，認爲兩岸必須化解敵意後，才有機會進入中程階段。

㈢遠程——協商統一階段

國家統進程到了遠程階段，應是水到渠成，各種「引水」準備工作都已完成，才能有利於創造「成渠」的目的。故本階段主要是成立兩岸統一協商機構，共商統一大業。

至於國家統一模式與體制應如何？應由兩岸人民共商。參酌第二次世界大戰後，由國際共黨分裂的四個國家的統一模式：越南統一是北越以「武裝鬥爭」完成之，德國統一是西德以其政經優勢完成之，兩韓則正在模索中。我國情況與上述三國有異，但仍須依據兩岸人民意願，開創以民主方式完成國家統一大業。

四、「四原則」

中國統一大業過程中，必須把握和平、對等、互惠及理性四大原則，政府在近年許多政策性文件如「台海兩岸關係說明書」、「挑戰與重生」、「李總統在國統會回應江八點講話」與「第九任總統就職演說」，都曾一再宣示過。（註⑦）

㈠「和平」原則：

和平原則就是放棄武力侵犯。我大陸政策已從「反攻大陸」到「以民主、自由、均富統一中國」，中共在民國八十四年春節由江澤民提出「結束敵對，和平統一」談判。（註⑧）事實上並未排除對台用武，「武力」仍是中共的兩手策略。

㈡「對等」原則：

對等原則乃彼此不否定對方爲政治實體。中共至今仍認爲國際上「雙重承認」的結果，而並非邁向統一。台灣與大陸是一個中國的兩個地區，中共不代表中國，台灣也不能與中華民國劃上等號。兩岸各爲政治實體，不僅是務實態度，也是事實的存在，只有承認事實的存在才能對統一有利。

㈢「互惠」原則：

互惠原則就是「非零和競賽」的「雙贏」概念。台海兩岸政經各方面條件差異甚大，若能以台灣方面的科技、資金和管理知識，配合大陸地區的天然資源、土地和龐大人力，並推廣「台灣經驗」於大陸，則可加速大陸政經改革步伐，如此達到統一才有意義。

至於「理性」原則，更是處理兩岸事務的基本出發點，在面對兩岸交流所衍生的問題，如民、刑法律、文化、體育等才能不致於泛政治化。務實做事，就事論事，這才是理性原則的表現。

大陸工作的組織體系及運作

目前大陸工作由三個不同層次的組織，分層負責其法定任務。國統會負責諮詢研究、陸委會決策規劃、海基會接受政府授權處理涉及公權力的兩岸事務性工作。大陸工作組織體系及運作如「附圖2—11」。

附圖2－11：大陸政策與大陸工作組織體系及運作圖

組　織	性質與功能	工作重點
總統 國家統一委員會	1.諮詢性質之任務編組 2.諮詢及研究 3.對總統提供意見	國家統一大政方針之諮詢與研究
行政院	決策	大陸政策之決策與大陸工作之推動
行政院大陸委員會 行政院其他各部會	1.法定建制機關 2.決策規畫與執行 3.對民意機關負責	陸委會：統籌大陸政策之研究、規劃、審議、協調及跨部會事項之執行 各部會：各就主管業務有關大陸政策之研究、規畫與執行
財團法人海峽交流基金會	1.民間團體 2.執　　行 (現階段與中共接洽或執行必須在大陸地區辦理之工作)	海基會：接受政府委託辦理有關兩岸民間交流涉及公權力之事務性、技術性服務事項

注：………………表示協調關係

———————表示督導關係

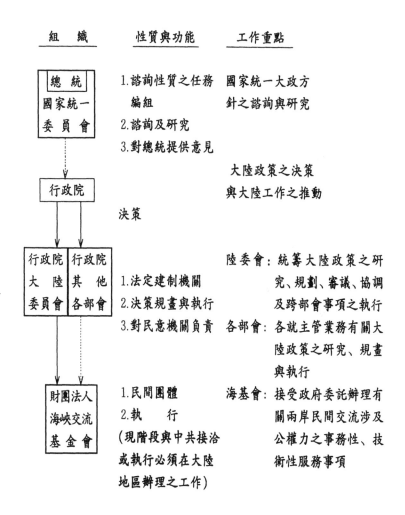

一、國家統一委員會的組織與功能

國統會由總統兼任主任委員，副總統、行政院院長及資政一人兼任副主任委員，由朝野各界領袖三十餘人組成，定期討論國家統一大政方針。基本上，國統會是屬於國家統一大政方針的諮詢及研究性質機構，並非正式的行政機關。

二、大陸委員會的組織與功能

行政院大陸委員會組織條例經立法院在民國八十年元月十八日通過，總統於同月二十八日公布實施，陸委會乃正式成為行政院所屬處理大陸事務的法定專責機關。組織體系如「附圖2—12」。其主要職掌，是依行政院院長指示，從事全盤性大陸政策及大陸工作的研究與規劃，並協調各部會使大陸工作趨於一致。依憲法規定，仍須對立法院負責。

三、海峽交流基金會的組織與功能

為處理現階段兩岸涉及公權力而政府不便出面處理的大陸事務，特於八十年二月成立海基會。依據財團法人海峽交流基金會捐助暨組織章程，該會以謀兩岸人民權益為宗旨，不以營利為目的，其組織體系如「附圖2—13」。海基會的定位是獲政府委託授權，可以執行公權力的民間團體，與陸委會產生委託和監督關係。

國家統一並非一蹴可幾，現階段大陸政策在現有組織體系運作下，秉持以前瞻、務實、主動、穩健創造統一環境；以理性、和平、對等、互惠加强民間交流；以堅持和平、民主方

附圖 2－12：行政院大陸委員會組織體系圖

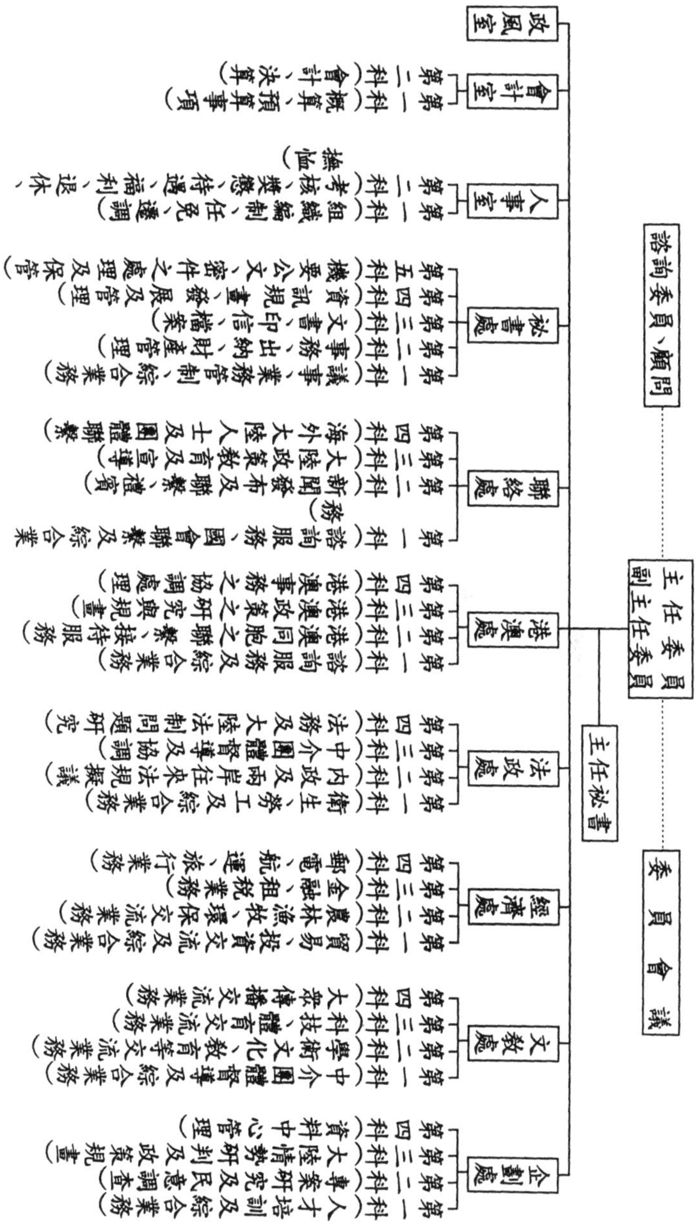

附圖2－13：財團法人海峽交流基金會組織體系

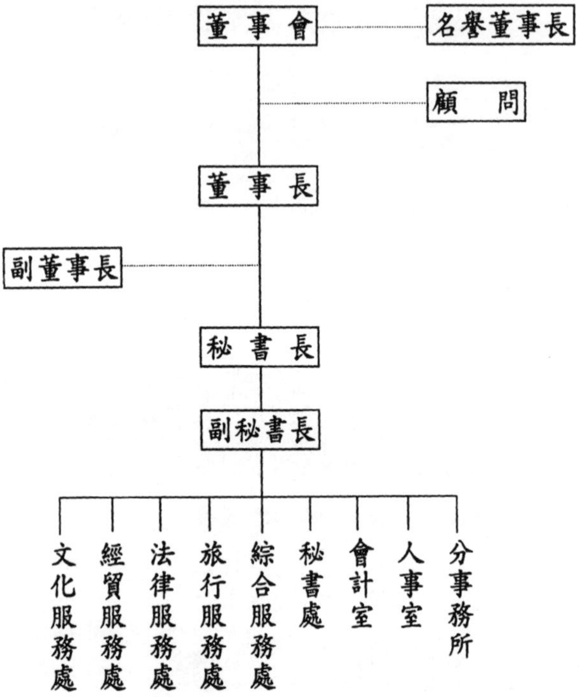

式循序漸近完成統一。

策訂大陸政策因素

現階段因兩岸對統一問題欠缺共識，中共圖「以大吃小」，以武力兼併完成統一，果如此，則誠爲中國空前災難。另一方面也使我策訂大陸政策的決策因素，增加更多不可預測的變數，但仍可歸納成三部份原因：國際、大陸和台灣內部三者。

一、來自國際政經環境變動的影響

後冷戰時代民主理念與經濟勢力抬頭，共產陣營瓦解，兩德統一，兩韓也正在尋求統一的共識和步驟，台海情勢必然受到這股潮流衝擊和影響。另一方面，美國的「中國政策」也在調整，從過去的「不做調人」轉而「歡迎」或「支持」兩岸交流，和平解決台海問題。大陸政策採取和平、民主方式統一中國，合乎國際政經潮流。

亞太情勢則較爲不利，第二十九屆東協外長會議、第三屆東協區域論壇（ＡＲＦ），台灣仍被排除門外。（註⑨）這不僅亞太安全與台海安全重大不利，所謂的「亞太安全體系」亦無從建立。這是策定國家安全、大陸政策的重要考量。

二、來自大陸內部環境變動的影響

大陸內部雖然積極加速經濟改革，惟政治上「向左轉」，經濟上「向右轉」是既訂政策。兩岸經濟與文教交流雖然熱絡，但經濟上「拉住台灣」，外交上「孤立台灣」，軍事上「威嚇台灣」，都在玩「兩手策略」的花樣，尤其最近中共不僅未放棄武力犯台企圖，升高軍事緊張，中共核武談判代表沙祖康表示「不排除對台進行核武攻擊」。（註⑩）陸委會表示「嚴重遺憾」，中共挾其核武强權，可以不對全世界任何國家使用核武攻擊，卻可以用來對付台灣同胞。我方策訂大陸政策當然也須要「嚴重考量」此類因素，才能確保國家安全。

三、來自台灣地區內部因素的影響

主要的影響因素是台灣地區人民對統獨的意願，主張獨立者概約百分之十二，反對者概約百分之六十五，贊成兩岸直航的民意呼聲甚高。（註⑪）但少數的獨派對台灣社會的安定衝擊很大，例如民進黨公佈的「新世代新版台獨綱領」，其內部激進成員則成立「建國會」，準備展開台灣獨立建國運用。（註⑫）總體而言，多數民眾傾向統一，但在目前兩岸情勢之下，民眾則主張暫時維持現狀，以留待一個彈性的空間，此亦爲大陸政策的重要參考依據。

在亞太地區，「經濟就是政治…貿易就是安全」。（註⑬）其複雜化、泛政治化如台海兩岸地區，大陸政策怎能不和國防、外交、經濟及其他方面，構成一個完整的安全體系呢？

註釋

① 工商時報，八十五年五月一日，第八版。

② 中國時報，八十四年十二月二十七日。

③ 中國時報，八十五年元月二十七日。

④ 中國時報，八十五年七月二十二日。

⑤ 「反共救國軍第七縱隊」及「雙溪專案」，都是數十人的小規模突擊行動，前者發生在民國五十一年十一月二十五日，後者在五十五年十月十五日。中國時報，「武裝特務反攻大陸三之三」，民國八十五年五月八日，第三十三版。

⑥ 國家統一綱領，民國八十年三月十四日行政院第二二二三次會議通過。國統綱領與大陸政策另參閱，國立編譯館，國家統一綱領與大陸政策（台北：國立編譯館，民國八十二年三月）。

⑦ 「台海兩岸關係說明書」，民國八十三手七月六日；「挑戰與重生——李登輝主席參加國民黨年終檢討會講話」，八十三年十二月三十日；「李總統在國統會回應江八點談

話」，八十四年四月八日；「第九任總統就職演說」，八十五年五月二十日。以上文件均見當時國內各報報導。

⑧ 中共總書記、國家主席江澤民於民國八十四年元月三十日提出八點主張，見次日國內各報報導。

⑨ 聯合報，民國八十五年七月二十六日，第九版。

⑩ 中國時報，民國八十五年八月六日。

⑪ 同註⑥書，附錄四。

⑫ 中國時報，民國八十五年五月八日，第四版。

⑬ 何思因，「亞太地區的國際安全」，問題與研究，第三十卷，第六期（民國80年6月10日），頁一－八。

結 論

本章研究國家安全政策中的四大政策（國防、外交、經濟及大陸政策）。但國家安全政策，與國家政策的許多方面，依然有密不可分的關係，一個國家之安全，有賴於多方面的資源，如人力、地理、科技、政治、文化等，而這些資源也都是制訂國家安全政策所要考量。特別是我國在面對不利的國際情勢及兩岸環境時，要綜合各種因素，策訂正確的國家安全政策，國家才有明確的目標，國民才有努力的方向。

因此，我們必須說，國家安全政策者，國之大事，死生之地，存亡之道，不可不察也。

第三章　各國國家安全制度比較

八十三年七月六日，政府發佈「台海兩岸關係說明書」，明確指出「制度之爭是中國分裂分治的本質」。廣泛的說，不論冷戰或後冷戰時代，民主與共產陣營所爭的，又何嘗不是「制度」二字。

表面上看，中國近代內戰是因爲各黨派權力之爭，惟究其本質，實受國際政治環境（特別是國際共黨）的支配，最後形成一個「三民主義中國」與「共産主義中國」之爭，前者以中華文化爲基礎，後者以馬列思想爲根源，而其本質乃「制度」之爭。

因此，從制度可以區別國體（Forms of State），也能觀察政體（Forms of Government）的特徵，當然各種國體或政體下的國家就有其不同的國家安全制度。以下兩章即在研究國家安全制度，本章除國家安全制度概說外，列舉英、美、日本及中共的國家安全制度比較探究之。蓋因英國有最老牌的國家安全制度，美國有最完整成文的國家安全制度，日本是東方國家中國家安全較有「制度」者，而中共是我國家安全威脅的最大來源，我們必須認識它的國家安全制度。

第一節　國家安全制度概說

歷史上，有許多國家或政權，爲解決當時有關安全事務，都有類似現代國家安全組織這種機關，並能形成一種「制度」，例如我國明代東廠、蘇聯早期的「格別烏」（GPU）都是。（註①）但本文所論之國家安全制度，乃指十九世紀末葉後民主思想興起，在民主政治體系內，以民主及法治爲基礎，爲確保國家安全所建立的機構。故本文概述國家安全制度，先對「制度」、「政治制度」及「國家安全制度」做一簡要說明。

制度（Institution）的涵義

制度是一種習慣性的行爲模式（Pattern of Practice）專研制度理論的學者Milton J. Esman 清楚指出，制度就是將「價值」（Values）或規範（Norms）轉變成習慣性的社會行爲模式。（註②）可見「制度」的概念並不很明確，但至少可以說明制度是個人和團體間一種有組織的互動（Organized Interaction），或是人們組織關係的行動體系（System of Action）。

惟組織和制度概念上稍有不同。組織比較強調內在的結構（Internal Structure），而制度除組織結構外，尚包含公共目的或價值體系，組織又能促成這種價值的實現。這也就是說，制度有組織的「因子」，組織也可能被轉變成制度，故二者頗有同意詞（Synonym）。（註③）

以政府中各種「政治制度」（Poltical Institutions）爲研究對象，例如從總統制或內閣制中，研究政府中的立法、司法及行政機關中的政治現象、權力關係或制衡問題，這便是制度研究法（Institution Approach），或稱傳統研究法（Traditional Approach）。

建立政治制度之用意

現代政治事務之所以須要形成制度，也就是建立政治制度之用意，在使政治組織及活動能在穩定中依序發展，成爲一種有價值的行爲模式，稱之政治制度化（Political Institutionalization）。（註④）若政治發展能維持這樣的模式，可以說就是民主政治的建立。（註⑤）國家之內「對價值的權威性分配」，便能以「數人頭」代替「打破頭」。國家安全制度是政治制度範疇內之一部份，而國家安全事務對外具有主權國家（Sovereign State）特質，對內是國家權力（National Power）的表徵，因此更是一種高度「對價值的權威性分配」。

當國家安全事務之運作也成爲一種「政治制度」，就是表示國家在處理安全問題的過程中，不會是暴力式的「打破頭」，也表示國家安全和尊重人權之間可以找到平衡點。國家安全制度透過民主程序建立，經人民同意，受人民監督，情治人員的活動均可在法治規範內，政治迫害便不會發生。這是國家安全事務必須建立制度，成爲政治制度的用意。

何謂「國家安全制度」？

國家安全事務或政策，除國防、經濟、外交等方面，也有賴社會、文化或其他方面的配合。將這麼多的「變項」加以組織、安排、集中運用，使其成爲一種有體系的能力，可以確保國家安全的能力。「人」是這個體系內最重要的因素。例如Richard E. Newstads 的看法：「人」是一個中心因素，一切問題都按各人的看法，如何運用他們的頭腦，以及「在何處蒐集資料而定」。（註⑥）這個「人」指的是國家領導者，或負責策訂國家安全政策，執行國家安全事務的人。

除了人以外，當事者在達成國家目標所採取之措施，有關制訂與執行國家安全政策之機關，同樣具有等量的重要性。這些機關可以簡稱「國家安全組織」，也就是負責制訂國家安全政策的組織。

當負責國家安全的「人」和「組織」，成爲有組織的互動，並將價值（如權力、安全）或規範（不論成文與不成文），轉變成習慣性的社會行爲模式。綜合這些人、組織、互動關係和行爲模式，就是「國家安全制度」。

在理論上，依循民主政治所建立的國家安全制度，宗旨在確保國家與人民之安全，對國家與人民兩者均無害。但因人在制度運作上的可能偏差或錯誤，在政治內部的任何部門，特別是在國家安全結構內部，權力、機密、利益或其他任何方面，也都有可能危害到民主制度之規範，甚至危害到人民。

解決或避免這種可能的危害，依然要回歸民主政治，接受民意規範。不管這種民意是分歧也好、難於理解也好、矛盾也好，民意的形成不如在國家安全狀況可能許可下自由開放，產生明確而公正的民意（即輿論）最佳。只要有健全的民意，只要國家安全政策制定人接受與尊重民意，則國家安全制度也必須是健全的。

註釋

① 我國明襲元制，宦官分掌諸監，組織龐大，位高權重，內廷計設司禮監等二十四衙門。其外有「庫」、「房」、「廠」、「局」等，皆置太監任職。「格別烏」（GPU）是蘇聯「國家政治保安局」的簡稱，建立於一九二二年。以上這些組織都是當權者用來進行政治迫害或鎮壓反對勢力，儘管「爲禍至烈」，就組織及運作情況而言，在當時仍有「國家安全制度」之規模與功能。

② 彭堅汶，孫中山三民主義建國與政治發展理論之研究（台北：時英出版社，民國76年12月），頁二〇三—二〇四。

③ 同註②書，頁二〇四—二〇五。

④ Samuel P. Huntington and Jorge I. Dominguez, political Development, Hamdbook of political Science, no. 3（Massachusetts：Addison-Wesley publishing Company，1975），PP. 47|48.

⑤ Lucian W. Pye, Aspects of political Development（台北：虹橋書店，民國72年6月16

日，第一版），PP. 40-41。

⑥ 美國國家安全政策之制訂（National Security Policy Formulation），劉正侃譯（台北：三軍大學，民國69年元月），頁一。「制度研究法」是從典章文物、公文檔案或法律條文中來了解政治現象。但從一九三〇年代開始，學者主張在「人」身上了解政治現象，研究人類在實際政治行爲中扮演什麼角色（Roles），採取什麼策略（Strategies），經過什麼過程（Processes），獲得什麼價值（Values），這才是可信的政治現象，可靠的政治知識。此乃產生另一個學派，即行爲研究法（Behavioral Approach），以「人」爲中心，認定政治行爲要以人類行爲爲分析的對象。

第二節　英國國家安全制度

英國政制素有「內閣制之母」（Mother of Cabinet System）及「議會之母」（Mother of Parliaments）之稱，是全世界內閣制與不成文法制的典範。英國的不成文政治制度（Unwritten Political Institution）存在於各種憲政慣例、司法判決及章法條例之中，對其國家安全制度建立過程有影響者如次。

第一，依普通立法程序，具有憲法性質的法典（Statues）：如大憲章（Magna Carta, 1215）、權利請願書（Petition of Rights, 1628）、人身保護法（Habeas Corps Act, 1679）、權利法典（Bill of Rights, 1689）、踐祚條例（Act of Settlement, 1701，或譯王位繼承法）、英愛聯合條例（Act of Union with Scotland, 1706）、選舉改革法（The Electoral Reform Acts, 1884）、禪讓條例（Abdication Act, 1936）等。

第二，憲政慣例（Constitutional Conventions），亦稱「政治慣例」或「諒解」：如英王虛位，權在首相，內閣對國會負責，兩黨政制；真正的國家領袖、政府首長是首相，決定國防、外交、財經等政策者，都是首相。

第三，司法判決（Judicial Decisions）：如集會與結社自由、人身自由、言論自由、正

常法律程序，都是司法判決的結果，卻都有憲法的效力。（註①）

以上政治制度雖稱「不成文」法，但對於建立國家安全有關之組織、法令規章及制度之形成，以及處理國家安全事務、情治人員的行爲規範、各級政府公務人員對國家安全事務所應負之權責規定等，都有憲法效力般的規範力。

本節區分國家安全指導原則、國家安全組織、集體安全、國防與民防探討之。

國家安全指導原則

英國不論內政、外交及其建軍備戰，或國際安全（集體安全、區域安全），無不以確保國家安全爲最高指導原則。概可歸納爲以下各項：

一、支援全球防衛，確保冷戰時代影響力的持續

英國三軍武裝部隊目前仍廣泛部署在全球三十一個據點，涵蓋範圍從南大西洋的亞松森島起，到亞太地區。包含執行聯合國和平任務，防衛海上航道安全，確保大英國協及屬地之安全。協防區域安全，例如「五國防衛協定」。（註②）英軍每年大約在全球各地參加三十六次軍事演習，（註③）以維護其全球政、軍、經、心等方面利益，使冷戰時代影響力得以持續。

二、確保歐陸領導權是國家安全的重大鐵則

數百年來，英國國防安全的第一線都放在歐陸。因此，英國要在歐陸扮演强固的領導地位，使潛在的敵對强權無法聯合起來與其抗衡，同時也使得沒有一個歐陸强權能獨佔優勢。在北約組織駐以重兵，支援歐洲聯軍指揮部成立快速反應部隊五萬多兵力，部署在德國兵力最高曾接近七萬兵力。英軍肩負防衛歐洲的第一線任務，是幾世紀以來遵循確保安全之鐵則。

三、建立適量的軍事武力保障國脈民命

英國的三軍總兵力大約是三十二萬人（含核武部隊），除用於本土防衛（內部安全）、歐陸及海外（集體安全）駐軍，置重點於東大西洋及英吉利海峽。其核子動力彈道飛彈潛艦部隊保持「次戰略」（Sub-Strategic ）打擊水準，三艘中型航空母艦擁有超越其海域外的中規模兵力投射能力。（註④）

四、完善的民防與國防體系確保立即總動員能力

英國建立有完善的民防體系，並由國防部制定應變計畫，準備隨時動員民間物力支援軍事作戰。例如在商船動員方面，由國防顧問委員會與英國船舶總會各船主，保持密切聯繫。在福克蘭島戰役前，有將近七十多艘商船在各造船場內，以四十八小時短暫時間改裝爲軍用船隻。總動員能力之快速與强大，證諸福克蘭戰役結果可以證明。

數百年來，凡企圖入侵英國本土的歐陸强權，均未告成功，是英國國家安全指導上的正

確。惟二次大戰後，國勢日落，冷戰時代扮演美國巨型航空母艦的角色。目前爲集體及區域安全需要，仍有二萬五千餘名美國空軍人員及二五〇架戰機在英國本土。英美合作本是傳統而特殊的關係，至今仍爲英國人民所珍視。

國家安全組織體系

英國國家安全組織體系，不僅歷史久遠，且體系交錯複雜。（註⑤）目前外交部設有「政治情報局」，國防部設有「聯合情報局」和「軍事情報局」，經濟作戰情報部設有「情報局」，內政部設有「蘇格蘭場」，其他如殖民部、自治領關係部、商務部、中央新聞局都設有情報機構。

「蘇格蘭場」（Scotland Yard），又稱「英國皇家情報部」，隸屬首都警察廳。成立於一八二九年，是英國歷史最悠久的國家安全組織，該場人員遍及全英和海外各領地，其功能性質，相當於美國聯邦調查局。其組織體系如「附表3—1」。

英國國家安全工作，有關軍事情報方面，以陸軍於一九一三年成立「軍事情報局」爲最早，但負責軍事情報之總成者，還是國防部的「聯合情報局」。組織體系如「附表3—2」。

英國國家安全工作，本身組織機構甚爲龐雜，爲求統一指揮其協調，乃在內閣設置屬常

附表3－1：英國蘇格蘭場組織體系

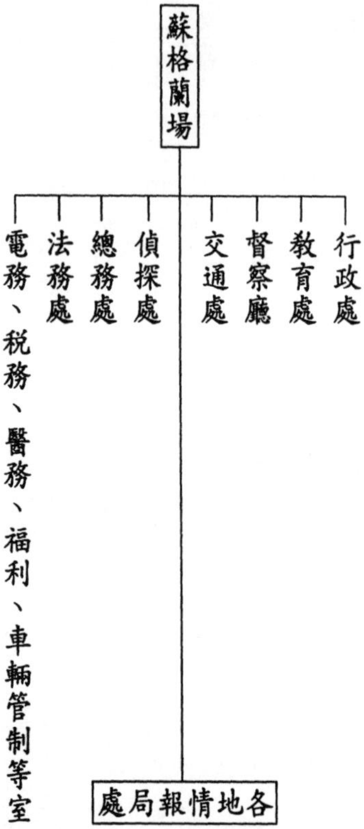

設委員會，爲國家安全組織總成之機構，約略構成領導上的統一。惟大權仍控制在內閣，不論內政、外交、經濟、國防或海外領地，事關國家安全重大情報，最後控制權都在內閣首相。「附表3—3」是英國國家安全組織指揮系統。

「附表3—3」國防部下設「聯合情報局」（JIB），本爲對三軍情報資料負責蒐集、整理、研判及運用的統一處理工作。然因軍事情報系統中

附表3－2：英國國防部軍事情報體系

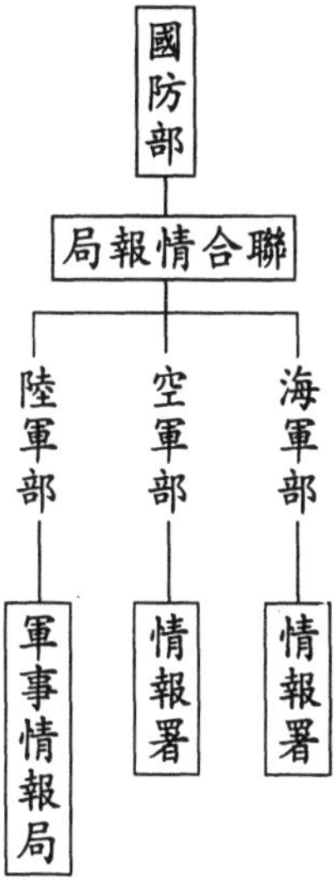

有關戰略情報方面，各軍種間常有不易協調之處，遂另設「聯合情報委員會」（JIC）居間協調。該委員會雖由三軍情報部門首長出席，但爲表示中立，主席則由外交部派任，實亦內閣直屬委員會的分支組織。此亦展現內閣制的特質。

民防在國防體制上的定位

要了解英國的民防工作，首先要了解民防在其國防體制內的定位。英國首相邱吉爾曾說「民防是陸海空軍以外的第四軍種。」（註⑥）可見民防工作在英國人心中的地位。

在二次大戰前，地方政府成立有民防軍，以執行民防工作。戰後於一九四八年秋天，議會通過民防法案，確立民防由中央政

附表3－3：英國國家安全組織指揮系統

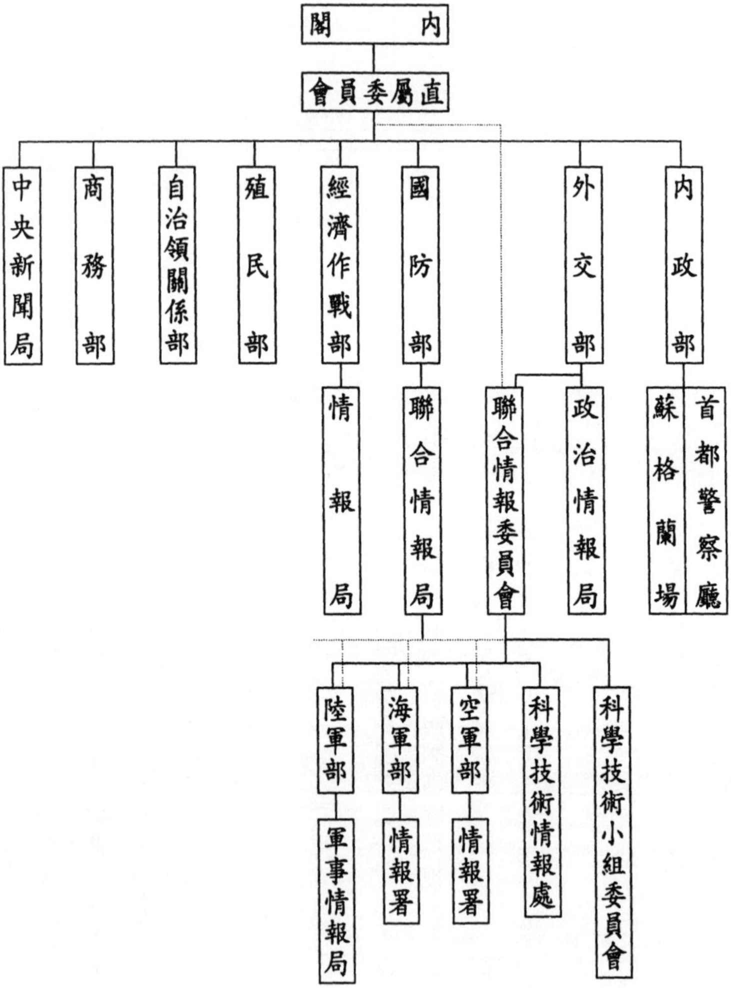

府指揮及其與國防體制之關係。「附表3－4」是英國的國防體制，民防是國防之一環，並在國防部下設「民防委員會」（註⑦）

在中央政府之下，各地方政府則由當地人民組成「民防團」，直接由國防部「民防委員會」指揮。「附表3－5」是民防團組織。（註⑧）平時有定期各項教育訓練或演習，戰時可取代軍事機關與警察之若干任務，總動員後規定年滿十六歲到六十歲男女，均強制擔任民防工作。

保防及守密條款

保密防諜不僅是一種觀念，也是一種作為。不僅表現在國家安全相關情治系統人員之中，更表現在一般國民之理念及所有文武官員體系之中。目前英國政府基於國家安全的理由，在各種法令中大約還有二百五十則「守密條款」，保障官方不可向大眾洩漏有關公共安全、軍售、政府決策過程及可能導至全民恐慌的訊息。依憲政慣例，各部會首長對內閣負責，文武官員們對各部會首長負責，以確保「守密條款」能落實執行。為保障政府官員進一步履行「守密條款」，由內閣閣員各黨派聯盟近年提出「The Whistleblower's Bill」（暫譯：檢舉法案），凡有影響國家安全之人、事、物，得以揭發檢舉，且受到法律保障。

民主、自由理念衝擊全球，人民知的權利高漲，英國也不例外。影響最深遠的當屬「新

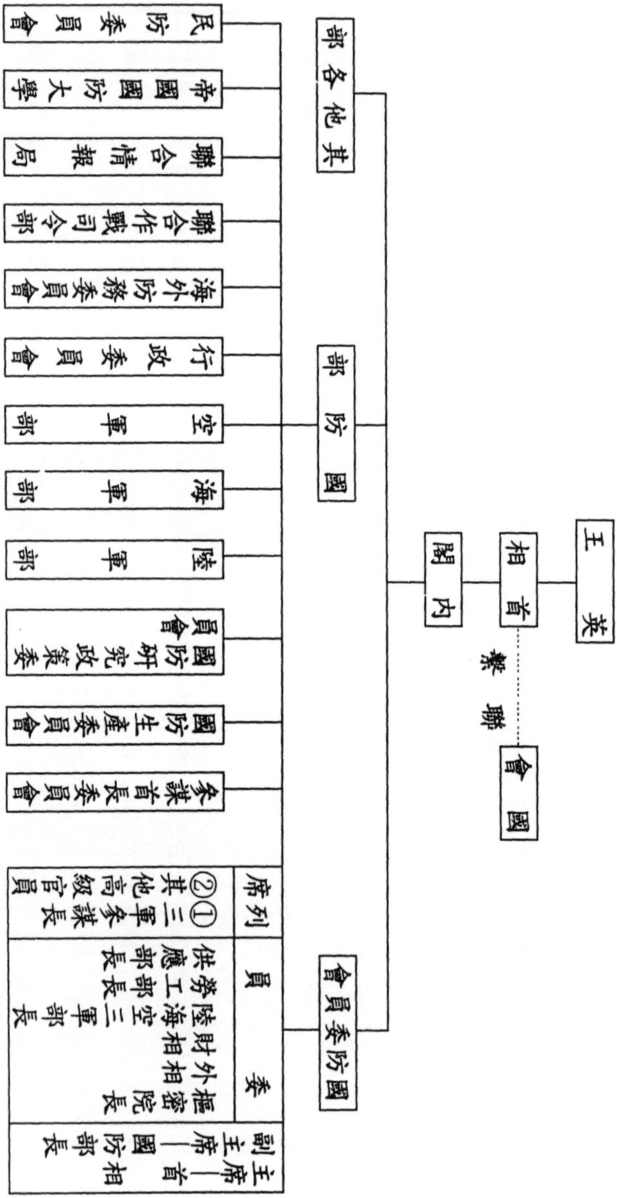

附表3－4：英國民防與國防體制關係

附表3－5：英國地方政府民防團組織

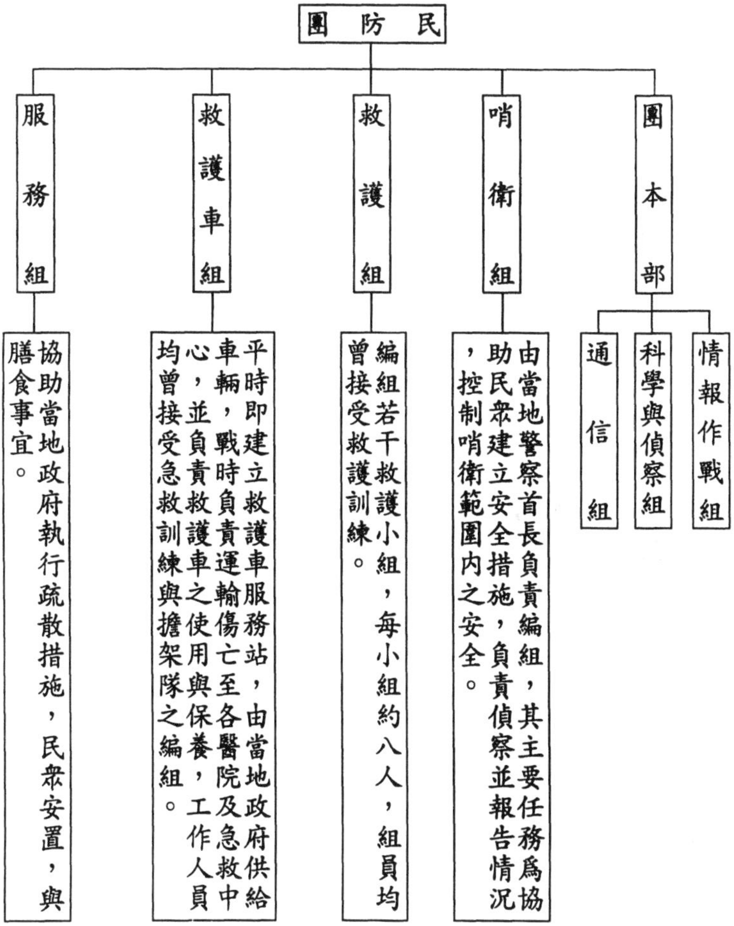

聞自由法」，英國輿論界企圖打開守密條款的「黑盒子」，增加人民知的範圍，惟該法仍有規定：新聞自由不得危及國家安全。二者若爭議不下，則由文官委員會調查後向議會報告，或由「人權監察史」處理解決。（註⑨）

註釋

①英國政治制度，可參閱馬起華，政治學原理，下冊（台北：大中國圖書公司，民國74年5月），第十二章，第四節。

②「五國防衛協定」由英國、新加坡、馬來西亞、紐西蘭和澳洲等五國，於一九七一年建立軍事聯盟協定。近年中共在台海地區進行軍事威脅期間，該五國依其防衛協定，也在一九九六年三月間在南海附近舉行海空聯合軍事演習。中國時報，民國八十五年三月廿五日。

③張台航譯，「英國國防組織重整」，國防譯粹，第二十卷，第十二期（民國82年12月1日），頁二二一二八。

④冷戰結束後，民主國家用以對付蘇聯的戰略核武已無用武之力。英國爲應付仍不時發生的區域衝突，遂著眼於「次戰略」發展，期保持該國核子嚇阻的一貫立場。所謂「次戰略」，爲多彈頭戰略核武以單一彈頭型式出現。英國將其「三叉戟」（Trident）D5型多彈頭潛射彈道飛彈（SLBM）加以改良，僅攜行一枚核彈頭，擔任戰略打擊和戰

術打擊之間的「次戰略」任務。李仲誼譯，「談英國的次戰略飛彈」，國防譯粹，第二十二卷，第六期（民國84年6月1日），頁一三—一七。

⑤ 關於英國國家安全組織，參閱國防研究院，國防建設論文集（台北：國防研究院出版部，民國56年10月），頁一八—四一。

⑥ 蔣緯國，國防體制概論（台北：中央文物供應社，民國70年3月），頁四七。

⑦ 同註⑥書，附表九。

⑧ 林秀欒，各國總動員制度（台北：正中書局，民國58年4月台初版），附表十三。

⑨ 關於英國守密條款，見中國時報，民國85年5月30日，第33版。

第三節　美國國家安全制度

美國是遵守三權分立（Separation of powers），採行總統制（Presidential System）的國家，所以國家安全之大責乃憲法所賦予之職權。國會雖有立法、彈劾、預算及同意任命權等，聯邦法院亦得審查聯邦法律或行政命令，有無牴觸憲法，牴觸者無效。凡此，均在制衡行政部門，避免總統獨裁。

但美國總統爲確保國家安全，憲法上賦予至高無上的大權，決定政策、公布法律、發布命令，不須經過副署，尤其爲維護國家利益得出兵海外，爲維護國內安全得用兵敉平內亂、叛變或用兵鎮暴，國會不得干預。按美國的憲政精神稱之「生存必需主義」（Doctrine of Necessity），因爲確保國家安全「維護聯邦生存」的絕對需要，即足以讓總統有權採取一切必要的緊急措施。

確保國家安全之法源

一七八七年，當美國制憲會議結束，富蘭克林（Benjamin Franklin，1706－1790）步出制憲會議廳門外時，許多人圍著等候消息。有人問他，「現在你們開完會了，但帶給了我們什麼呢？」富蘭克林嚴肅的回答說：「我們給了你們一個共和國，要看你們今後能不能守得住了。」（We give you a republic, if you can keep it.）（註①）

兩百多年來，美國雖曾有一次內戰，兩百多次大大小小的攘外戰爭，及許多內政、外交、經濟的重大危機。但基本上美國人是牢牢的守住了這個先人創建的共和國，至今可以說「守」的安安全全。雖然有的學者認爲美國的國家安全一直到進入二十世紀時，都是靠老天垂愛——天然的地緣條件保護。（註②）卻仍不能減損半點他們的「法」對國家安全的影響，這就是國家安全的法源依據，也是總統或國會用兵力維護國家安全之權源。

一、用兵攘外作戰權

總統爲美國海陸軍總司令，得遂行戰爭，保衛國家安全。（憲法第二條）美國歷史上有一九九次包括韓戰與越戰在內，均係總統運用憲法賦予之作戰權而出兵海外，維護美國國家利益。

二、用兵安內敉平內亂權

「美國人民爲謀求建設更佳之聯邦，樹立正義，確保國內安寧（Insure Domestic Tranquility）」、「聯邦應保證全國各州實行共和政體，保護各州不受外來侵犯，並得應州議會或州行政機關之請求而平定州內暴亂。」（憲法序言及第四條）

三、國會以委任立法授權總統出兵平亂（註③）

國會曾通過的委任立法有四七〇種，如一九一六年國防法（National Defense Act）、一九七六年國家緊急法（National Emergencies Act）。所謂「緊急權」（Emergency power）一詞並未見於美國憲法正文，但常見於國會的法案，以利總統於非常時期（Exigency）、危機（Crisis）或迫切需要（Pressing Necessity）時出兵平定暴亂，在美國歷史上屢見不鮮。

四、聯邦法院對總統用兵安內攘外權的釋憲判例

國家安全事務不僅複雜而且爭議性高，在美國亦然。憲法、法律、法令或行政規定均有其不足與不能，聯邦法院的釋憲判例概可彌補。有名的實例如一九四一年珍珠港事變後，羅斯福總統以行政命令把十一萬日裔美籍公民及日人强迫遣送集中管看四年多。最高法院後來判決合乎憲法所規定的「統帥權」之權宜措施，係軍事上關係國家生存「必需主義」（Doctrine of Necessity）之應用。

美國總統處理國家安全事務的法源頗多，但對國家安全制度的建立，一九四七年國會通過的國家安全法案（National Security Act）無疑是最重要的。二次大戰後，美國建立完善的國家安全組織、國防與民防體制，都以本法爲依據。（註④）

國家安全指導原則

美國建國二百多年以來，各時期因環境與需要不同，都有不同的國家安全指導原則，策訂出不同的國家安全政策。如孤立主義（Isolationism）、門羅主義（Monroe Doctrine）、杜魯門主義（Truman Doctrine）。（註⑤）近二十年有所謂尼克森主義（Nixon Doctrine）、雷根主義（Reaganism，亦稱雷根革命Reagan Revolution）。（註⑥）

隨著後冷戰時代來臨，多極化（Multipolar）世界的形成，而有了一個美國主導下的世界新秩序（New World Order）構想。此應爲當前美國國家安全指導原則，解析並歸納其內容，陳述如後：

一、堅持美國傳統的國家三大益

美國人傳統上最關切的事情是領土、人民、財產不受外來威脅，以及政治、經濟體制和價值意識之能夠自由、自主地推行，這不僅是美國的傳統，也是他們的驕傲。解析之即國家安全、經濟繁榮及民主政治三者。在此三大利益指導下而有以下各項：

二、建立國際安全制度

在國際安全方面可以形成制度者，就是集體安全和區域安全。而一個最小限核武嚇阻的合作制度（A Cooperative System of minimum Nuclear Deterrence）正在形成，期望核武國家間善意的保證存活，及核武裁減與防止擴散。

三、要達到和平、安全、繁榮目標

此即世界新秩序目標，必須期待所有國家，不論大小強弱，分擔責任，做到四大原則——和平解決糾紛、團結反對侵略、管制和裁減武器、公平對待所有人民。

四、建立可以同時贏取兩個主目標的軍事武力

面對多極體系的國際新環境，區域衝突增加，軍事武力的建立及運用，都以國防與民間的總體戰力爲基礎，並與各地區盟邦合作，以期同時贏取兩個主要地區衝突之戰爭。

五、打破國家安全區隔維護國家內部安全

一九九六年六、七月間，駐沙烏地阿拉伯美軍、美國環航公司八〇〇次班機與亞特蘭大奧運現場，分別遭受國際恐怖主義攻擊，死傷慘重。恐怖主義原是國與國，或國家集團之間一種低强度（Low Intensity）、非正規（Unconventional）的戰爭型態，是核子時代戰爭光譜構成份子之一。從巴黎反恐佈會議及柯林頓政府的決策看出，維護國家內部安全，要打破國際、軍事和內部安全的區隔，從整體的連繫才能維護國家安全。因爲反恐怖主義政策已從「國際代理戰爭」成爲「國內戰爭」。

國家安全組織

多數國家的安全組織是在尚未有制度前（例如未正式立法前），就因實際上的需要而建立明暗程度不同，或類似的國家安全機關，美國也不例外。早在一八九九年，美國海軍有「電訊處」，一九一七年陸軍有「黑室」，組織名稱和成員隨著環境頻頻改變，一九四九年各軍事情報機構合併成「三軍安全局」，一九五二年改組成「國家安全局」。

但是，美國國家安全組織正式完成立法，是一九四七年國會通過的國家安全法案（National Security Act，一九四九年有修正）後，成立國家安全會議（National Security Council, NSC）。以後的國家安全組織、國防體制及國家安全制度之運作，都依據這個法案而建立。（註⑦）國家安全會議是美國國家安全最高決策機構，其地位如「附表3－6」，組成人員有：

㈠法定委員：總統、副總統、國務卿、國防部長、動員計劃局局長。

㈡常任約請委員：預算局局長、財政部部長。

㈢顧問委員：總統指定特別助理。參謀首長、中央情報局局長。

㈣非常任約請委員：議決問題相關部會首長。

國家安全會議下設「情報顧問委員會」，為顧問性質機構，負責國家情報的最後判斷工

附表3－6：美國國家安全會議的地位

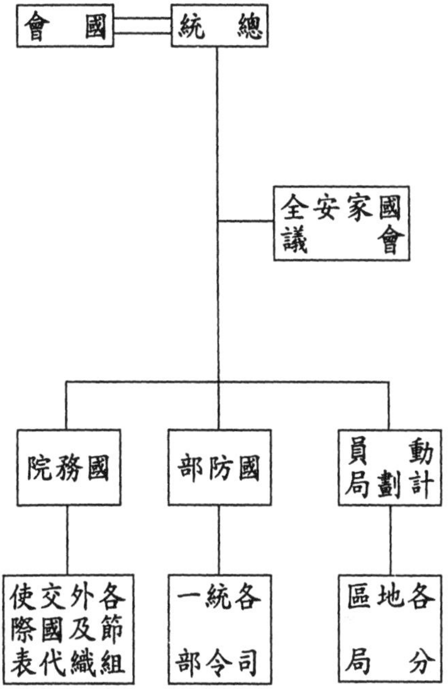

作，成員有：

㈠中央情報局局長。

㈡國務院情報司司長。

㈢陸軍情報署署長。

㈣海軍情報署署長。

㈤空軍情報署署長。

㈥聯合參謀部情報處處長。

㈦原子能研究委員會代表（列席）。

㈧聯邦調查局局長（列席）。

㈨臨時約請之專門人員（列席）。

國家安全會議下有三大安全組織，分別是中央情報局、聯邦調查局、國防情報局，組織體系如「附表3—7」。

附表3－7：美國三大國家安全組織體系

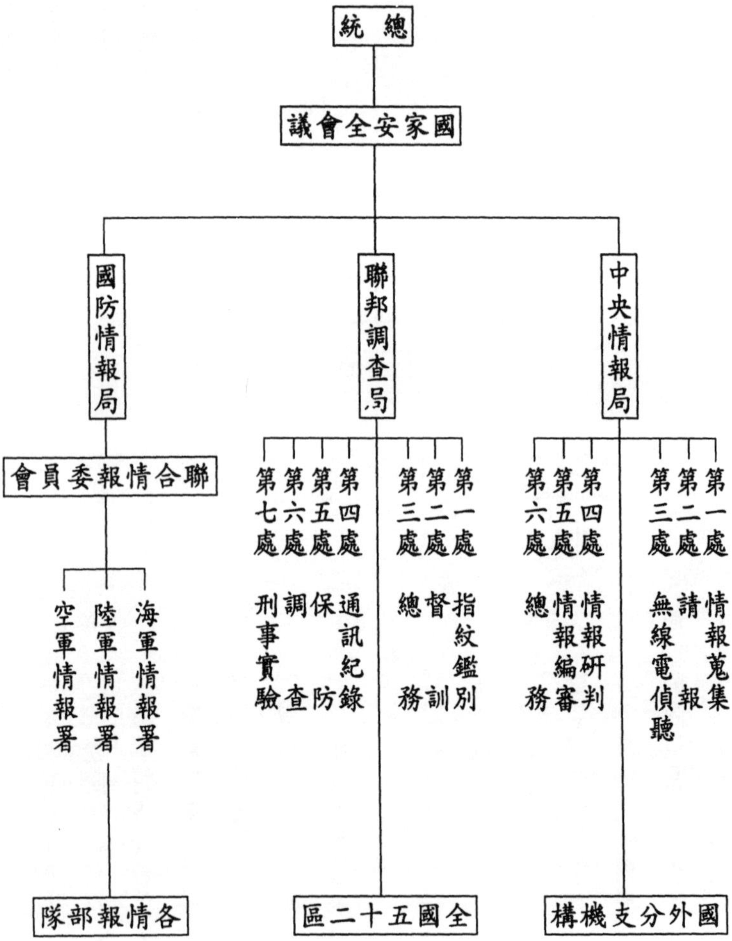

中央情報局（Central Intelligence Agency，CIA），爲對外蒐集情報資料總匯，爲國家安全會議提供情報訊息及國家安全情報評估，並將國外獲得反情報資料提供給聯邦調查局。

聯邦調查局（The Federal Bureau of Investigation，FBI）執行國內反情報任務，職掌國內安全工作，並隸屬司法部。但在國家安全組織系統下，仍間接受中央情報局之節制。

國防情報局（The Defense Intelligence Agency，DIA）則統領軍事情報系統，並可經國防部逕達總統。

三大安全組織在行政上並無隸屬關係，但中央情報局則居於「協調者」地位，並由「情報顧問委員會」指揮之，向總統及國家安全會議負責。所以從「附表3—8」可以看出這種指揮系統。

美國國家安全組織在運作上雖已建立制度規範，但歷任總統在運用上卻與制度有差異。例如雷根政府時代，重用國防情報局，使其地位凌駕中央情報局之上。

至於國家安全局（NSA），是「情報機構中最神秘的單位」。職掌是維持美國通訊安全，秘密分析外國資訊，有「國防半自主」特質，與國防情報局是協調關係。國安局在杜魯門總統成立之初，曾使中央情報局大權旁落，因爲局長身兼中央安全勤務首長，可見美國的國家安全制度，實際運作和制度常有很大差別，端看總統如何運用！此亦爲「總統制」特性。而美國國會則企圖要把國安局納入法律規範，避免國家走上危途，或成爲專制的美國。

附表3－8：國家安全組織指揮系統

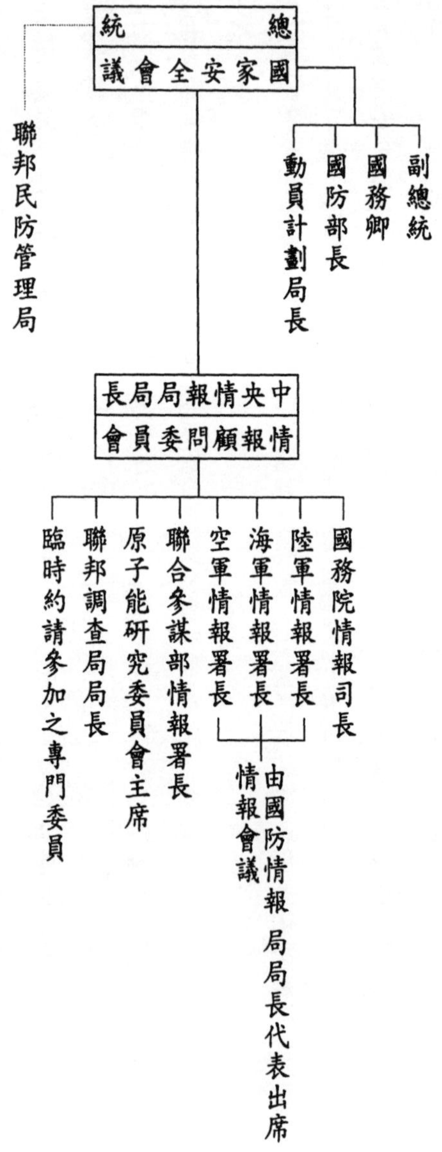

（註⑧）

集體安全與區域安全

美國爲維持其國際强權地位，確保各地區之和平安全，運用集體與區域安全制度，與許多國家建立聯防條約。這些條約對二次大戰後的國際安全貢獻很大。舉其要者如北大西洋公約、里約條約、美澳紐安全條約、東南亞公約、中美共同防禦條約、台灣關係法，以及美菲、美韓、美日、美西等雙邊協防條約。

另有一種未訂條約，但定期舉行軍事聯合演習。如一九七一年開始的「環太平洋六國演習」（美、日、南韓、澳、加、智利），二年一次演習。一九九五年間中共武力威脅台海，六國則在一九九六年五月二十二日起，舉行第十五次爲期一個月的軍事演習。（註⑨）

爲支持條約與承諾之履行，或爲處理區域衝突、保持區域均勢，確保國際安全等理由。美國三軍武裝部隊除本土部署如「附圖3―1」外，其第二艦隊在大西洋，第三艦隊在東太平洋，第六艦隊在地中海，第七艦隊在西太平洋，以及印度洋支隊和中東支隊。戰略兵力部署和駐外兵力如「附表3―9」。（註⑩）

附圖3－1：美國本土陸軍軍區劃分圖

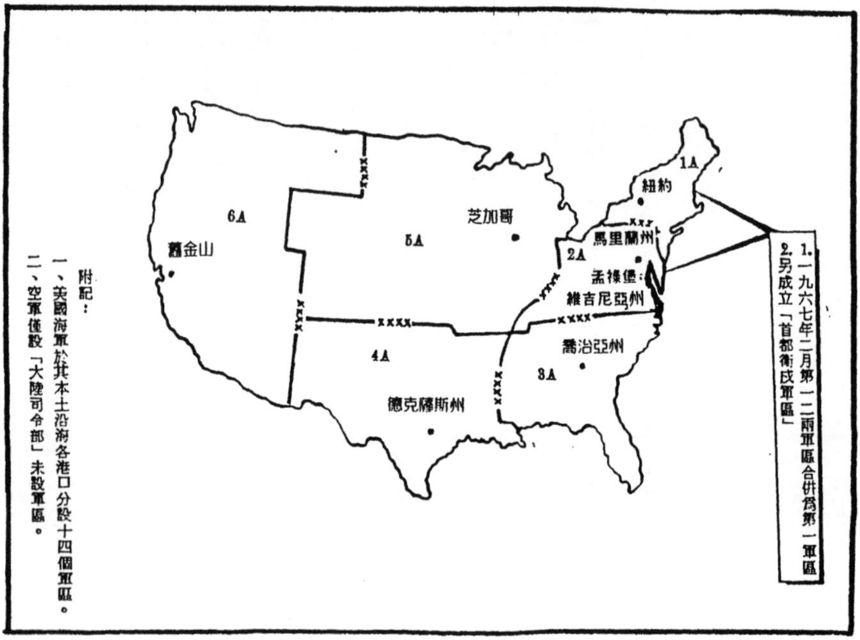

附表3－9：美國戰略兵力部署及駐外兵力

戰略兵力部署											
美國採取前進戰略部署，分歐洲(EUCOM)、太平洋(PACOM)、中東(CENCOM)、南方(SOCOM)、大西洋(LANTOCOM)和大陸美國(CONUS)六個戰區或指揮區。											
美國駐外兵力											
北約(陸海空)	冰島(海空)	葡萄牙(海空)	南韓(陸空)	日本(陸海空)	菲律賓(海空)	澳洲(海空)	狄亞哥加西亞(陸空)	埃及(陸)	巴拿馬(陸海空)	宏都拉斯(陸)	其它
317,000	3100	2,200	40,300	64,700	5,200	850	1,700	1,200	12,900	1,000	

民防與內部安全

爲維護社會秩序安定，確保其國家內部安全，美國早在一九五〇年完成「國內安全法」（本法於一九五四、一九五八、一九六四、一九六八年曾有增修訂）。對國內的敵諜活動、滲透、破壞、判亂、顛覆活動等，特別是冷戰時代的共產滲透活動，都在嚴密控制之內。並規定聯邦各公、私機構用人及機密資料之接觸，必須符合國家安全各相關法規。（註⑪）

表面上，美國的社會，似乎因爲對民主、自由的尊重而顯鬆散。事實上美國爲確保其內部安全，保防（保密防諜）工作依然嚴密而落實，保防是聯邦調查局第五處職掌，在全國有五十二個區負責作業（見附表3—7）。而國家安全局對美國各階層社會的控制，國會形容爲「人民沒有反抗餘地，因爲反抗政府的奮鬥無論如何隱密，也難逃過政府耳目。」（註⑫）保防是維護內部安全必要之「惡」。

「民防是國家安全的最後要素」，依據一九四七年的國家安全法案，在一九五〇年設立聯邦民防管理局（Federal Civil Defense Administration），其在國家安全組織系統上的定位如「附表3—8」。同年通過民防法，一九八〇年修訂，一九八一年雷根總統以四十二億美元「重建民防力量七年計畫」，一九八四年國會亦推行民防改善計畫。聯邦民防管理局長與副局長均由總統任命，對聯邦民防工作負計畫、協調與指導之職責。民防的實際責任及執行在各州與社會各階層。組織系統如「附圖3—2」。

州的責任，是根據聯邦政府的民防計畫，策訂及協調其本身計畫，州民防指揮官

（State Civil Defense Director）由州長任命之。

民防部隊任務在保存民衆對戰爭的最大支援力，是確保國家安全的最後防線。美國的民防動員能力，在一九九一年波灣戰爭獲得證明——堅強無比。

一九九五年十月六日，美國總統柯林頓發表重要外交政策講話，對孤立主義大加抨擊，並且宣稱許多全球性問題，如環保、恐怖份子、毒品、貿易及移民等，已經使得國內政策和外交政策的劃分變得毫無意義。世界在快速轉變中，疆界正在衰退，走向國際是無法扭轉的趨勢。（註⑬）安全正是屬於這種問題，把國際與國內、軍防與民防連成一氣，才是確保國家安全最佳之道。

附圖 3－2：美國州及社會的民防組織

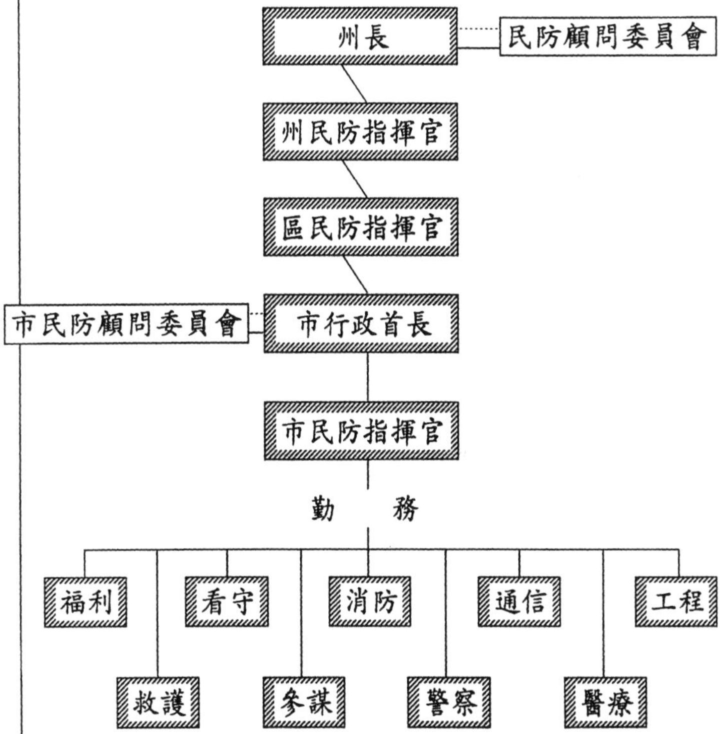

註釋

①楊日旭，街頭運動與民主憲政（台北：黎明文化事業股份有限公司，民國77年8月），頁一九五。

②Richard Smoke, National Security Affairs, Handbook of Political Science, no. 8 International Politics（Massachusets：Addison-Wesley Publishing Company, 1975），P.252.

③所謂「委任立法」有兩種情形，一爲制憲機關對立法機關的委任立法，如我國憲法明定某某事項以法律定之，美國憲法規定某某事由國會制定法律行之。另一爲立法機關對行政機關的委任立法，乃立法機關制定法律時，對不及規定者委由行政機關以命令定之。普通所稱「委任立法」（Delegated Legislation），大多指第二種。羅志淵，「委任立法」，政治學，第三冊，雲五社會科學大辭典（台北：台灣商務印書館，民國78年元月，第八版），頁一五二—一五三。

④Encyclopedia Britannica, 16th（U. S. A.：Encyclopedia Britannica, INC. 1968），PP. 92－93.

⑤孤立主義是美國建國初期的政策，始於華盛頓所倡「埋頭建設，勿管他國」階段。門羅主義爲團結美洲，反對歐洲殖民。杜魯門主義則爲對抗共產主義的圍堵政策（Policy of Containment）。均可詳見註③，國際關係，第四冊各相關條文。

⑥尼克森主義是在美國國家安全利益不變下，以談判代替對抗。雷根主義內涵有減少政府功能——資本主義、再建軍力、強勢外交及重建美國精神。孔令晟，大戰略通論（台北：好聯出版社，民國84年10月31日），第三篇，第四章。

⑦同註④，國家安全組織另見，林國人，「國家安全工作制度之比較研究」，國防建設論文集（台北：國防研究出版部，民國56年10月），頁（壹）一八—（壹）四一。

⑧James Bamford，美國全球性通訊情報透視（The puzzle palace：A Report on NSA, America's Most Secret Agency），葉信庸譯（台北：國防部史政編譯局，民國77年4月），第一章、第十章。

⑨中國時報，民國85年6月5日，第十版。

⑩同駐⑥書，第二篇，第四章，第一節。另見林秀欒，各國總動員制度（台北：正中書局，民國58年4月台初版），附表11。

⑪法務部譯，「一九五〇年美國國內安全法」，中山社會科學譯粹，第二卷，第一期（民國76年元月），頁六〇—六七。

⑫ 同註⑧書，頁三一九。

⑬ 中國時報，民國84年10月9日，社論。

第四節　日本國家安全制度

第二次世界大戰後，日本以其戰敗國之地位，依新憲法規定，廢除三軍武裝部隊，各種國家安全組織大多隨之瓦解，而把國家安全事務置於美軍保護之下，並期待聯合國安全保障體制能產生作用。

韓戰爆發，冷戰時代共產主義的威脅，配合美國圍堵政策（Containment Policy）的需要，都是日本重建與擴張軍備之契機。但至少在昭和四十五年（一九七〇年代）仍堅持「日美安全保障體制」，尊守憲法規定。

一九七三和七四年的石油危機，一九七五年越南赤化，讓日本舉國上下達成共識：把自己安全完成放在別的國家手中是不可靠，甚至是危險的。（註①）乃有昭和五十一年（一九七六）頒佈「防衛計畫大綱」，到昭和五十五年（一九八〇）提出「國家安全綜合報告」（Report on Comprehensive National Security），積極擴張軍備，無非是要增加國家安全的自主能力。

平成四年（一九九二年）重新解釋憲法，俾使自衛隊能參加聯合國維持和平活動（Peace Keeping Operation，PKO）；平成七年（一九九五）內閣會議通過新「防衛計畫大綱」及次年的日美安保宣言，都是在國家安全的前提考量下的發展。他們期望：安全要掌握在自己手中，自立自強面對威脅，透過合作達到安全之目標。

國家安全指導原則

政治發展（Political Development）各階段有不同的內、外環境，國家安全指導原則自然是不同，惟面對後冷戰代的國際環境、內部政經情勢與國民意識，依然可以歸納出日本當前的國家安全指導原則：

一、面對日益升高的安全威脅必須增強防衛戰力

一九九四年日本國防白皮書指出，目前日本的安全脅最大是北韓，其次爲俄羅斯，第三才是中共。北韓帶有極端史達林主義色彩，擁有核武及彈道飛彈，爲「日本安全最大威脅」，謀制之道乃在增強防衛戰力，才能確保安全。

二、從經濟大國邁向政治及軍事強國

日本是國際舞台上的經濟強權，早已無可置疑。但日本民族性不肯俯就於政治及軍事上的弱國地位，亟思有所突破，爭取聯合國安全合作理事會常任理事國，成爲國際政治大國；重新釋憲，突破軍事設限，使三軍武力超越「自衛」範圍而能扮演區域安全主角，已經是現階段重要的既定政策。

三、憲法第九條「放棄戰爭」已有擴張解釋

雖然憲法有此項規定，但國家自衛權仍可行使，自衛時機必須符合三要件：㈠對日本有不法侵憲時，㈡無適當手段排除侵略時，㈢限於行使最低限度之實力。所謂「行使最低限度之實力」的地理範圍，未必侷限於日本的領土、領海及領空，具體範圍視個別情況而異。在此前提下，日本仍擁有「國家的交戰權」。（註②）

四、提高日本的國家安全組織及情報來源自主性

戰後日本的國家安全，以日美安全保障體制爲基礎，完全接受美國核子傘的保護。使安全組織及情報來源均得依賴美國，建立這方面的自主性是國家安全努力目標，最近成立「情報本部」，擴大「統幕會議」，都是具體行動。（註③）

五、民防、保防及總動員仍爲國家安全基礎

民防是國民保衛國家的强烈意志之表現，對嚇阻侵略，確保國家安全有重大意義。爲確保整個政經社會秩序之穩定發展，並有利於緊急狀態下動員，頒佈各相關法令，如「間諜防止法案」、「公安條例」及「破壞活動防止法」。

國家安全組織

日本的國家安全組織，因格於舊金山和約及其憲法規定，不能建立正規武裝部隊，故戰

附表3－10：日本內閣調查室組織系統

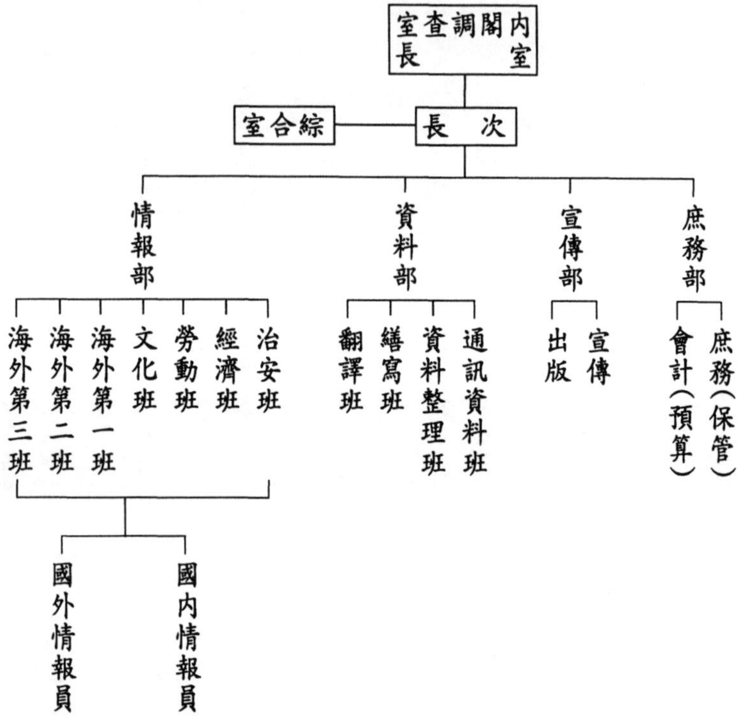

後數十年以來均無統一的國家安全組織，形成「多元」狀態。但爲求運作上的方便，以若干「會議」型態取代組織之運用，不僅效果甚佳，也是一種特色。

昭和二十七年（一九五二）二月，成立「內閣總理大臣官房調查室」（簡稱：內閣調查室），形式上是日本最高法定國家安全情報機構。實際上僅爲內閣幕僚機構，組織及工作均難見展開。組織系統如「附表3－10」。（註④）

一九五二年七月，特別

附表3－11：日本法務省公安調查廳組織系統

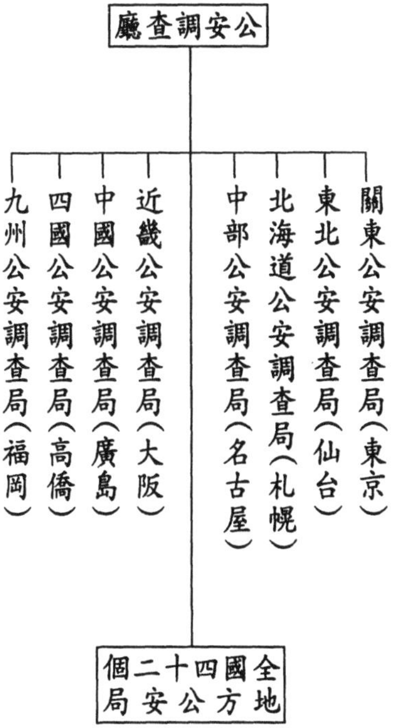

審查局改組成立「公安調查廳」，爲隸屬法務省之情報機構，負責內部安全工作。其下有公安調查局、地方公安局。組織系統如「附表3－11」。

日本國家安全組織，尚有私人設立或戰前原屬政府之情報機構，戰後因無所歸附而由民間支持者，其現況概略如下。

㈠大陸問題研究所（即前日本參謀本部「東亞研究所」，其工作目標爲針對蘇聯）。

㈡政治經濟研究所（目

標針對日共）。

㈢極東通訊社（對日共戰略、戰術及有關資料）。

㈣日本防衛協會（各國軍備及共黨情報）。

㈤日本通商株式會社（在鄉軍人團體、工作內容爲謀報與宣傳）。

㈥裕成社（分商事及謀略兩部門）。

㈦新物産株式會社（情報與宣傳）。

㈧保安情報社（社會治安）。

此種民間情報機構設立，爲各國所少見，實爲日本國家安全組織系統上的特色。其他如三軍各自衛隊、外務省，都有獨立的情報機構。各個國家安全機構，既無統一之指揮系統，其指揮國家安全工作之重責，乃落於首相一人身上，「內閣調查室」僅爲首相之幕僚機構，與國內外及軍事情報機關並無隸屬關係，僅有聯繫與協調關係，如「附表3—12」。

日本以會議型態存在的國家安全機構尚有多種，所討論、議決、審議及執行者，都以重大國家安全政策爲主，此種會議現有五種：（註⑤）

一、國防會議

昭和三十一年（一九五六）依「內閣法」第九條設立，會議重點爲國防、軍事方面。首相對下列事項均應諮詢國防會議意見：國防基本方針、防衛計畫大綱、軍需工業、自衛隊動

附表3－12：日本國家安全組織指揮系統

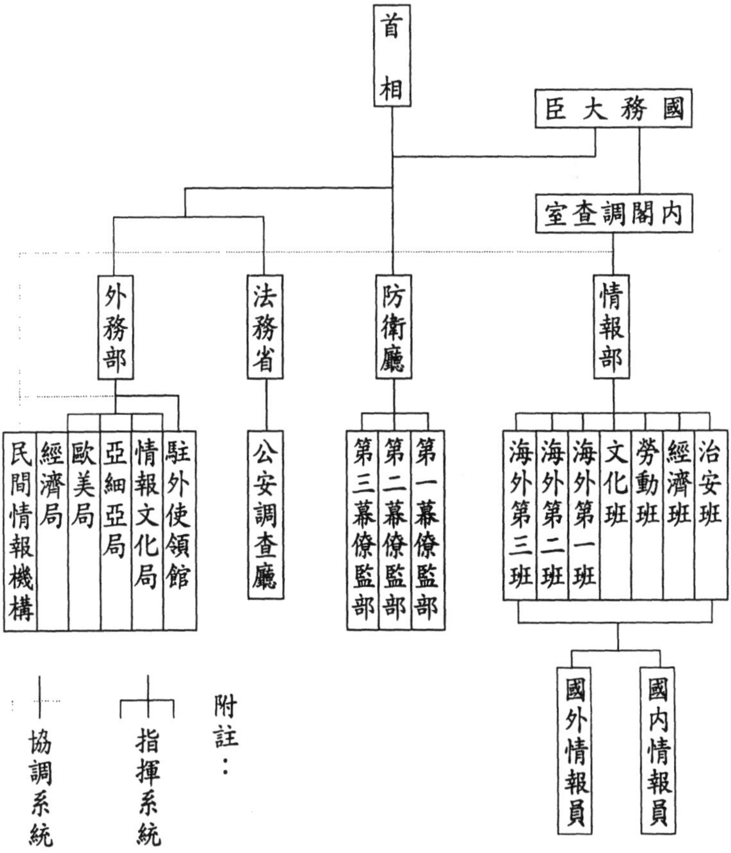

員及用兵、其他國防重大問題。

本會由首相任會議主席，國務、大藏大臣，及防衛廳長官、經濟企畫廳長官等五人爲正式議員，首相得指定相關大臣出席，目前內閣官房長官、通產大臣及科技廳長官均經常出席這個會議。

二、綜合安全保障閣員會議

鑒於國家安全非僅國防、軍事範圍，外交、經濟、能源、糧食等均關係國家存亡，乃於昭和五十五年（一九八〇）在內閣設立本會。居於安全保障觀點，協商行政機構，俾能採取綜合性、整體性的統一步驟。此爲不定期，相機而行之會議。

三、日美高峰會議

根據安保條約，由兩國元首聯合舉行，其次級官員會議尚有：安保協調委員會、安保主管級協調會、安保運用協調會。另外日美聯合委員會，大約是隔週召開。

四、日美防衛高峰會議

昭和五十年（一九七五）兩國國防部長會議決定，嗣後雙方定期舉行防衛高峰會議。

五、統合幕僚會議（簡稱：統幕）

隸屬防衛廳，限於日本受到武力攻擊時的緊急狀態，才有對三軍自衛隊協調權限的會議。惟平成八年（一九九六）九月，國會已在研究提出「防衛廳設置法修正案」，把統幕權

限擴大到平時。（註⑥）

日本的國家安全機構雖多元並立，「朝野並存」，但早在昭和二十七年（一九五二）日本欲仿美國中央情報局建制而未成。（註⑦）數十年來尚能發揮維護國家安全之功能，近年來，日本為配合其政軍大國發展之需要，亟思統合其各類型國家安全機構之道，以及提昇情報來源的自主性。

平成八年（一九九六）五月二十二日，國會通過「中央情報機構方案」，定於明年（平成九年）元月設立「情報本部」，以統合各情報機構。這個發展是基於「日美新安保宣言」中，要求日本擴大在亞太地區的軍事影響力，須有一流的情報蒐集能力。預料日本將成為「情報大國」。

情報本部的設立，是日本國家安全組織功能及結構上的重大轉型，不僅統合各國家安全機構，未來作業範圍將逐漸擴張到東亞以外的潛在危機地區。

新「防衛計畫大綱」

昭和五十一年（一九七六），在國防會議及閣員會議中決定「防衛計畫大綱」，其防衛構想：㈠防止侵略於未然，㈡核子威脅仰賴美國核子嚇阻力量。（註⑧）冷戰結束後，為因應國家安全新變局，內閣會議乃於平成七年（一九九五）十一月二十八日通過新「防衛計畫大綱」，這項大綱載明將派兵參加聯合國維持和平任務，並同盟合作排除外力入侵及地區紛爭。就日本言，這種作法可以在「日本國憲法」規範下，使「日美安全保障體制」更為鞏固。（註⑨）

昭和二十六年（一九五一），日本簽署「日美和約」外，並簽署「日美安保條約」。昭和三十五年（一九六〇）修訂重簽「日美相互合作及安保條約」（簡稱：安保條約），並適用至今。在昭和六十二年（一九八七）的國防白皮書對這個條約的肯定，「日美安保體制為我國防衛之基礎，對我國之安全保障為不可或缺之要素。」（註⑩）按該約第五條規定：

有任何一方遭受武力攻擊時，均視為對本國的和平與安全的危害，而得依據本國憲法的規定與程序，對共同危機採取回應行動…應遵照聯合國憲章第五十一條規定…（註⑪）

由上面陳述，可知「日美安保體制」與「防衛計畫大綱」，其實可視為同一安全系統下的兩個次級系統，並在聯合國憲章、各締約國憲法及有關法令規範內，故能稱之「體制」，形成有制度的運作，以解決締約雙方的國家安全及亞太地區安全問題。

時代在變，後冷戰時代來臨，亞太地區情勢緊張升高（如台海、南海、兩韓及印巴），美日貿易磨擦等，使日美安保體制面臨重大考驗。爲適應新時代變局，維護日美雙方保體制面臨重大考驗。爲適應新時代變局，維護日美雙方國家利益及區域安全，乃有目前的「日美安保宣言」及新「防衛計畫大綱」，其要點如下：

一、基本防衛構想

自衛隊戰力必須具備防衛上各種功能，三軍戰力結構、部隊組織應與後勤支援體制保持均衡，並確認日美安保體制對日本及附近地區安全的重要功能，繼續共同擔負此一重要任務。至於核武威脅，則以世界非核化爲目標，並依賴美國核武之嚇阻力量。

二、美日安全關係下的雙邊合作

美國承諾在本地區維持目前約十萬前進部署軍力的兵力結構，與日本自衛隊相互提供後勤支援協定，加强軍事科技交流，防止大規模毀滅性武器擴散，持續合作研發彈道飛彈防禦。

三、區域、全球之安全與合作

雙方强調以和平方式解決本地區問題，中共應扮演積極及建設性角色，對本地區安定與繁榮攸關重大，鑑於此，雙方應與中共進一步合作。在國際上兩國加强情報交流及合作，共同支持聯合國和平任務及人道援助或國際性組織。

四、信守共通價值與利益是美日關係支柱

雙方信守國家政策所依循的共通價值，維持自由與民主，尊重人權。雙方同意兩國關係的三大支柱：安全、政治、經濟，是以共同價值和利益爲基礎，以及彼此根植於日美安保條約的信心。

中共的擴張固始鄰近各國忐忑不安，日本的重整軍備更讓各國受到軍國主義（Militarism）死灰復燃的威脅。以平成五年（一九九三）日本國防預算已高居世界第三，其海上艦隊戰力亦居全球第三。（註⑫）據西方專家評估，中共海軍艦總噸數雖爲日本三倍，但與日本現代化海軍戰力比較「全部近乎廢鐵」，在亞洲除俄羅斯太平洋艦隊外，已沒有傳統艦隊是日本艦隊的對手。（註⑬）而「自衛隊」戰力仍在持續擴張與增强中，看來若要消除大家對軍國主義的疑慮。日美安保體制應對本地區之和平與安全做出貢獻。

民防、保防與總動員

「國民對有關安保政策的同意，乃爲一個國家確保其和平與安全的基礎，有了國民對防衛的瞭解與支持，以及國民對保衛國家的志節，始克完成國防使命。」（註⑭）故民防與保防同是國民保衛國家的意願表達，更是保衛國家安全的行爲實踐。「忠君愛國」的觀念在一般國民心中，幾乎是絕對而沒有妥協的，故凡違反這個傳統道德規範，危害國家安全者，處刑極重。例如「間諜防止法案」第四條規定，合於下列者處死刑或無期徒刑：

刺探或收集國家秘密者，將其刺探、收集而得之國家秘密，通報外國，而產生顯然危害我國國家安全之危險者。

從事掌管國家秘密之業務，或曾經從事此種業務者，將業務上知悉或持有之國家秘密通報外國，而產生顯然危害我國國家安全之危險者。（註⑮）

民防與保防是維護國家安全的一般性要素，如昭和六十二年（一九八七）國防白皮書所述，民防體系的建立是國民防衛意志的表現，保防的積極意義在彰顯國民保衛國家的志節。（註⑯）

民防、保防與總動員則是國家安全最後的根基，當國家面臨死亡關頭，總動員支持作戰，爭取一線生機則是勢在必行。國家總動員結構如「附圖3—3」（註⑰）當然，平時已建有完備的法令規章及組織體系是必要的，例如間諜防止法案、總動員法、民防法、國防動員法及其他兵役、警備法等，約有三百多種。日本的國家安全機構雖多元並立，但法規完備，運作及功能均佳。

日本的國家安全政策有兩個基本原則已經形成，其一、國家安全已超越傳統的軍事範疇，而包含政治力和經濟力層面。其二、在面對內外環境變遷的適應過程中，對安全政策價

附圖 3－3：日本國家總動員結構圖

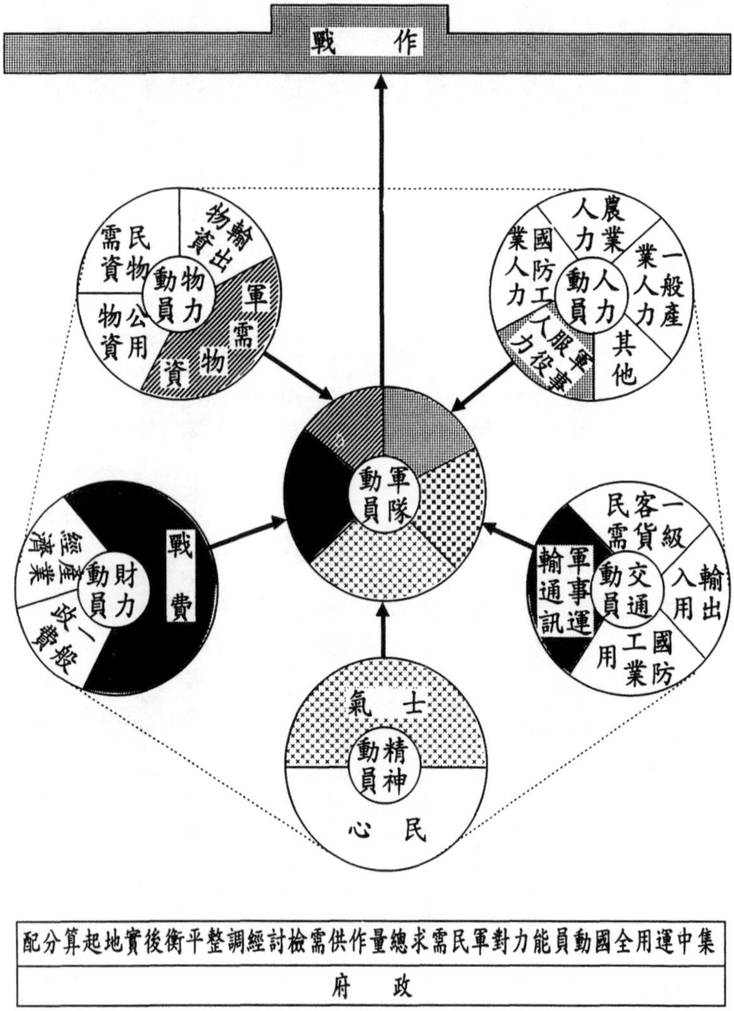

值展現了鮮明的彈性與堅定，保持彈性者是經濟問題，堅定者是軍事安全，政治則兩者有之。（註⑱）

註釋

①石油危機對日本衝擊最大。日本石油進口依賴是百分之九十九，大部分中東輸入，而中東石油控制在以美國爲主的七大石油公司手中。石油危機時，美國的石油公司當然把石油優先供應給美國，而削減包括日本在內的他國供油量，這使日本有被拋棄的感受。越南赤化是標準的把安全交在別國手中。這些是讓日本國民警覺到「安全必須自主」的重要經驗事件。金榮勇，「一九九〇年代日本的亞太政策」，問題與研究，第三十二卷，第六期（民國82年6月），頁三〇—三九。

②日本防衛廳，昭和60年版防衛白書，廖傳絃譯（台北：國防部史政編譯局，民國77年二月），頁七二—七三。

③聯合報，民國八十五年五月二十三日，第十版；自立早報，民國八十五年八月二十一日。

④日本國家安全組織參考林國人，「國家安全工作制度之比較研究」，國防建設文集（台北：國防研究院出版部，民國56年10月），頁（壹）一八—（壹）四一。

⑤同註②書，第二、三篇。
⑥同註③。
⑦同註④，頁（壹）二九。
⑧同註②書，頁八〇。
⑨劉好山譯，日本新「防衛計畫大綱」，國防譯粹，第二十三卷，第八期（民國85年8月1日），頁四八—五五。另見中國時報，民國84年11月30日。
⑩日本防衛廳，一九八七年日本防衛白皮書，曾清貴譯（台北：國防部史政編譯局，民國77年12月），頁九一。
⑪同註⑩書，頁三一九—三二〇。
⑫蕭乃丞譯，「日本與中共—亞洲競爭的新焦點」，國防譯粹，第二十三卷，第一期（民國85年1月1日），頁11—17。
⑬中國時報，民國83年10月18日，第十版。日本海軍軍艦有一六五艘，總噸數卅三萬公頓，其間有現代化驅逐艦約六十艘，潛艇十五艘。
⑭同註⑩書，頁二二一。
⑮吳景芳譯，「日本間諜防止法案」（一九八四試案），中山社會科學譯粹，第二卷，第一期（民國76年1月），頁九二—九三。

⑯ 同註⑩書，頁六六、二二一。

⑰ 林秀欒，各國總動員制度（台北：正中書局，民國58年4月台初版），第五章，附表49。

⑱ Michael E. Brown, Sean M. Lynn-Jones, Steven E. Miller, East Asian Security（Massachusetts：The MIT press, 1996），P265.

第五節　中共國家安全制度

冷戰結束後，所有共產國家幾乎全告瓦解、分裂或轉型成為民主政體，唯獨東方社會以中共為首的幾個共產國家仍在「存活」，而中共更正在邁向國際強權之路，這是政治發展理論家至今無法解開的疑惑。（註①）但這個「事實」（指國家與政權的存在）說明一件事情：維持國家生存與安全的政治制度發揮了強大的功能。「政治制度是統治階級為實現其統治而採用的統治方式和方法的總和，是社會形態基本性質的規定，具有相對的穩定性。」（註②）

中華人民共和國就是以政治制度為基礎，以權力配置為中心，由各種政治組織、機構及相應的政治和法律規範組成的體系結構。有一套複雜而完整的政治制度，維持政權存在（確保國家安全）與發展，故本文研究中共國家安全制度，須從比較廣義的制度面開始探討。

用以維持國家安全的政治結構

此處所論之政治結構，包括政權結構、政治體系和中國共產黨權力結構三部份，並以「黨」為核心領導。「在馬克斯列寧主義、毛澤東思想指引下，堅持人民民主專政，堅持社會主義道路」。（註③）在憲法、法令、黨章都規定共產黨在政治、思想和組織的合法領導地位。

一、政權結構

中華人民共和國的政權結構由共產黨、政府和軍隊三大系統組成。

從縱向來看，中國大陸政權按行政區劃分，自上而下分成五個層級。

㈠中央級。

㈡省級：二十二個省、五個民族自治區、三個直轄市。

㈢地級：一八五個地級市、一五一個地區、自治州、盟。共三三六個地級行政區。

㈣縣級：縣、縣級市、市轄區、旗。共二八二九個縣級行政區。

㈤鄉級：約九萬多個鄉和鎮。在最基層還有街道和村，也是政權的延伸。惟依憲法規定，村民或居民委員會是基層群衆自治組織。（註④）

從橫向看，每個層級上併列七套機構，即共產黨系統：黨的委員會、顧問委員會、紀律檢查委員會；政府系統有人民政府、人民代表大會、政治協商會議；軍隊系統有軍區。大陸內部通稱「七套班子」。以上的三大系統、五個層級和七套機構，爲中共政權結構，如「附表3—13」。（註⑤）

附表3—13：中共政權結構

三大系統	七套機構	中央	省	地(市)	縣	鄉
共產黨系統	黨的委員會	黨中央	省委	市委	縣委	鄉委
	顧問委員會	中顧委	省顧委	(市顧委)		
	紀檢委員會	中紀委	省紀委	市紀委	縣紀委	紀檢組
政府系統	人民政府	國務院	省政府	市政府	縣政府	鄉政府
	人民代表大會	全國人大	省人大	市大人	縣人大	鄉人大
	政治協商會議	全國政協	省政協	市政協	縣政協	
軍隊系統	軍區	中央軍委	省軍區	軍分區	武裝部	武裝部

五個層級

二、政治體系

中共把大陸整個社會的政治體系分成六個領域稱之「系統」，通稱「戰線」或「口」。例如稱「統戰系統」、「統戰戰線」或「統戰口」，意義都相同。這六個政治系統都在黨的管理及控制下，若政權結構比喻成人體的骨架，則政治體系就是血肉。

㈠軍事系統：中央軍委領導的全國武裝力量。

㈡政法系統：公檢法司及武警。（註⑥）

㈢行政系統：政府部門中的行政事務。
㈣宣傳系統：所有傳播、文化、媒體機構。
㈤統戰系統：如台辦、政協及民主黨派。
㈥群團系統：如婦聯、工會及共青團。
這六個「系統」包括了政治、社會生活的全部領域，不論官方或非官方組織全部囊括，方便共黨對整個社會實行一元化的管理控制，即所謂堅持的「人民民主專政」。

三、中國共產黨的權力結構

若以人體骨架比喻中共政權結構，政治體系比喻血肉，那麼共產黨就是神經系統，黨中央即神經中樞，人的大腦。共產黨是大陸唯一、永久、法定的執政黨，「黨專政、黨控一切」，在實際政治運作中，黨通過十種機制，操縱全部國家機器，包含國家安全所有範圍，壟斷所有政治資源，控制所有的政治、社會及其他組織。
㈠黨中央政治局直接領導整個政權。
㈡中央軍委和軍隊中黨的組織控制軍事系統。
㈢政治委員領導政法系統。
㈣黨的工作部門直接領導政府中的行政系統。
㈤宣傳部領導全國的統戰系統。

附圖 3－4：中國共產黨對政治結構的控制圖

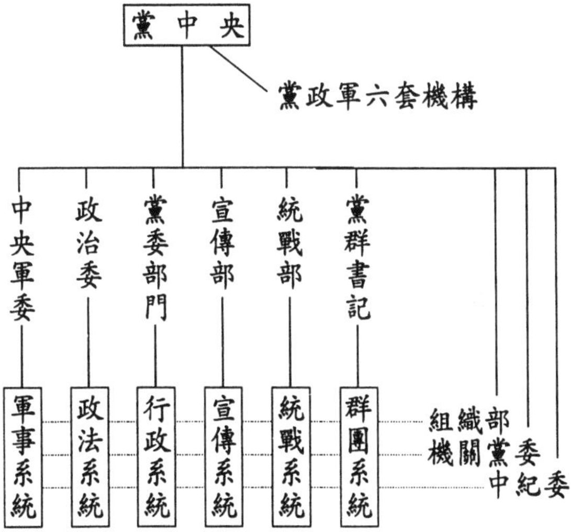

㈥統戰部領導全國的統戰系統。

㈦中央書記處掌管全國群團系統。

㈧黨的組織部管理各系統的領導幹部，黨通過的人事決策權進一步控制政府和各種社會組織。

㈨黨在所有領導機關中設立機關黨委，監督其執行黨的路線、方針、政策和幹部思想狀況。

㈩黨向各領導機關派駐紀律檢查組，以黨的紀律約束所有機關及其負責人。（註⑦）

以上十種機制，可見共產黨的權力結構是部署在整個國家的各領域，黨無所不在、無所不管、縱橫交錯、經緯交織的控制整個國家，維持整個政權的存在，及其安全、安定與發展。如「附圖3—4」所示。

從公安制度到國家安全建制

早在民國三十八年中共竊據大陸時，設政務院（四十三年第一屆人代會改稱國務院），下轄部、會、院、署、行共計三十個，「公安部」即在此時成立。（註⑧）

公安制度淵源於一九〇五年布爾雪維克（Bolshvik）創立的安全機構，蘇聯政權成立後正式確立爲「安全機構」，爲確保政權安全之重要工具，惟各時期有不同稱謂，如赤卡（Cheka）、格別烏（G. P. U.）、國家安全委員會（K. G. B.）、國家保安部（M. G. B.）等。中共的公安制度不論組織、職權、角色、功能，都參考蘇聯的安全機構改良而成。

所謂「公安」，即一般民主國家的「警察」，惟大陸的公安機關依據馬、列、毛思想立法，性質不同，自有其特定任務。有關公安機構的法令規章大多規定：

保衛人民民主制度，保障國家的社會主義建設順利進行。（人民警察條例）

勞動改造機關是人民民主專政的工具之一，是對一切反革命犯的改造機關。（勞動改造條例）

鎮壓反革命分子。（公安派出所組織條例）

發動群衆，協助人民政府防奸、防諜、肅清反革命、保衛國家。（治安保衛委

員會暫行組織條例）（註⑨）

公安制度的內涵包含「國安」。現在公安機關人員總共約有一二〇萬人，其中人民警察、武裝警察約有九十萬。公安制度下的組織有中央、地方、專業、群衆性公安組織，人民武裝警察、人民檢查及人民法院，形成完整的公安系統。

國務院的公安部，是中央的公安機關，領導全國的公安組織，下轄十三局，如「附表3—14」。

地方公安機構的組織差異較大，省級設公安廳，縣級設公安局，地區或盟設公安處。以南京市爲例，公安局組織如「附表3—15」。

人民武裝警察，是中共「武裝力量體

附表3－14：中共公安部的組織及職掌

各局名稱	職掌
政治保衛局	指揮武警進行肅特、反間。
經濟保衛局	監視、調查全國經濟活動。
治安行政局	指揮全國公安、武警。
邊防保衛局	邊境海防安全。
武裝保衛局	人民武警的組訓指揮。
刑事局	刑事督考偵辦。
交通局	交通規範。
消防局	消防及安全檢查。
供應局	公安後勤支援。
人事局	公安人事
教育局	公安幹警教育訓練。
機關管理局	管理本部機關各事務。
國際合作局	與國外警察合作交流。

附表3－15：南京市公安局組織

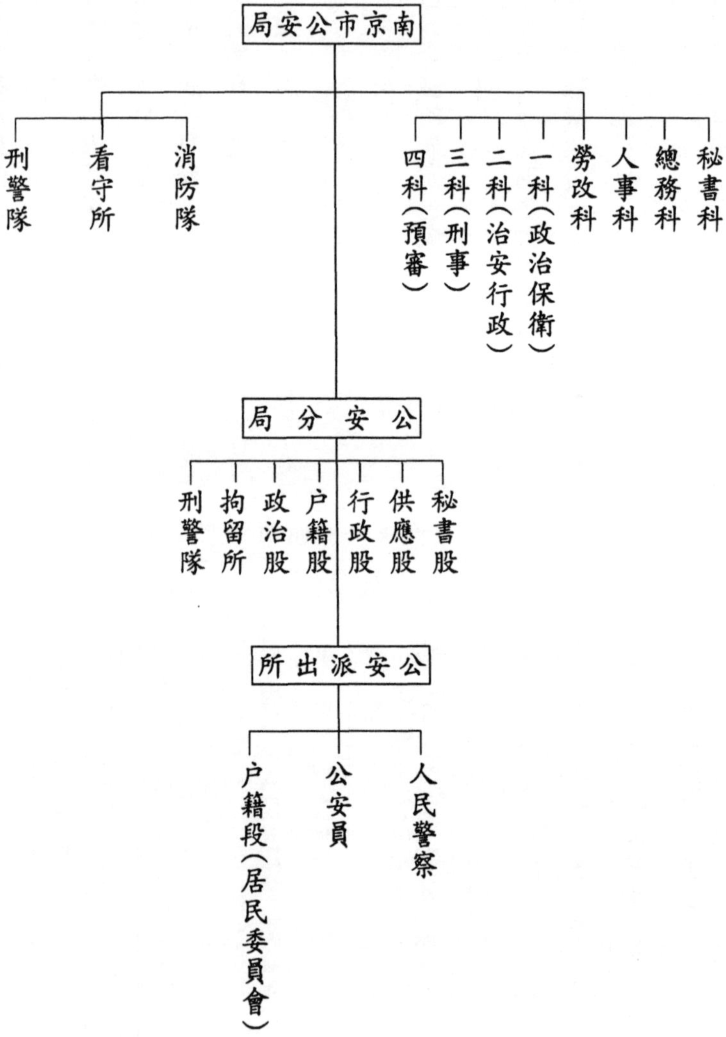

制」三大武力之一，「防特、防匪、維護人民民主專政、保衛社會主義」是武警重要任務。組織系統如「附表3—16」。

公安系統、人民法院系統、人民檢查院系統，三者合稱「政法部門」（即政法委員會領導的公、檢、法體系），爲政權「要害」部門，鞏固階級專政的主要工具。此「三位一體」，才能達到保衛「社會主義政權」之目的。這個公、檢、法體系，亦構成一個更大範圍的公安制度系統。如「附表3—17」（註⑩）

中共公安組織與制度的特性，除一般治安工作外，最要者是確保政權統治及特務任務，具有民主國家調查局和情報單位功能。毛澤東在全國各地成立「治安保衛委員會」時說，公安機關協助人民政府肅清反革命、防奸、防諜和保衛國家。（註⑪）可見公安制度集政治性、情報與特務性之大成。

一九八三年六月六日，中共第六屆人民代表大會中，當時國務院總理趙紫陽提議，成立「國家安全部」，以「確保國家安全和加強反間諜工作」。於六月廿日獲「人大」批准通過，七月一日正式成立。這是國家安全工作從公安系統內區隔出來，正式建立國家安全制度的開始。從「附表3—16」和「附表3—17」都可以看出，公安部與國安部均隸屬國務院，並接受黨中央領導。

附表3－16：中共「武警」組織體系判斷表

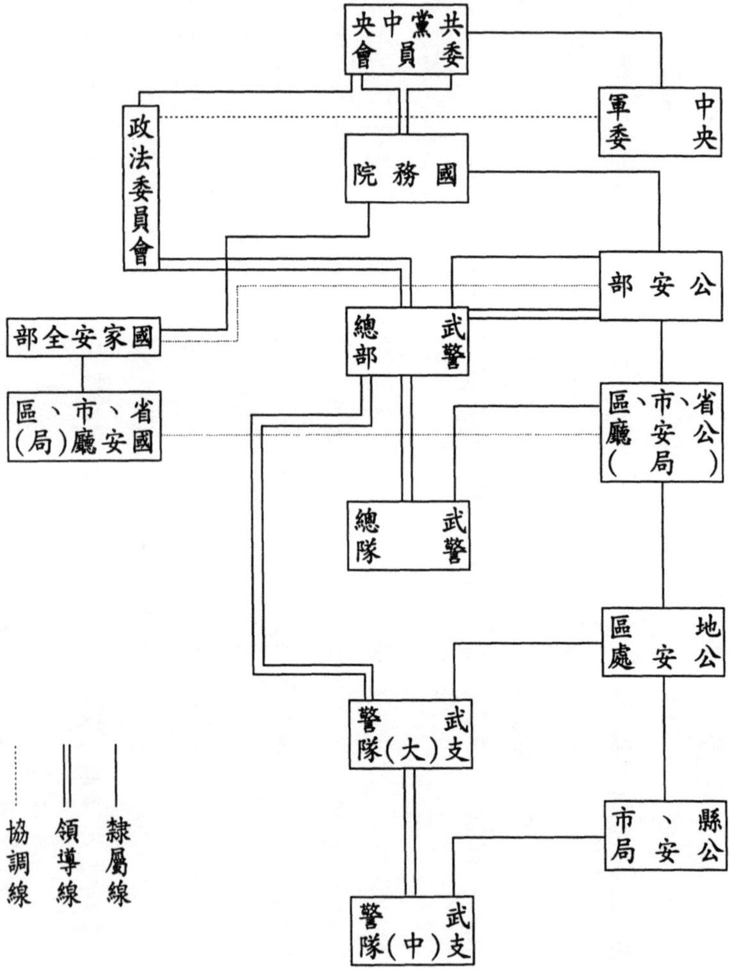

附表3－17：中共公、檢、法組織系統（即公安制度體系）

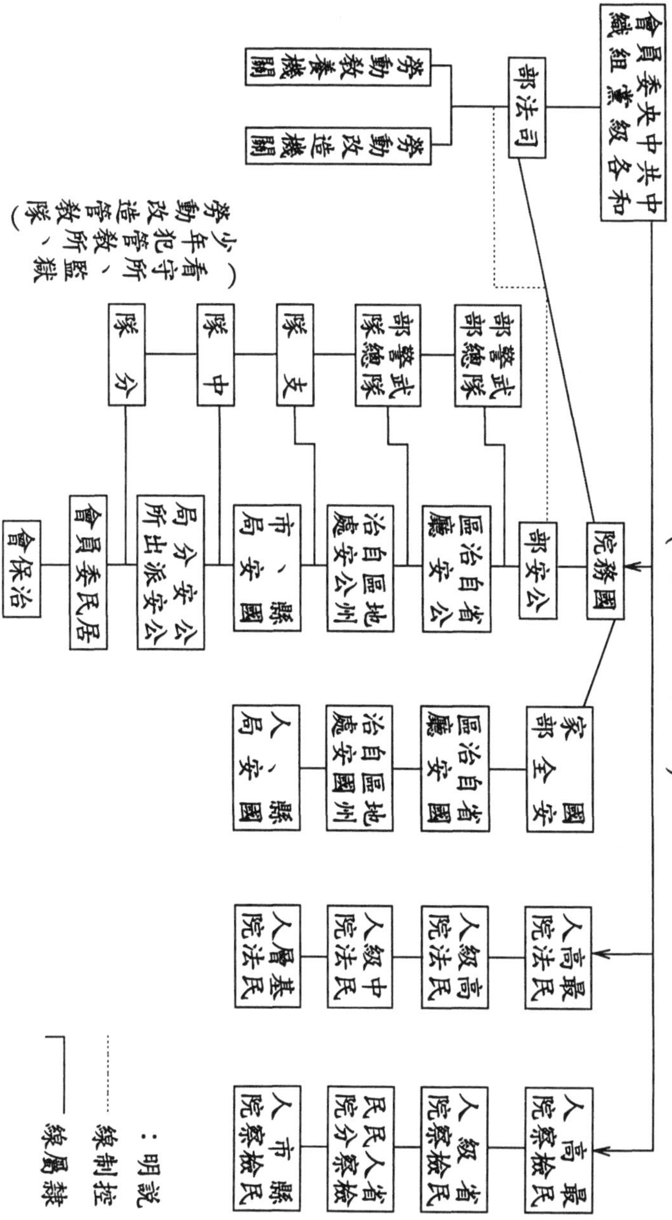

國家安全組織

國家安全部成立後，「中華人民共和國國家安全法」也在一九九三年完成立法，本法第一條曰：

為了維護國家安全，保衛中華人民共和國人民民主專政的政權和社會主義制度，保障改革開放和社會主義現代建設的順利進行，根據憲法，制定本法。（註⑫）

本法制定，使國家安全工作執行有了法律依據。國家安全部以下，省或直轄市級國家安全廳（局），地區或署設國家安全處，縣級設國家安全局，基層設分局或組。如「附表3－17」。

目前國家安全部本部設有十七個局，職掌實包含國內、外一切情報與反情報任務，其第四局專責台港澳地區情報工作。如「附表3－18」。（註⑬）按「國安法」規定，國安機關和公安機關密切配合，維護國家安全，任何個人或組織有危害國家安全之行為，都必須受到法律的追究。

附表3－18：北京國安部所屬各局職掌表

局　序	局　稱	主　管　業　務
第一局	機要局	密碼、機要通訊
第二局	國際情報局	國際戰略性情報之蒐集
第三局	政經情報局	各國政、經、科技情報之蒐集
第四局	台港澳局	對台港澳地區的情報工作
第五局	情報分析通報局	情報分析通報、蒐情指導、情報研究
第六局	業務指導局	對所轄各省級廳、局之業務指導
第七局	反間諜情報局	反間諜情報之蒐集
第八局	反間諜偵查局	外國間諜之跟監、偵查、逮捕等
第九局	內保偵查局	涉外單位的防諜，以及境內反動組織及外國機構之監控
第十局	外保偵查局	駐外機構人員及留學生之監控，以及境外反動組織活動之偵查
第十一局	情報資料中心	
第十二局	社會調查局	不詳
第十三局	技術偵查局	郵電、新聞、廣播、電視等之反間檢查
第十四局	綜合計畫局	設立情報據點之綜合計畫業務
第十五局	綜合情報分析局	綜合情報之分析、研判
第十六局	影像情報局	世界各國政、經、軍等影像情報工作，包括衛星情報判讀
第十七局	兩化企業局	管理該部所屬的企業、公司等事業單位

註：一九八九年「北京政府」總人數一萬八千餘人，國安人員為四千三百餘人。

國防、外交與區域安全

中共三大武裝力量現況，正規軍三百萬，武警八十七萬，民兵預備役部隊七十萬人，總兵力約四百五十七萬人。目前仍逐年擴張軍力，在國際上造成「中國威脅論」的戒懼心態，中共乃提出「守勢國防政策」説帖，希冀宣傳與破解：

㈠中國軍隊永遠不稱霸；

㈡中國軍隊絕不侵略別的國家；

㈢中國軍隊不與任何國家軍隊結盟；

㈣中國不在世界上任何地方建立軍事基地。（註⑭）

中共雖稱「守勢國防政策」，但近年在台海的軍事威脅，阻止我國進入「東協區域論壇」，其實已升高「中國威脅論」的顧慮，因爲中共仍是亞太安全最大的威脅來源。

中共的外交政策，從親蘇反美到反美反蘇，再到親美親蘇，本質上是「狡詐善變」的。目前則提出「全方位外交」政策爲其新外交戰略：

㈠獨立自主。

㈡和平共處五原則（即互相尊重領土主權、互不侵犯、互不干涉內政、平等互惠、和平共處）。

㈢反對霸權主義，維護世界和平。

㈣「睦鄰、合作、經濟外交」是現階段重點。

㈤爭議性問題主張「主權擱置、共同開發、互諒互讓」。

「中國威脅論」甚囂塵上，一九九六年的「美日安保共同宣言」更視同後冷戰時代，美國對中共圍堵架構的再次强化，中共爲求抗衡，與俄羅斯簽訂「防止危險軍事行動協定」，與印度簽訂「邊境地區和平與安定協定」；尤其中共與俄羅斯、哈薩克、吉爾吉斯、塔吉克五國簽訂「關於邊境地區加强軍事領域信任協定」，不僅可以維護內部安全（壓制新疆分離運動，也可以與中亞聯合陣線，展現對美日安保體系的勢力

附圖3－5：中共與中亞聯合陣線形成的安全體系

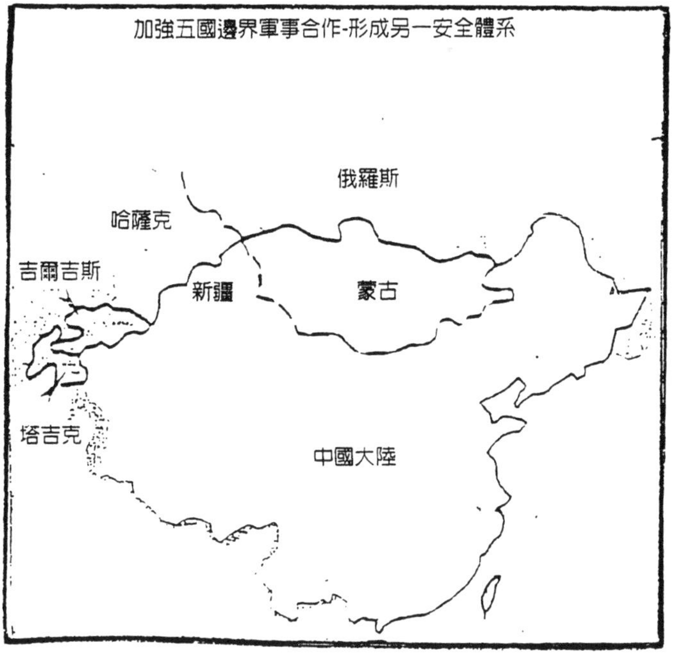

抗衡，這無異也是亞洲安全體系的另一種表現。）（註⑮）

政治結構系統是中共維持國家安全的最大範圍制度，公安系統是中範圍，國安系統是小範圍的安全制度。

註釋

①西方研究政治發展的學者，經過許多實證研究後，發現國家發展過程中，經濟改革必然帶動政治改革，最後則走上民主化之路，此即政治發展理論，以Lucian W. Pye, Robert A. Dahl, Samuel P. Huntington三家爲代表，均可見他們相關著作。

②閻淮，「中國大陸政治體制淺論」，中國大陸研究，第三十四卷，第八期（民國80年8月），頁一八—四〇。

③中華人民共和國憲法，序言，一九八二年十二月四日，第五屆全國人民代表大會第五次會議通過。

④同註③，第一一一條。

⑤同註②，頁一八—一九。

⑥政法系統分成：㈠小政法系統，由公安部、安全部、最高法院、最高檢查院、司法部組成，稱「公檢法司」。㈡大政法系統，指人大常委會機關和武裝警察部隊，即立法、司

法、警察部門組成。註②，頁二〇—二一。

⑦ 同註②，頁二二—三〇。

⑧ 邱昌渭，「集權政府中央行政組織形態的剖析」，自由中國，第十五卷，第四期（民國45年8月16日），頁五〇六—五一一。

⑨ 劉清波，中國大陸司法制度（台北：華泰書店，民國84年4月），各附錄。

⑩ 有關公安機構，參閱杜陵，中共公安制度研究，修正版（台北：中央警官學校，民國76年12月），第三章；另見註⑨書，第四編。

⑪ 毛澤東選集，第五卷（北京：人民出版社，一九七七年四月，第一版），頁四七。

⑫ 同註⑨書，頁一三六。

⑬ 同註⑬書，頁一〇二。

⑭ 大陸情勢綜合研析（一九九四）（台北：中國國民黨中央委員會，民國84年3月），頁一一〇。

⑮ 中國時報，民國85年4月27日，第十版。關於中國威脅論，當代學者認爲中國之強盛只有在兩方面情形下，才會危及東亞安全。其一是中國企圖建立區域盟主地位，這是最可能要面臨的；其二是在這個「新多極衝突」（New Bipolar Conflict）陰影下的東亞，中國強權之竄起對日本造成的刺激。

第六節　各國國家安全制度比較

各國國家安全制度通常經過數十年，或數百年之沿革，每個時代歷史背景不同，其組織和制度都不同。社會學家基本上也同意，制度在某方面是社會需求及壓力的自然產物，具有反應性的社會組織。此即時空性（Time-Space）。（註①）漫長的時空中，所要擷取用以比較者就是「現況」，包含建制以來尚在運作而尚未改變的國家安全制度。

國家安全制度的「現況」很多，比較標準何在?此即規範性（Normality）。所謂「規範」（Norms）通常就是指價值系統（Value System）在判斷上的一種「應然」（Ought to be）標準。在後冷戰時代的現在。甚麼是政治上最流行的價值系統，無疑是「民主」（Democracy）。本文比較各國國家安全制度，就是以民主價值系統爲標準，析論各國國家安全制度之優缺。

美國國家安全制度

美國國家安全建制雖晚，成長甚速，並成爲民主國家建制的參考典範，惟行之數十年來仍可觀察出若干優缺，剖析陳述於後。

一、優點

㈠依民主理念建制：國家安全政策雖在維護民主制度，但民主精神也在規範國家安全制度之設計，避免形成專制集體。更期望國家安全相關活動能在民意與議會之監督下，不傷害國家，但也不傷害到人民，有問題發生則按民主程序改進。（註②）

㈡國安會功能日趨重要：整合國家政策，居間協調，使國安會成爲總統手上有力工具，影響所及已非國防、經濟與外交方面，其他社會、資訊或科技都是國安會協調象。一九八七年成立國安會的下級核心組織「政策覆審小組」（PRG），已有跨部會協調功能。

㈢排除警察統治的可能性：在一九四七年的國家安全法案中即排除了警察統治可能性，亦明顯區分警察和情報機構職權的界線，避免對人民造成可能的傷害。

㈣文人掌理軍事顯現總統制特性：國家安全法案規定，國防部長由總統提名經參議院同意任命，國防部長規定文人，含有「杜專擅，遏亂萌」之意。各情治系統及國防部長、參謀首長聯席會議主席，都直接對總統負責。

㈤明確制定分權原則：聯邦調查局（FBI）負責國內反情報工作，中央情報局（CIA）負責國外反情報工作。國家安全法第一〇二條規定「中央情報局不得從事其他國內安全工作」。（註④）惟這個「內外區分」目前稍有調整。（註⑤）

二、缺點

㈠國家安全機構有疊牀架屋之嫌：如三軍均各自設有情報署，其上則有「聯合情報委員會」，再上又有「國防情報局」。而「原子能委員會」（AEC）儼然國會支持，福特總統改成「核子研究發展局」（ERDA），卡特總統又更名「核子部」（ED）。

㈡總統偏好打破組織功能或職權：「總統制」也表示總統大權在握，依法成立的組織未必可以發揮法定功能，還要看總統是否加以重用。例如中央情報局的地位是各情治系統的「協調者」，可以透過「情報顧問委員會」指揮各情治單位。（見附表3－7、附表3－8）。但雷根時代重用國防情報局（DIA），使其地位凌駕中央情報局之上。而卡特政府時代，爲凸顯「民主」，對中央情報局的功能更持「懷疑態度」。（註⑥）

㈢情治機構成爲政爭工具：此類事件在美國歷史上亦常發生，遠如尼克森時代「水門事件」，近如一九九六年六月十八日參議院公佈的「白水案」。爲防止情治機構成爲政爭工具，早在一九七四年就有「聯邦隱私權法案」，「隱私權」乍看小事，實則攸關民主制度建立之成敗及國家興衰。

英國國家安全制度

二次大戰後，英國國勢日衰，其國家安全組織與功能均相對委縮，難期有大力開展。惟因國家安全制度歷史攸久，且英國是一個保守而重視制度，嚴格尊守制度之民族，故仍有各國師法之處。

一、**優點**

㈠情治組織與活動的高度保密性：自貴族至平民，凡依法從事情報工作者，均務求高度保密。如蘇格蘭場的負責人從未公開，「魯賓遜飄流記」的作者狄福，是在死後五十年才發現其爲國家高級情報人員。（註⑧）

㈡反情報工作成效甚佳：英國的國家安全工作以反情報工作最有成效。論者每謂「英國以反情報起家」（註⑨），反情報工作不僅用於軍事作戰，更表現在國際政治活動中。

㈢因時制宜因事設人的不成文制度典範：英國的國家安全機構有很大的調整彈性，例如國防體制自一九〇二年到一九八一年，有十多次重大變革。甚至戰時首相可兼任國防部長，以期責能集中，事功統一。

二、**缺點**

㈠組織系統上的詭異：聯合情報局的任務與美國中情局同，但本身不直接蒐集情報，乃向外交部、殖民部、自治領、商務部、中央新聞局等各機構聯繫協調，故地位實遠遜於中情局；且隸屬國防部，顯見不倫不類。另有三軍「聯合情報委員會」，主席卻由外交部派員充任，均見其組織系統上的詭異。可解釋爲，英國的國家安全制度不可以「成文」觀之，一切盡在「文字以外」。

㈡尚未建立國家安全之統一領導機構：故完整的國家安全體系尚未建立，其本土國家安全工作及各國協之安全事務，並無法定或永久性的負責機關。惟多賴政府機構的內部協調。

日本國家安全制度

戰前日本有深厚而龐大的情治體系，戰後雖受客觀因素限制，組織與功能均顯著衰弱。仍可從國家安全組織表現日本民族性之特色，優缺特點如後。

一、優點

㈠三軍並立、公民並存的多元發展：三軍情報機構呈平行狀態，多線發展；藏國家安全組織於民間，此政府情治機構及民間情報機構並存，成多元發展，共同構成一個情治系統，維護國家安全。

㈡國家安全的統一領導機構正在建立：日本早欲仿美國中情局建制而未成，「情報本部」的成立，「統幕」會議的擴大，使日本有了「中央情報機構」，其三軍情報機構則不再「平行」。

㈢以軍事情報爲發展重點：因有安保條約的承擔，政治或國際情報可由美國負責提供，冷戰時代日本就以發展軍事情報爲主，其情報部門可直接向三軍部隊下達情報蒐集命令。包括情報本部的設立，及現任首相正倡議研究的「發射間諜衛星方案」，都是以發展東亞軍事情報蒐集爲主。

二、缺點

㈠多元並存不易建立統一領導機構：日本國家安全組織的多元並存，雖仍可發揮功能，但指揮體系的紊亂不可避免。情報組織游離於民間，也有運用上的困難。目前雖在改革，成果尚待觀察。

㈡依存性的國家安全組織欠缺獨立性：國家安全即然有安保條約的分擔，情報工作也僅限於軍事方面，其他則按安保條約由美國負責。雖說安保體制是目前所必須，但就日本國家安全制度建立而言，就欠缺了應有的周延與獨立性。

中共國家安全制度

自從蘇聯解體，俄羅斯走向民主政體後，中共國家安全制度可謂僅存幾個共產國家的範例。雖然是一種共產制度，但就「制度」而論，依然可見其優點，並非一無是處。

一、優點

㈠立法完備：中共依其憲法，完成「國家安全法」之立法，但公安人員執行國家安全工作皆適用「國安法」。公安部與國安部雖兩部各司其職，但密切配合，相互用法。其子法甚多，如「城市街道辦事處組織條例」、「懲治反革命條例」、「勞動改造條例」等十餘種。立法完備最大的好處，是不論何時、何地、何事，要「辦人」都有法可依，以利對人民之控制。（註⑩）

㈡國家安全體系有利於社會控制：整個國家安全體系，包含前述的政權結構、公安系統和國安系統。這三個安全系統的有力運作，正好可以控制整個社會系統的安全與安定，即維持現政權的安全與安定，免於崩潰分解。

二、缺點

㈠「國安法」只偏重違法處罰，無明定該機構之組織體系。本法規定對嫌疑犯有十五天拘留權，此與一般民主國家的人權、自由標準相去太遠。

㈡不合當代法律觀念：「國安法」責成全國人民、組織、團體皆負有維護「國家安全」的種種義務。須知法定義務過多，相對的即權利之減少。按當代憲法理念，只有爲妨礙他人自由、緊急避難、維持社會秩序及增進公共利益，才能由國家立法褫奪人民之權利。中共「國安法」顯然不合當代法律觀念。

㈢是保障「國家」或「政府」未分：按國安或公安有關法令，保障對象不外「中華人民共和國」、「人民民主專政政權」、「中國共產黨領導」、「懲治反革命」等。基本上，國家安全機構是爲政治服務，爲現政府之工具，確保現政權安全，等同於確保國家安全。

結　論

法律對政治程序和制度而言，不僅有建構之功能，也有支撐之作用。（註⑪）準此而言，中共的國家安全制度發揮了確保政權安全與安定的功能，可算是好的制度。但這個「好」只是對現政權（共產政權）的既得利益者有利，保障了現有的即得利益者。對中國長遠的發展，對人類社會的演進，對國際安全（集體安全、區域安全），都是不利的。畢竟共產主義並不適用於人類社會。

英、美及日本的國家安全體制雖非盡善盡美，但至少在文人控制（Civilian-Control）下。（註⑫）爲當代最被接受的民主體制，不論英、美或日本的國家安全制度，都尚在改進中，「制度是長成的，非造成的。」當然，國家安全制度也會傷害到民主制度之規範，只要有健全而明智的輿論，政策制定者接受並尊重輿論，接受民主理念之規範，國家安全制度必是健全的，這才是我們所期望建立的國家安全制度。

註釋

① 彭堅汶，孫中山三民主義建國與政治發展理論之研究（台北：時英出版社，民國76年12月），頁二〇六。

② Daniel J. Kaufman, Jeffrey S. Mckitrick, Thomas J. Leney, U. S. National Security（Masschusetts：Lexington Books, 1985）,PP. 4－7.

③ 林國人，「國家安全工作制度之比較研究」，國防研究院，國防建設論文集（台北：國防研究院出版部，民國56年10月），頁（壹）三二。

④ 同註③。

⑤ 由於恐怖主義威脅升高，柯林頓總統已開始擴大聯邦調查局功能，如指派調查一九九六年六月駐沙烏地阿拉伯美軍遭恐怖攻擊事件。擴大聯邦調查局的海外編組，依已批准的一項計畫，在公元二〇〇〇年前要在四十六個國家內，擴充海外據點與人力部署。按柯林頓政　府現行政策，國家安全做「內外」區分已經打破。自立早報，民國85年8月21日。

⑥ 張枝榮「涉外情報與國家安全」，中央警官學校公共安全學術研討會論文暨會議記錄（民國75年8月），頁一四六。

⑦ 中國時報，民國85年6月20日，社論。

⑧ 同註③，頁（壹）三六。

⑨ 同註⑧。

⑩ 中共有關國家安全除憲法、國安法規定外，其他法令規章甚多，如：
㈠人民警察條例。（一九五七年人代會）
㈡公安派出所組織條例。（一九五四年人代會）
㈢治安保衛委員會暫行組織條例。（一九五二年公安部公佈）
㈣城市居民委員會組織條例。（一九五四年人代增）
㈤城市街道辦事處組織條例。（一九五四年人代會）
㈥治安管理處罰條例。（一九八六年人代會）
㈦懲治反革命條例。（一九五一年中央人委會）
㈧逮捕拘留條例。（一九七九年人代會）
㈨勞動改造條例。（一九五四年政務院）

⑪ John Norton Moore, Frederick S. Tipson, Robert F. Turner, National Security Law

（Durham, North Carolina：Carolina Academic press, 1990）,P.25.

⑫ 文人控制透過下列機制或方式完成之：政黨中立、平民軍隊、國會控制、行政控制、文人國防部長、國家安全會議設立、兵權分立等。洪松輝，「美國國家安全體制中文人控制之理論與實際」，第一屆軍事社會學學術研討會（民國85年4月12日），頁七一二○。

第四章　我國國家安全制度之建立

當我們研究各國國家安全制度時，發現各國的建制歷程，常常是從極秘密而漸趨公開，從非官方演變到官方，甚至以民間機構的型態存在，執行政府所賦予的國家安全工作。用現代觀念來看，就是從「非法」到「合法」的演變過程。我國在這方面的建制過程又如何呢？

我國近現代政治變遷極爲複雜，國家初建，內戰頻數，帝國主義及國際共黨連年入侵，終於導致國家長期分裂。惟依　國父孫中山先生手創中華民國之建國大綱，國家建設分軍政、訓政與憲政時期三個階段完成。此三階段爲當代治史之學者研究中國政發展、政治制度，所據以最正式而明確的劃分。本章研究我國國家安全制度之建立。在階段的劃分上，據此三階段及史實的實際發展爲參考，分軍政、訓政、行憲及動員戡亂、現況等四部份研討，以窺我國國家安全制度建立過程之梗概。

第一節 軍政時期

民國建立初期，特別是「五四運動」前後，中國有識之士及新思想家們，都認爲最有意義的事業就是創立一個新中國。（註①）領導全國達到這個目標，又能領導社會各階層建設新中國者，無疑就是 國父孫中山先生。惟民國初建後，黨派林立，軍閥割據。誠如對中國現代政治發展很有研究的政治學家Lucian Pye的看法，各個有組織的政治勢力公開鬥爭，在革命與傳統要素之間掙扎，現代中國使是這樣的展開了一個新紀元。（註②）

從兵荒馬亂的軍政時期，到民國十七年十二月全國統一止，是國家安全制度從西方引進的草創時代，並無可做爲規範之憲法，立法機關的合法性與功能均弱。（註③）但仍可從政府的組織規章程、政治運作與動員等方面窺豹一斑。

政府組織中國家安全制度

我國在軍政時期的政府組織，經歷許多變革，甚有「非法」的袁世凱政權，民國六年到十一年則分裂成南北兩個政權。從民國元年的臨時政府、六年的軍政府、十年的正式政府及十四年的國民政府組織中，可見到我國早期處理國家安全事務之規範。

臨時政府時期

民國元年元旦，中華民國誕生，　國父就任臨時大總統，其誓詞曰：

顚覆滿清專制政府，鞏固中華民國，圖謀民生幸福；此國民之公意，文實遵之，以忠於國，爲衆服務。至專制政府既倒，國內無變亂，民國卓立於世界，爲列邦公認，斯時文當解臨時大總統之職。謹以此誓於國民。（註④）

這是我國最早賦予總統確保國家安全之法源，其意義與現在的總統就職宣誓同。元年三月十一日，大總統公布參議院議決之「中華民國臨時約法」，可視爲我國第一部憲法。有關國家安全事務規範如下：（註⑤）

㈠中華民國以參議院、臨時大總統、國務員、法院行使其統治權。（第四條）

㈡人民之權利，有認爲增進公益、維持治安，或非常緊急必要時，得依法律限制之。（第十五條）

㈢參議院對於臨時大總統認爲有謀叛之行爲時，得以總員五分四以上之出席，出席員三分二以上之可彈劾之。（第十九條，第十一款）

㈣大總統代表臨時政府，總攬政務，公布法律；統帥全國海陸軍；經參議院之同意，得

宣戰、媾和及締結條約；依法律宣告戒嚴。（第廿九條─卅六條）

總統依臨時約法規定之途徑「鞏固中華民國」，其實是很明確的。可惜袁世凱破壞了約法，民國四年十二月十二日袁氏稱帝，改民國五年為「洪憲元年」。此時此刻，中華民國實已亡國。從制度面看這個問題，徒法不能自行，臨時約法尚不能保障國家安全。

軍政府時期

袁氏病亡，軍閥禍國， 國父為戡平軍閥，恢復約法，於民國六年九月一日就任大元帥，組軍政府。按「軍政府組織大綱」第一條：「中華民國為戡定叛亂，恢復臨時約法，特組織中華民國軍政府。」（註⑥）這是一個「戰時政府」應無疑義，依本大綱有關國家安全事務之規範概要如下：

㈠軍政府設大元師一人，元師三人，由國會非常會議選出。大元帥對外代表中華民國。臨時約法效力未完全恢復前，中華民國之行政權由大元帥行之。（第二、三、四條）

㈡軍政府設外交、內政、財政、陸軍、海軍與交通等六部。各部設總長一人。（第七、八條）

㈢大元帥府設特別軍事會議，成員有參謀總長、海軍總長、陸軍總長、廣東督軍、海軍總司令、第一軍總司令、衛戍總司令、大元帥特指定之軍事參議五人。會議時大元帥為主席。（註⑦）

附表4－1：大本營系統表

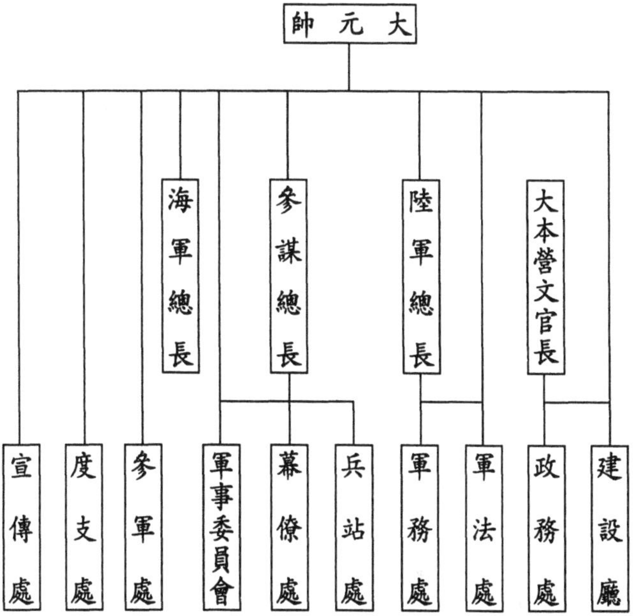

「大元帥府特別軍事會議」設立之目的，「爲決定軍事上行動綱要」，從功能、組織及參與成員看，頗似現代的國家安全會議。組軍政府之目的，原爲討逆護法，惟因南北分裂，幾經波折。民國十年四月七日，國會非常會議議決中華民國政府組織大綱，廢軍政府，中山先生當選爲大總統，五月五日就大總統職，宣告海內外中華民國政府正式成立。

軍政府雖廢，正式政府成立，惟本質上均屬「戰時政府」。爲盡早施行北伐，　國父於十年十一月在桂林組織大本營，依「大本營條例」，陸海軍大元帥於戰時執行最高統帥事務，設置大本營，其組織系統如「附表4—1」。

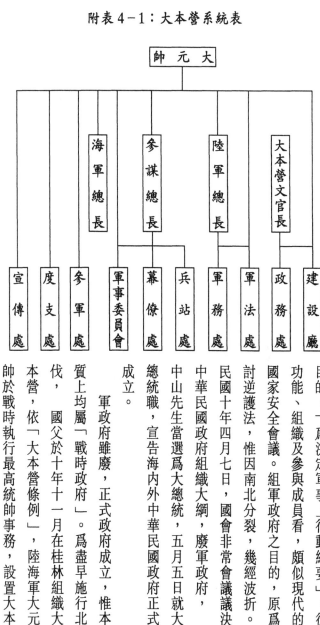

（註⑧）十一年二月二日，國父正式下達北伐動員令。

國父之北伐，因陳炯明叛變而中挫，又因北上、逝世，北伐暫告中止。

廣州國民政府時期

民國十四年六月五日，大元帥府改組爲國民政府，以中央執行委員會爲最高權力機關，下設軍事委員會，進行軍隊之整編與軍政的統一，決定取銷各軍的省別番號，軍隊一律改稱「國民革命軍」。這在我國建國初期國家武力的建立，爲重大之里程碑。

十五年四月六日，蔣中正先生就任軍事委員會主席，六月四日再任國民革命軍總司令，統率各軍，剋期北伐。七月一日軍事委員會發佈北伐動員令，蔣總司令愷切宣告國人：

> 必與帝國主義者及其工具爲不斷之決戰，決無妥協調和之餘地。求武力與國民相結合，使國民革命軍成爲人民之軍隊。（註⑨）

北伐經過兩年多完成，十七年底全國統一。就國家安全理論觀之，國家分裂是威脅國家安全的最大因素。北伐的成功，具有促進國家整合（National Integration）的功能，爭取「黃金十年」（Golden decade）奠定抗戰基礎，廢除不平等條約，這無疑是國家安全的基礎。支持這個基礎的背後—制度或組織，大元帥府的改組，國民政府的成立，軍事委員會的組成均功不可沒。

國民黨與國家安全制度

從現代政黨政治理論之觀點，「黨」並非政府組織，但具有隱形政府（Invisible Government）性質，這也可以說明黨和政府的關係。

爲什麼要把中國國民黨（簡稱：國民黨）的組織及黨務工作，視同國家安全制度之一部份來探討？道理十分明顯，國家是在黨的手中誕生的，在軍政時期不僅沒有建立國家的武力，現代國家安全制度亦未建立。居於現實需要，「國、黨、政、軍」幾乎是一體的，國民黨系統有情治功能，也有處理國家安全事務的能力。從國民黨幾次的黨章規約都能看出。

一、從中華革命黨方略看國家安全制度概要

國民黨於民國三年七月八日重新改組，成立中華革命黨，目標是推翻袁世凱的非法政權，復恢中華民國。按本黨「方略」，與國家安全制度相關規範有：

㈠中華革命黨總理爲中華革命軍大元帥。大元帥統率陸海軍。大元帥之下設最高統率部，稱曰大本營。（第四、五條）

㈡大本營置機要、參謀、法制三處，外交、內務、陸軍、海軍、財政五部。（第二篇）

㈢自革命軍起義之日至憲法頒布之時，名曰革命時期。在此時期之內，一切軍國庶政，

悉歸本黨負完全責任。（註⑩）

這時期的黨領袖，兼政軍領袖，黨章中規定一切軍國庶政全歸本黨負責，黨的系統即國家安全系統。

國民黨黨章在民國九年、十二年曾有修訂，按十二年的總章，本部下設政治、法制、軍事、農工和婦女五個委員會，這些委員會都有調查的性質及功能。各省設總支部，各縣設支部，各鎮鄉設分部，資訊系統可謂遍及全國。

二、第一次全代會國民黨總章國家安全系統概要

民國十年共產黨成立後，在國際共黨援助下，在全國各地展開兵運、工農、農運、青運、婦運等群衆運動，並積極組訓及發展次級、外圍組織，目標在赤化中國，瓦解中華民國，建立共產政權。這是國家安全最大威脅、最大危機。

國民黨一面北伐，一面要和共產黨鬥爭，乃有十三年之第一次全國代表大會，十五年之第二次全代會。這兩次會議國民黨建立更有效的全國性組織及群衆運動網，以支持北伐順利進行，如「附表4—2。」（註⑪）

戒嚴制度初建與施行

民主國家在安全受到重大威脅時，採用「戒嚴法」（Martial Law）來確保國家安全。

附表4－2：中國國民黨群眾運動組織網

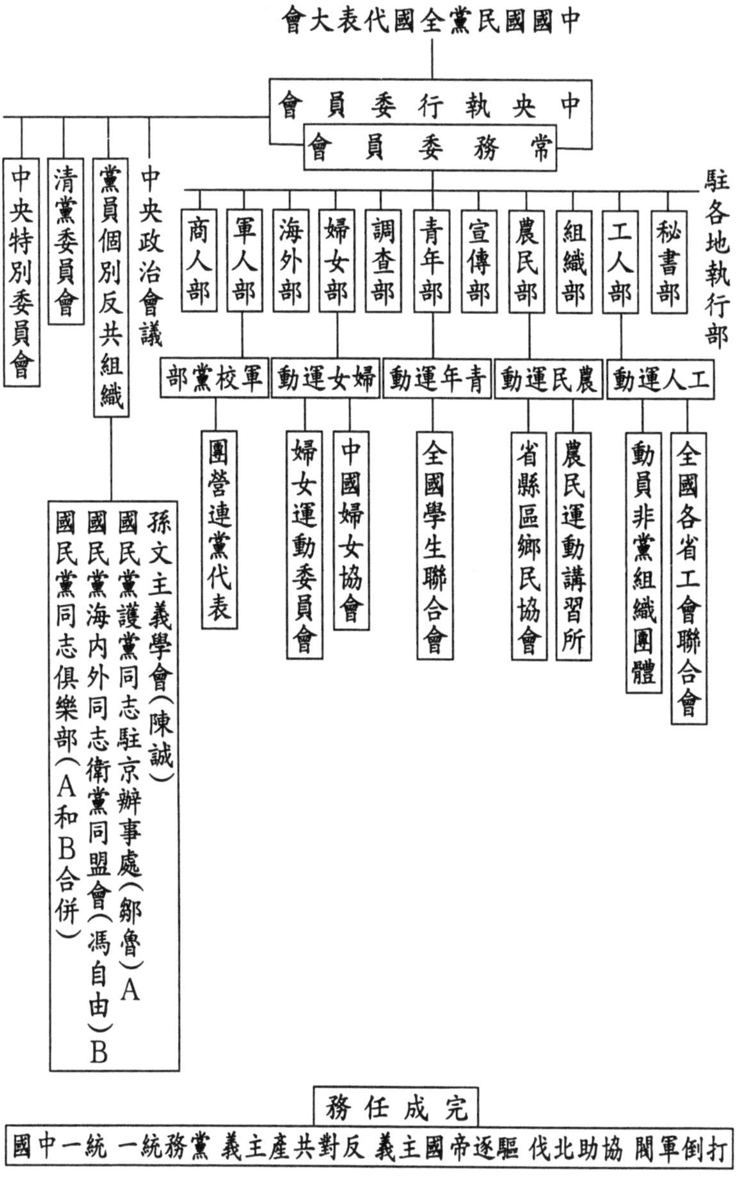

同時在國家面臨緊急危難時，政府機構須有某種程度改變，此種改變乃爲消除威脅國家安全制因素，增强政府機構權力，減少人民自由。法國的戒嚴制度是依憲法規定，制定單一的戒嚴法；英國戒嚴制度來自國王的緊急權，由議會授權行政機關便宜處斷；美國戒嚴制度是隱含在戰爭權內，與英國類同；我國採取法國式戒嚴制度，制定單一戒嚴法。

民國肇建，國家安全遭受種種威脅，戒嚴制度已粗具規模，具有施行經驗，概述如後：

一、民國元年參議院戒嚴法要點

根據臨時約法第三十六條，大總統得依法律宣告戒嚴，制定戒嚴法十七條，元年十二月十五日公告施行，要點有：（註⑫）

㈠軍、師、旅長、要塞司令官、警備司令官均得宣告戒嚴。戒嚴地域分戒嚴地域和接戰地域。

㈡戒嚴地域內，與軍事有關之地方行政及司法事務，管轄權移屬該地司令官。

㈢接戰地域內，地方行政與司法事務移該地司令官管轄，與軍事有關民刑案件由軍政執法處審判。

二、民國三年中華革命黨方略戒嚴地刑罰法

本法八條，軍政府公告「軍政時代，各處一律戒嚴，所有行政、司法各官衙及各項法律均暫行停止。」制定本法頒布，各處即日施行，要點有：

㈠戒嚴地方之民犯以下各罪者，處以死刑：如破壞軍需、窩藏奸細、密報通敵、結黨謀反、反對革命宗旨、强姦婦女，餘略。

㈡犯本法之罪者，由軍法局審處，任何機關不得行之。大元帥有赦免權。（註⑬）

三、民國十二年廣東西江戒嚴

因廣東西江桂系軍閥作亂，　國父以大本營大元帥身份發佈西江局部戒嚴，以利水陸軍隊勦逆。於五月二五日任命魏邦平爲西江討賊軍總指揮，六月二十九日再令兼任西江戒嚴司令。爲戒嚴地區軍事需要，七月四日大元帥公告「西江沿岸警備區域臨時戒嚴條件」、「西江船舶檢查所組織條例」、「西江船舶檢查所執行規則」等三個法令，方便戒嚴執行。

當時廣東省長廖仲愷、衛戍司令楊希閔，爲維持治安，依「大元帥訓令」頒發臨時軍律：

㈠搶劫財物、强佔民屋、擄人勒索、打單嚇詐、冒充軍隊及不知會警察擅自拉伕者，均槍決。

㈡不經由兵站，擅自封用船渡者槍決。

㈢未奉長官命令，不知會警察，擅自逮捕商民或入舖屋搜索者槍決。（註⑭）

西江軍事結束，同年八月三日大元帥訓令宣佈解嚴，計西江局部戒嚴一個月。

十五年七月，國民政府制定「戒嚴條例」，於同月二十九日公佈，全文十一條，較民元戒嚴法簡要。內將宣布戒嚴之權改屬總司令，臨時戒嚴權在各地區軍事首長。

觀察我國軍政時期國家安全制度，表現在政府組織、國民黨系統及戒嚴制度三方面，惟制度初建，難稱周全，距現代健全制度尚遠。

註　釋

① Chow Tse－tsung, The May Fourth Movement（Cambridge Masschusetts：Harvard University Press, 1964）, p.289.

② Lucian Pye, The Dynamics of Chinese politics（Cambridge, Massachusets：Oelgeschlager, Gunn and Hain, publishers, Inc.1976）, pp.1－2.

③ 合法性（Legitimacy）是政治上有效統治的必要基礎，是治者與被治者間一種共認的理則或信念。合法性之相對爲僭奪、政變。金耀基，「合法性」，政治學，第三冊，雲五社會科學大辭典（台北：台灣商務印書館，民國78年元月第八版），頁一〇七。

④ 中國國民黨中央委員會黨史委員會，國父全集，第二冊（台北：中國國民黨中央委員會黨史委員會，民國77年3月1日），頁九〇二。

⑤ 同註④，頁九一三—九一七。

⑥ 同註④，補編，頁二六七。

⑦ 大元帥府特別軍事會議條例，民國六年九月十七日，同註③④，補編，頁二七〇—二七

一。

⑧同註④，頁九六一—九六四。

⑨中華民國政治發展史，第二冊（台北：近代中國出版社，民國74年12月25日），頁七五〇。

⑩同註④，第一冊，頁三一三—四一八；第二冊，頁九四〇。

⑪陳福成，中國近代政治結社之研究（政治作戰學校政治研究所，碩士論文，民國77年6月），頁二四一。

⑫刁榮華編，憲法戒嚴與國家動員論（台北：漢林出版社，民國73年1月），頁一一一—一一二。

⑬同註④，第一冊，頁四〇五—四〇七。

⑭同註④，第四冊（下），頁七二二—七二三。

第二節　訓政時期國家安全制度

民國十七年十月三日，中國國民黨中央常務委員會，依據二屆五中全會決議通過「訓政綱領」。本綱領由胡漢民、孫科所擬，其說明書云：「夫以黨建國也，本黨爲民衆奪取政權，創立民國一切規模之謂也。以黨治國者，本黨以此規模策訓政之效能，使人民自身能確實運用政權之謂也。」（註①）同時由國民政府公佈施行，要點有：

㈠中華民國於訓政時期，由中國國民黨全國代表大會代表國民大會領導國民行使政權。（第一條）

㈡指導監督國民政府重大國務之施行，由中國國民黨中央執行委員會政治會議行之。（第五條）（註②）

而後「國民政府組織法」、「訓政時期約法」均依本綱領制訂頒布。奠定「以黨建國、以黨治國」的法制基礎。所以在訓政時期，國民黨仍然控制整個政治系統，黨系統就是安全系統。惟本時期的不同之處，在於國家安全決策機構及現代情報組織，已開始建制運作。

國防最高委員會

國防最高委員會是抗戰期間中央政治系統中最高的決策、聯繫和樞紐機構，舉凡國家重大國防、外交、經濟及抗戰建國事宜，都經由國防最高委員會議決之。它的功能頗似現代的國家安全會議，是由中央政治委員會和國防最高會議演變而來。

一、中央政治委員會

早在民國十三年秋， 國父在中央執行委員會內設立一個政治委員會，籌劃重大政策方針。十七年八月的二屆五中全會通過「中央政治會議案」，規定凡政治會議議決案，應由中央執行委員會交國民政府執行。於是中央政治會議便取代了政治委員會。二十四年七月五屆一中全會通過「中央執委員會組織大綱」，又恢復政治委員會為政治最高指導機關的地位。政治委員會與二十六年成立的國防最高會議，職權頗多重合，成員大都相同。二十六年十一月間，中常會決議「中央政治會議停開，職權由國防最高會議代行。」

二、國防最高會議

為適應抗戰建國軍事上需要，二十六年八月中央政治委員會議決，設立國防最高會議，組織條例要點如下：

㈠國防最高會議為全國國防最高決定機關，對於中央執行委員會政治委員會負其責任。

（第一條）

㈡其職權有：國防方針之決定，國防經費決定，國家總動員及國防重大事項決定。（第二條）

㈢作戰期間，關於黨政軍一切事項，國防最高會議主席得不依平時程序，以命令為便宜之措施。（第六條）這一條是最高統帥的緊急命令權。（註③）

由上可見，國防最高會議是抗戰初期有關國防、軍事方面的最高決策機關，運作上有高度機密，並與軍事、外交、財經有直接關係，戰時色彩體制濃厚。

三、國防最高委員會

二十八年一月二十六日，五屆五中全會提議，為設立中央黨政軍統一指揮機構，修正國防最高會議組織條例，擬設國防最高委員會。一月二十九日，全會修正通過主席團提「國防最高委員會組織大綱」十條，要點如次：

㈠中央執行委員會於抗戰期間，設置國防最高委員會，統一黨政軍之指揮。並代行中央政治委員會之職權。各部會、五院、軍委會及所屬各部會，兼受國防最高委員會之指揮。總動員委員會直隸於國防最高委員會。（第一條）「附表4—3」是國防最高委員會組織系統表。

㈡國防最高委員會設委員長一人，由本黨總裁任之。委員長對於黨政軍一切事務，得不

附表4－3：國防最高委員會組織系統表

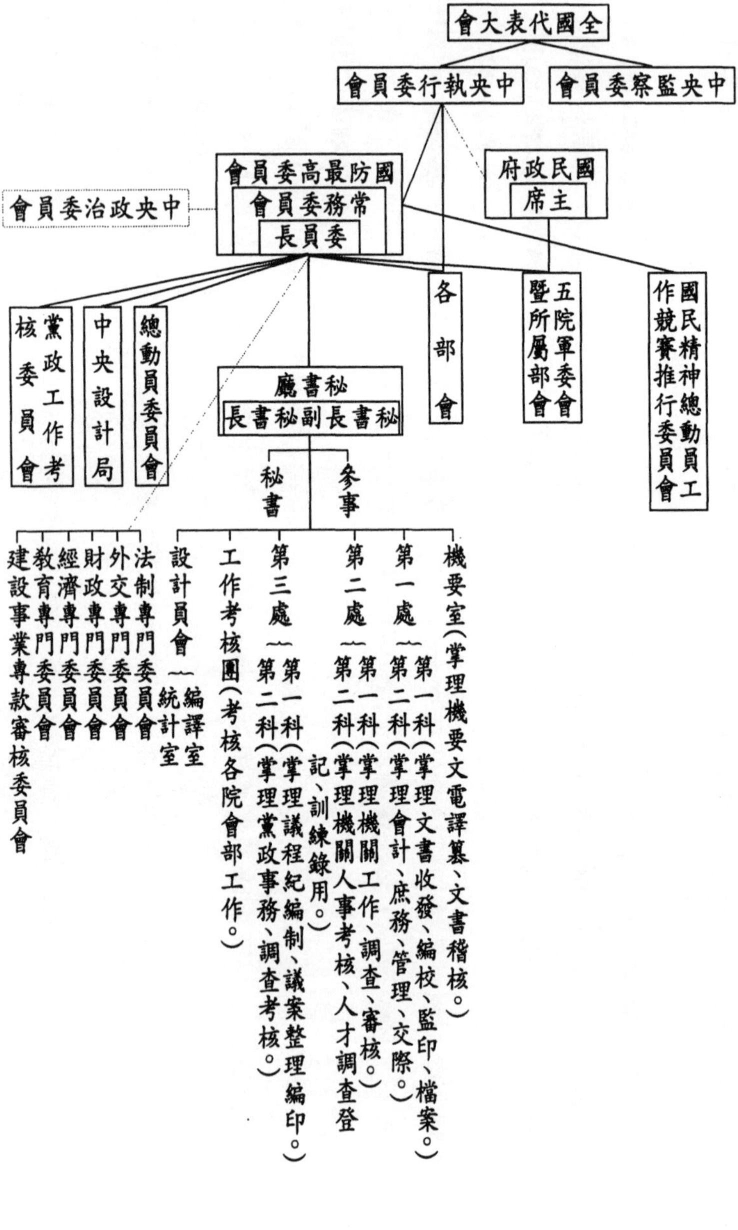

依平時程序，以命序為便宜之措施。（第二、八條）

㈢國防最高委員會職權歸納有：創制權、決定國防軍事大政方針、政策實施督導權、預算權、動員權、命令權、任命權、國民參政會決議核定權、組織權。（註④）

可見，國防最高委員會不僅是抗戰建國的最高指導機構，也是一切國家安全政策的決策機關。抗戰結束，國防最高委員會隨著撤銷，在三十六年三月二十四日正式結束。

軍事委員會

最早在民國十四年七月，國民政府公布「軍事委員會組織法」，第一條規定：「軍事委員會受中國國民黨之指導及監督管理，統轄國民政府所轄境內海陸軍、航空隊及一切關於軍事各機關。」十七年重訂組織大綱，定位為「國民政府最高軍事機關，掌管全國陸海空三軍。」從此軍委會便隸屬行使治權的國民政府。

民國二十六年抗戰軍興，為使軍委會委員長行使三軍最高統帥權，並統一指揮黨政軍各界。軍委會擴大組織而有下列各部：第一部作戰、第二部政略、第三部國防工業、第四部國防經濟、第五部國際宣傳、第六部民衆組織、後方勤務部、衛生勤務部、國家總動員設計委員會等。軍委會組織及職權，在抗戰期間多次調整，到二十九年大致定型，其組織及定位如「附表4－4」，它始終是軍事最高指揮機關。

附表4－4：軍事委員會的組織及定位

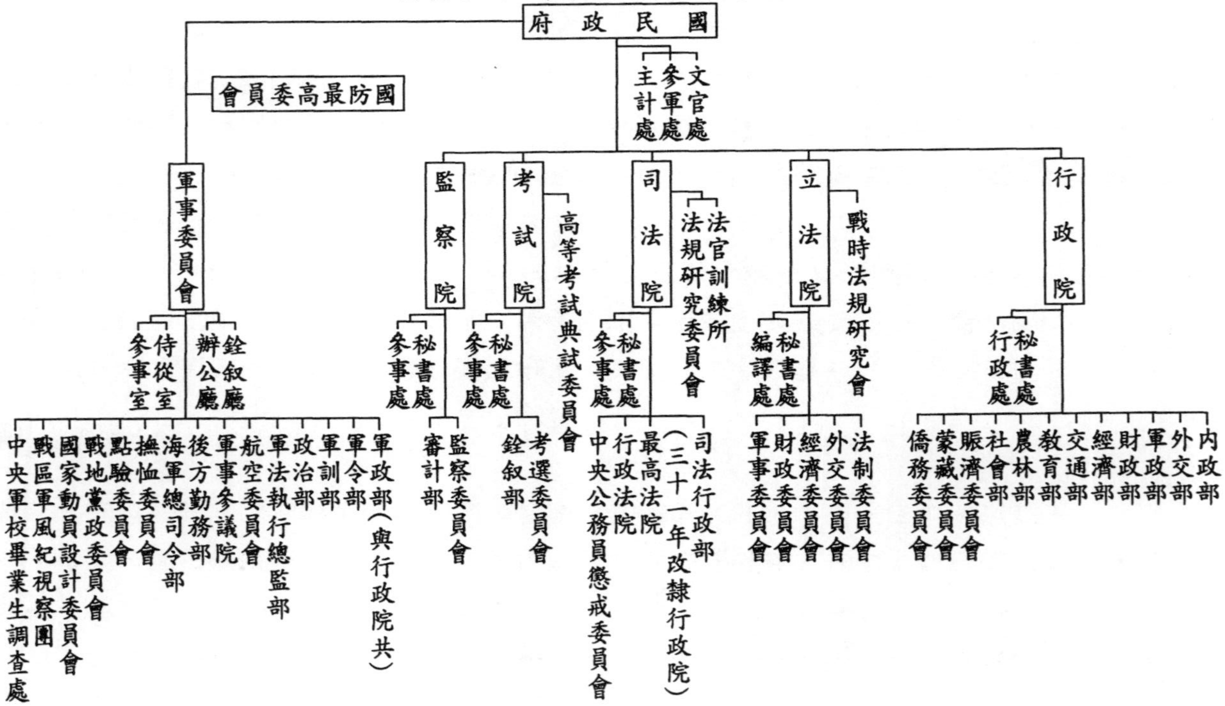

抗戰勝利後，三十五年五月三十日，國防最高委員會決議：裁撤軍事委員會，及一切軍事機構，在行政院下設立國防部。（註⑤）

情報機構初建─力行社（附表4─5）（註⑥）

三民主義力行社（以下簡稱：力行社）在中國現代史上有不可磨滅的地位，它是第一個為確保國家安全，抵抗外禍，而成立具有情治功能的組織。但它並非政府機構，至多可稱為半官方組織，以下按源起、性質、組織與改組等概述。

一、源起

民國二十年日本發動「九一八」事變，全國反日情緒高張，但這段時間國民黨內部產生若干問題，如汪精衛組「中國國民黨改組同志會」，胡漢民組「新中國國民黨」，加上共產黨為患日烈，　蔣公於民國二十年十二月二十三日下野返鄉。當時的輿論界有「黨亡國亦亡」、「救國先救黨」的呼喚。這些都是力行社成立的背景。

民國二十一年三月一日，力行社正式成立，社章共有五章，第一章總則有三條：

㈠「本社設社長一人，由　蔣中正先生擔任」，以後因恐洩密而刪除，社務仍由　蔣公領導。

㈡宗旨為「力行三民主義，建設三民主義的理想國家」。

附表4－5：三民主義力行社組織系統

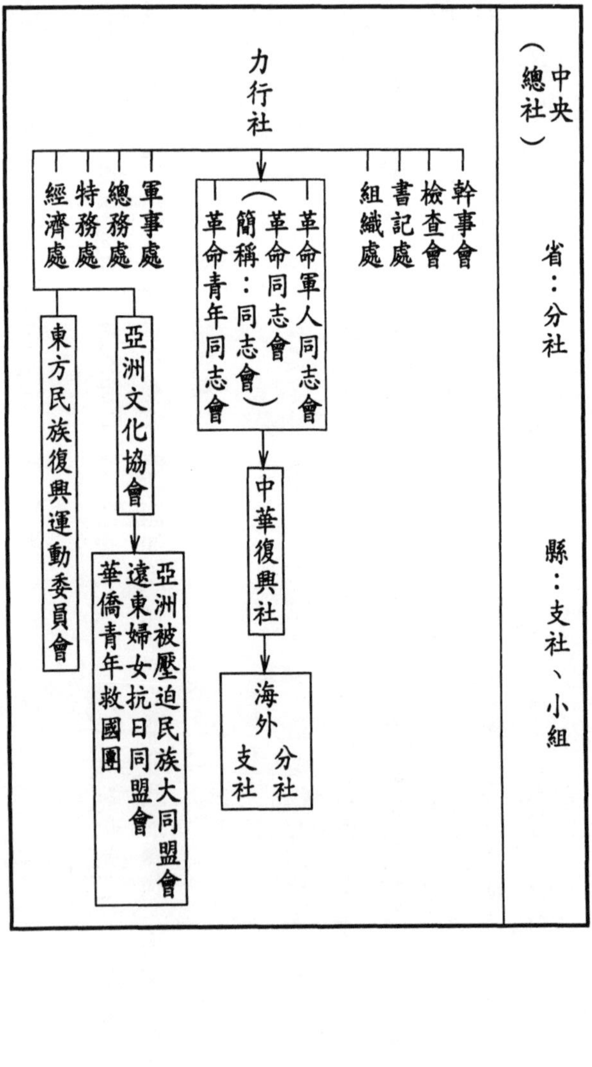

㈢討論與選舉時用民主原則，決策之執行時採集權原則。

第二章是構成份子，第三章組織，第四章紀律，第五章經費，第六章附則。（註⑦）

二、組織系統（附表4—5）

力行社的組織另有「組織規程」，但其內部各處、會與各次級組織，並非同時完成，而是逐年依需要成立，大體如「附表4—5」。

中央設總社，省設分社，縣（區）設支社或小組，各級都設有幹事會及檢查會。

力行社是最高決策組織，次級組織是兩個「同志會」，復興社是基層群衆組織。海外組織發展另有「亞洲文化協會」和「東方民族復興運動委員會」領導推動。

三、性質

探討力行社的功能與本質應屬多元，但它的性質是情報性的，以下幾點可充份證明：

㈠人事、組織與活動都是秘密的。日本人對「三民主義力行社」之名始終不清楚，可見一斑。

㈡力行社除成立特務處，亦成立特務工作委員會。初由桂永清主持，不久改由戴笠接任。

㈢爲訓練情報人才，力行社亦成立「情報人員訓練班」，採用英、美、德、日之有關教材。

力行社到民國二十七年初夏，改組爲「三民主義青年團」，由秘密轉爲公開組織。在力行社從成立、發展到改組，其間約有六年時間，雖曾被誤解成法西斯的「藍衣社」。（註⑧）但它是我國現代第一個半官方、非正式的情報機構則爲事實。

「軍統局」——體制內情報組織

如果力行社是第一個體制外的情報組織，則「軍統局」是第一個體制內的情報組織，全稱「軍事委員會調查統計局」，以下概述其成立、組織、任務及改組：

一、成立

早在民國二十一年四月，在軍事委員會下成立「情報處」，九月改稱「調查統計局第二處」。二十六年抗戰軍興，爲擴大情報蒐集之需要，於八月一日改組成立「軍事委員會調查統計局」（簡稱：軍統局）。直到抗戰結束，軍統局的建立、發展、組訓及制度的形成，可謂戴笠（字雨農）一手籌創。有「中國情報領袖，我國現代化軍事情報系統創始者」之稱，史家譽爲「一生爲國，不治私產，上報領袖以忠，下服部屬以德。」（註⑨）

二、組織（附表4—6）（註⑩）

軍統局的組織變化甚大，常因特殊環境及時空因素，成立特種組織。但大體上除局本部內部單位外，下轄區、站、組三個層級的組織系統，如「附表4—6」。例外變通或臨時性

附表4－6：軍事委員會調查統計局組織系統

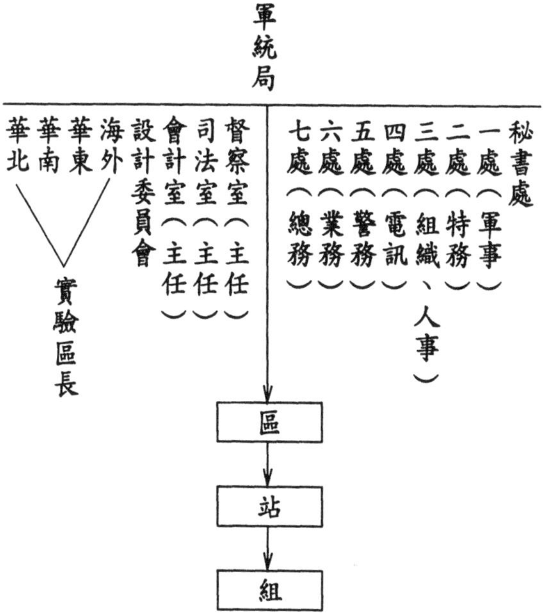

組織甚多，概舉如下：

㈠在淪陷區初期保持區站制，後遭敵僞破壞，乃做小型佈置，或一人一台的單線佈置。

㈡民國二十七年底，發生汪精衛從重慶逃到河內事件。戴笠檢討情報工作，乃在重慶衛戍總司令部內設稽查處，下轄一個航空檢查所。

㈢爲配合中美兩國同盟作戰及交換情報之需要，成立「中美合作所」（SACO），共同推動情報工作及任務。（註⑪）

㈣其他臨時爲特定任務需要成立的情報機構甚多，如「上海聯絡組」、「台灣工作團」、「邊疆調查處」等。

三、任務

軍統局存在期間，即經歷抗日、剿共、戡亂，及對國際共黨與帝國主義之鬥爭，綜合其各項情報工作，大體上可歸納出十大任務：

㈠執行特定任務，如南昌行營調查工作。

㈡掌握後方敵諜情報，消弭後方變亂。

㈢對中共與日本的第一線情報及反情報工作。

㈣全國人事調查登記，尋找人才。

㈤調查特定案件，如南昌航空署火燒飛機案。

㈥提供軍事作戰前的正確情報判斷。

㈦監督禁煙、毒品、軍火走私或非法交易。

㈧佈建國際情報網。

㈨肅清內部敵諜、漢奸、通敵份子。

㈩維護統帥及高級官員安全。

軍統局的任務相當廣泛，全國性保密防諜工作由軍統局總其成，各省則由軍統局在各省的負責機構行之。

訓政時期的情治系統除力行社和軍統局外，在國民黨的體系內還有一個「中國國民黨中央調查統計局」（簡稱：中統）。特別在抗戰以後，「中統」與「軍統」是大陸時代的兩大情治系統。

民國三十五年三月十七日，戴笠因座機失事殉職，八月軍統局改組爲國防部保密局，不久，大局逆轉。戴笠殉職使情報工作遭受重大挫折，國民政府明令褒揚曰：「北伐之後，戮力戎行，厥功甚偉，抗戰軍興，調綜軍事情報，精勤益勵…追贈陸軍中將。」（註⑫）

政府退守台灣，在台灣地區的情治系統，調查局是由「中統」系統發展而來，「軍統」則發展成後來的警總和情報局，這是現代我國的國家安全組織之傳承與延續。

註　譯

①秦孝儀主編，中華民國政治發展史，第二冊（台北：近代中國出版社，民國74年12月25日），頁八九二。

②同註①，頁八九三。

③同註①，第三冊，頁一一四八—一一四九。

④同註①，頁一一五三—一一五七。

⑤附表4—4國民政府、行政院下仍有直屬會、院、所，詳見註①，第三冊，第陸章。

⑥附表4—5參考下兩書編成：鄧元忠，三民主義力行社史（台北：實踐出版社，民國73年8月）；干國勳等者，藍衣社復興社力行社（台北：傳記文學出版社，民國73年11月30日）。本文有關力行社資料多參考此二書。

⑦鄧元忠，三民主義力行社史，頁一三〇—一三二。

⑧同註⑦，頁一三一—二八。

⑨古僧，戴笠將軍與抗日戰爭（台北：博學出版社，民國69年6月20日），頁二、三三

一。

⑩ 附表4—6參考下列資料編成：王安之，「軍統局策反周佛海的經過」，傳記文學，第六十三卷，第二期（民國82年8月），頁七三—七六；及第六十四卷，第二期（民國83年2月），頁六五—七二；註⑨書。

⑪ 中美合作所成立於民國31年7月，戴笠兼任所長，副所長爲前美國海軍中將梅樂斯（Vice Admiral Miton E. Miles, USN）。該所除內勤單位外，其外勤單位設有站、組、班、台等各種單位，內外勤成員有六三五九人。重要任務爲準備策應美軍登陸我東南沿海，反攻日敵，蒐集軍事情報及氣象情報，心戰及敵後破壞。後來梅樂斯有著作「另一種戰爭」（A Different kind of War），就是記述當年這段中美之情報合作事宜。見註⑨書各節。

⑫ 同註⑨書，頁三二五。

第三節　行憲與動員戡亂時期

共產主義早在一九一二年，列寧開始構想把它移植到中國。（註①）「五四運動」時，共產主義的高級知識份子，如李大釗、毛澤東、陳獨秀等人都參與此次運動，並且是重要的主導力量。（註②）民國十年中國共產黨（CCP）誕生，經大約三十年之叛亂鬥爭，終於赤化中國。

因爲中共全面叛亂及政府退守台灣，乃有行憲與動員戡亂之實施。同時爲確保台海地區安全，恢復國家統一，也才有四十多年的「行憲與動員戡亂體制」，此期間雖爲「非常時期」，也是國家安全制度很特別的時期。但就政治發展（Political Development）觀點，無疑的是我國建立現代國家安全制度重要的里程碑與實驗期。

體制的形成

民國三十六年七月四日，國民政府下達「勵行全國總動員令」，「以戡平共匪叛亂，掃除民主障礙，如期實施憲政，貫徹和平建國方針案。」十九日國民政府公布施行「動員戡亂完成憲政實施綱要」，十二月二十五日訓政結束，同日憲法開始施行。爲戡平中共叛亂與行憲之需要，依本憲法第三十九條「總統宣布戒嚴權」及四十三條「總統發布緊急命令權」，並按一七四條第一款程序，公布「動員戡亂時期臨時條款」（以下簡稱：臨時條款）。這是以後行憲與動員戡亂的「基本法」。

可見我國憲法，兼採「戒嚴」及「緊急命令」制。前者依三十九條規定：「總統依法宣布戒嚴，但須經立法院之通過或追認。立法院認為必要時，得決議移請總統解嚴。」立法院乃重修民國二十三年的「戒嚴法」，於三十七年五月十九日公布新「戒嚴法」十三條。（註③）

後者緊急命令，依憲法四十三條規定：「國家遇有天然災害……發布緊急命令，為必要之處置，但須於發布命令後一個月內，提交立法院追認。如立法院不同意時，該緊急命令立即失效。」一般學者認為這種國家元首之緊急命令權，有如個人之正當防衛權，乃「國家之自衛權」（Staatmotrecht）。這與「戒嚴」原意「被圍狀態」（État de Siege），在意義上頗多重疊之處。同屬民主政治體制內的「憲政獨裁」（Constitutional Dictatorship），亦即形成戰時憲政體制（War－time Constitutional Government）。例如英國的「內閣制獨裁」，美國的「總統制獨裁」。由此可見，憲政獨裁與「極權體制」（Totalitarian Regimes）的獨裁，是截然不同的。

臨時條款第一條規定：

總統在動員戡亂時期，爲避免國家或人民遭遇緊急危難，或應付財政經濟上重大變故，得經行政院會議之決議，爲緊急處分，不受憲法第三十九條或第四十三條所規定程序之限制。（註④）

針對行憲及戡亂，總統於三十七年十二月十日依臨時條款規定，宣布全國戒嚴（新疆、西康、青海、台灣四省及西藏除外）。但台灣到三十八年五月十九日，乃由台灣省警備司令部發布戒嚴令。戒嚴的主要效果有二：一爲戒嚴區域內機關權限之變更，二爲人民自由權利之限制。這個戒嚴令到七十六年七月十五日零時起，台灣地區奉總統之令解除戒嚴，同日起實施「國家安全法」。（註⑤）而動員戡亂，則到八十年五月一日零時起終止。

調整與建立

在行憲與動員戡亂期間，國家安全決策機構的調整，最重要的是由民國四十三年的國防會議開始，到民國五十六年二月一日建立而成的國家安全會議。

依「動員戡亂時期會議組織綱要」第一條規定，總統依照動員戡亂時期臨時條款第四項之規定，設動員戡亂時期國家安全會議。（簡稱：國家安全會議）其任務有：（註⑥）

附表4－7：我國國家安全會議組成人員

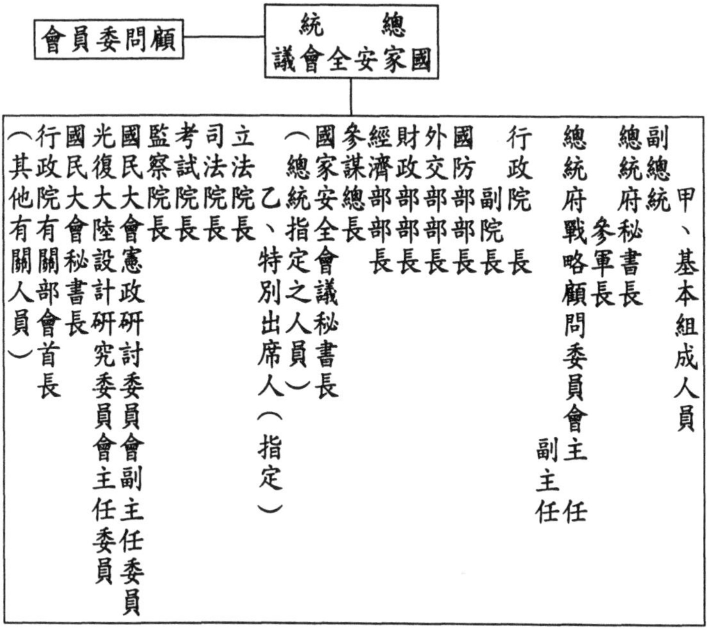

㈠關於動員戡亂大政方針、國防重大政策決定事項。

㈡國家建設及科學發展之研究指導事項。

㈢總體作戰之策定及指導事項。

㈣國家總動員決策事項、戰地政務事項之處理。

㈤協調與督導政府各部門，有效推行動員戡亂政策。

可見此期間有關國防、外交、經濟、財政、教育、科學、文化等有關國家安全的大政方針，都是國家安全會議職責。本會議以總統爲主席，經常出席會議成員如「附表4－7」。

按國家安全會議組織綱要第七條規定，本會議下設各委員會及國家安

附表4－8：國家安全會議組織

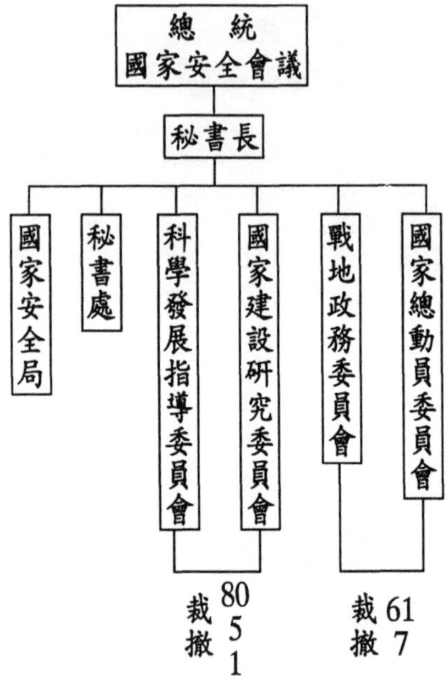

全局，即「四會一局」。並設正副秘書長與秘書處。各會、局職概述如後。

一、國家總動員委員會職掌

(1)研究設計關於國家總動員之體制、計畫體系及作爲要領。

(2)關於國家總動員全盤性方案之研訂，各主管機關所擬個別計畫之審議綜合事項。

(3)關於國家總動員基本法令之研擬修訂，及一般法規之審議事項。

(4)國家總動員業務之推動、協調、督導及考核事項。其他有關國家總動員事項。

二、國家建設研究委員會職掌

(1)擬議有關動員戡亂、國防之大

政方針，策劃與總體作戰及戰爭指導有關之事項。

(2)擬訂關於國家建設計畫綱要，協調各部會依照綱要研提計畫；並審議其計畫，督導考核其成果。

(3)擬訂或審議有關法案要點，使國家重大政策或建設計畫，得以貫徹推行。

三、科學發展指導委員會職掌

(1)有關全國科學發展政策之擬訂。

(2)關於科學發展工作之協調與督導。

四、戰地政務委員會職掌

依「戰地政務委員會組織規程」第二條規定，「戰地政務委員會，承國家安全會議主席之命，及國家安全會議之決議，處理戰地政務事宜。」（註⑦）

五、國家安全局職掌

依「國安局組織規程」規定，國安局對國防部軍事情報局、法務部調查局、國防部電訊發展室等單位，所主管與國家安全工作有關業務，有督導考核之責。對國內各警備、治安、情報機構等有關國家安全工作，負指導、協調、聯繫之責。（註⑧）

以上各會、局，隨著政治發展及環境變遷，總動員委員會與戰地政務委員會於六十一年裁撤，國家建設研究委員會與科學發展指導委員會亦於八十年五月裁撤。但在行憲及動員戡

附表4－9：我國情治機構指揮關係

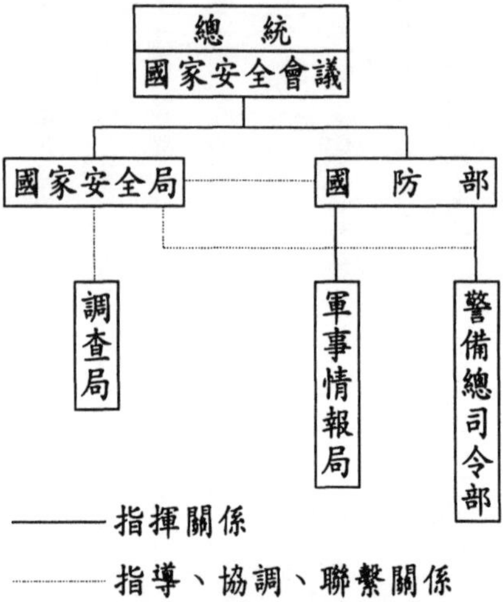

亂時期，國家安全會議在體制上，仍爲國家安全事務的最高決策機構。（註⑨）

情治機構的建立

在行憲及動員戡亂時期，我國具有情治功能的機構如調查局、情報局、警備總司令部、憲兵司令部、總政治作戰部等。但典型的情治機構爲調查局和情報局，警備總司令部則是戒嚴與動員戡亂之產物，在國家安全會議體系下的指揮關係如「附表4—9」。

一、調查局

民國四十五年，內政部調查局改隸司法行政部調查局，七十年再改爲法務部調查局。在各縣市均設有調查站，在北、中、南、東四個地區設有機動工作組，其他還有航業海員調查處、海調處高雄站等單位。並設有「民衆檢舉匪諜暨重大不法專案」。

根據調查局組織條例第二條，調查局「掌理有關危害國家安全與違反國家利益之調查保防事項。前項調查保防事項，由行政院定之。」行政院據此將調查局工作，區分十一種法定職掌。（註⑩）

㈠內亂、外患、洩漏國家機密事項。

㈡妨害國家總動員、貪污瀆職、肅清煙毒事項。

㈢妨害國幣、違反電信管理事項。

㈣妨害戰時交通電業設備及器材防護事項。

㈤查緝漏稅、上級機關特交調查保防事項。

從調查局職掌看，雖部份與警察、憲兵、警備單位重疊，但情治機關屬性是比較大的，特別是內亂、外患事項，大多由調查局辦理。

二、警備總司令部

根據國防部組織法第五條及國防部參謀本部組織法第四條規定，於民國四十七年五月十六日成立警備總司令部。（註⑪）各地區成立警備總司令部。其職掌按「台灣警備總司令部組織規程」第二條，爲主管台灣地區警備、治安、民防、戒嚴、衛戍、及協助緝私檢查事務，以維護社會安寧，保衛國家安全。條舉要者有：（註⑫）

㈠肅奸防諜與情報。

㈡警備、衛戍、戒嚴及民防協調管制業務。

㈢民航機場、商漁港安全管制及保防工作。

㈣電信防諜偵測、保密監聽、情報蒐集。

㈤保防佈建、對匪情報、心戰謀略工作。

隨著解除戒嚴，終止動員戡亂，「警總」也在八十一年裁撤改組「海岸巡防司令部」，負責海防安全，更成爲國家安全的「前線」。

三、軍事情報局

國防部軍事情報局，由保密局演變而來。可指導、協調各軍種情報署及憲兵司令部情報處，在與我國有邦交國的領事館中設有工作站，負責情報蒐集。

在民國六十年以前，對大陸的敵後情報工作是情報局的主要任務。五十一年時，情報局利用中蘇分裂機會，開始與美國中央情報局合作，派遣大批情報人員進入大陸，國內曾設有「海威」、「長風」、「長城」、「昌明」等情報人員訓練班。民國五十年代後期，國防部內增設「特情室」，專負責台灣直接派到大陸的情報人員，委港及其他海外地區派出者仍有情報局負責。

六十年代後，大陸和海外情報工作日益困難，乃以軍事和作戰情報爲主要工作。職掌概爲情報政策與計畫作爲、情報教育訓練、情報蒐集、整理、研判、運用，測量與製圖，駐外武官派遣建議、軍事謀略。

總的來說，在行憲與動員戡亂時期的四十多年中，政治制度的特徵是政府權力之集中、擴張與不受限制。（註⑬）手段是透過戒嚴及動員戡亂體制，冠上「動員戡亂時期」的法令有一四九種。（註⑭）最高宗旨是經由這些安全制度的運作，確保國家安全及人民的生命、財產與福祉。

註釋

① 一九一二年列寧在「涅瓦明星報」發表「中國的民主主義及民粹主義」一文，即構想把共產主義移植到中國。一九一四年又發表「論民族自決權」，更迎合中國人民心理，散播共產主義。中共中央馬克斯、恩格斯、列寧、斯大林著作編譯局，列寧選集，第二版，第六次印刷（北京：人民出版社，一九七六年四月），第二卷，頁四二八。

② Chow Tse－tsung, The May Fourth Movement（Cambridge. Massachusetts：Harvard University press, 1964）pp.355－356.

③ 民國二十三年與三十七年戒嚴法之不同。見刁榮華主編，憲法戒嚴與國家動員論（台北：漢林出版社，民國73年1月），頁九七—一〇二。

④ 「動員戡亂時期臨時條款」，民國三十七年五月十日國民政府公布，四十三年三月十一日第一屆國民大會第二次會議第七次大會議決繼續有效。於四十九年、五十五年、六十一年均曾修訂。

⑤ 詳見七十六年七月十五日台灣地區各大報。

⑥關於國家安全會議之任務、組織等，均參考秦孝儀主編，中華民國政治發展史，第三冊（台北：近代中國出版社，民國74年12月25日），第捌章。

⑦同註⑥書，頁一五五八。

⑧「國安局組織規程」於民國56年11月7日，依（56）濟士字三一九八號令頒布，全文三十條。陳水扁、柯承亨著，國防黑盒子與白皮書（台北：福爾摩沙基金會，民國82年1月再版），第二篇，第三章。

⑨民國四十三年，總統依臨時條款之授權設置國防會議，任務有：㈠審議國防政策；㈡協調政略及戰略；㈢審議戰地政務及總動員事項；加強動員戡亂政策執行及與各部門相配合。此時並成立籌備小組，參酌各國國家安全會議制度，及原有的國防會議組織規程，而誕生了民國五十六年的國家安全會議。所以，國防會議是國家安全會議的前身。

⑩同註⑥書，頁一五一四。

⑪國防部組織法於民國59年11月13日總統令公布，67年7月17日再修正公布。國防部參謀本部組織法於67年7月17日總統令公布。但早在民國四十七年警備總司令部成立時，尚無法源可依，而是由當時的台灣防衛司令部、台灣省保安司令部、台北衛戍司令部與台灣省民防司令部等機構減併而來。同註⑥，頁一五五九—一五六一。

⑫同註⑧書，頁四九四—四九八。

⑬ 同註⑥書，頁一五五六。

⑭ 李登輝，經營大台灣（台北：遠流出版公司，民國84年1月15日），頁五三。

第四節　國家安全制度之現況與發展

從民國七十六年七月台灣地區奉總統令解除戒嚴，人民開始正式享有憲法第十四條結社自由權利，各種意識型態之黨派如雨後春筍般出現。黨禁、報禁解除，蔣經國總統於七十七年元月十三日逝世，「強人魅力型領袖」（Charismatic Leader）似成過去，而各種政治活動的遊戲規則正在開始建立，接著八十年五月動員戡亂終止，這段時間顯然是我國邁向現代化國家的重要轉型期，政治制度與法治規範在變革，國家安全制度的調整是其中的焦點，爭論最多，各黨派著力也最多。（註①）但絕大多數的意見，是期盼我國的國家安全制度能合乎現代民主理念，使我國從一個「開發中」國家，轉型成爲「已開發」國家。

國家安全法制的建立

在有關國家安全法制的建立方面，大體上可分有關兩岸關係的政策性建制和國內正式立法的建制。

一、有關兩岸關係的政策性建制

首先是民國八十年三月，行政院會議通過的「國家統一綱領」，強調近程交流階段，以互惠化解敵意。在交流中不危及對方的安全與安定。八十一年九月施行「台灣地區與大陸地區人民關係條例」，有如下規定：

> 國家統一前，爲確保台灣地區安全與民眾福祉，規範台灣地區與大陸地區人民之往來，並處理衍生之法律事件，特制定本條例。（第一條）
>
> 台灣地區人民經許可進入大陸地區者，不得從事妨害國家安全或利益之活動。（第九條）
>
> 進入台灣地區之大陸地區人民，有事實足以認爲有危害國家安全或社會安定之虞者，治安機關得不待司法程序之開始或終結，逕行強制其出境。（第十八條）（註②）

目前有關兩岸關係的政策性建制，其規劃、推行、落實、處理，都分由國統會、陸委會及海基會執行之。其最高指導原則，從近程交流，中程直接三通，到遠程共商統一大業，都不離「國家安全」。

二、正式立法的國家安全建制

立法院於七十六年六月二十三日，終於完成「動員戡亂時期國家安全法」，本法第二條

「人民集會、結社，不得主張共產主義，或主張分裂國土。」其後，「動員戡亂時期集會遊行法」和「動員戡亂時期人民團體法」等國家安全法之子法均逐一制定公布。此不僅規範解嚴後之政治活動，也是確保社會安定與國家安全。

八十一年七月二十九日，總統下令修正「動員戡亂時期國家安全法」，公布名稱「國家安全法」（簡稱：國安法），全文共十條。第一條「爲確保國家安全，維護社會安定，特制定本法。」規定人民入出境，應向內政部警政署入出境管理局申請許可，特別是海防、山防及軍事設施安全有如下規定：

爲確保海防及軍事設施安全，並維護山地治安，得由國防部會同內政部指定海岸、山地或重要軍事設施地區，劃爲管制區，並公告之。（註③）

國安法不僅帶動其他相關法令規章之修訂或重制，以完成國家安全法制之建立，使人民集會、結社能有適法可依，「不得主張共產主義，或主張分裂國土」能真正得到法律規範，以確保國家安全。

調整現存建制

依照憲法增修條文規定，國家安全會議及所屬國家安全局之組織以法律訂定，在未完成立法程序前，總統於民國八十年四月二十九日令頒將「動員戡亂時期國家安全會議組織綱要」名稱修正，更名爲「國家安全會議組織綱要」，並將其中原列任務及組織予以修正，同時將國家建設研究委員會及科學發展指導委員會明令於八十年六月三十日撤銷，其組織規程，亦同日廢止。

按新修訂之「國家安全會議組織綱要」，總統爲決定國家安全有關大政方針，設國家安全會議，以總統爲會議主席，主持會議。總統因事不克出席時，由副總統代理之，國家安全會議由下列人員組成，經常出席會議：

(1)副總統、總統府秘書長、參軍長。

(2)行政院院長、副院長、國防部部長、外交部部長、財政部部長、經濟部部長、參謀總長。

(3)國家安全會議秘書長。

(4)總統指定之人員。

依本綱要規定，總統於必要時，得召開國家安全會議特別會議，除前項人員外，並得指

附表4－10：國家安全局組織關係與職掌表

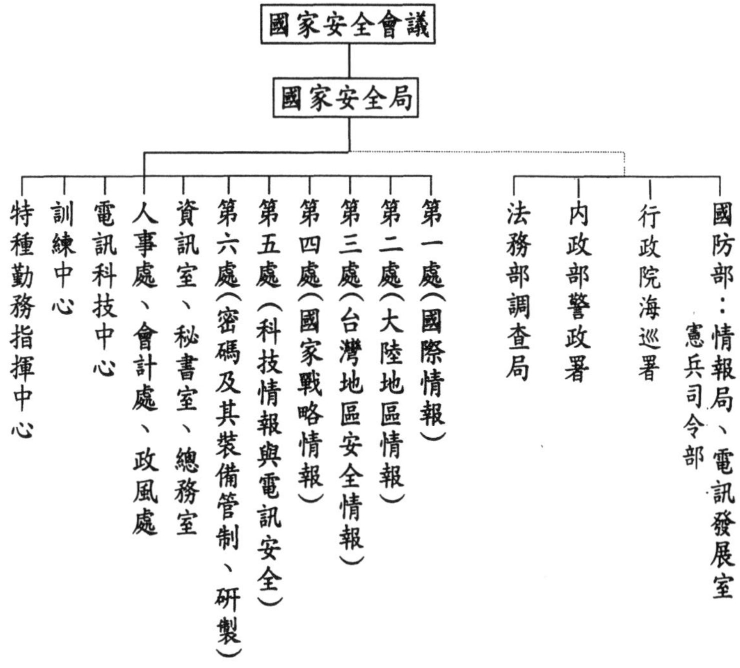

定立法、司法、考試、監察各院院長、國民大會秘書長、行政院有關部會首長、及其他有關人員出席會議。（註④）

國家安全會議設國家安全局（簡稱：國安局），國安局組織法於八十二年十二月三十日公布施行。國安局除本身組織與職掌外，對全國各情治機關所主管之有關國家安全情報事項，仍負統合指導、協調、支援之責。其關係如「附表4－10」。

國家安全局爲統合協調國家安全情報工作，得召開國家安全情報協調會報，由國家安

全局局長擔任主席，各有關情報治安機關首長出席，必要時得邀請其他有關機構人員列席。（組織法第十七條）

國安局爲統籌全國密碼管制政策及研發等有關事項，並指導、協調、聯繫與密碼保密有關業務之施行，得召開中央密碼管制協調會報，由國安局局長擔任主席，各有關機關業務主管出席，必要時得邀請其他有關機關人員列席，（組織法第十八條）爲國家最高情報機關。（註⑤）

就前述所論，可見國家安全會議是國家安全政策的最高決策機關，也是總統決定國家安全有關大政方針的機關。惟就組織架構看，實欠缺國家安全的研究單位。而國安局是統合國家安全情報工作的最高機關，情報工作有其高度之秘密性與特殊性，因此，國安局的業務、人員與預算也有若干特別保護。如秘密工作人員遭受危難時之保障，國安局預算的機密處理，情報工作所需之掩護，均依法行之。此亦彰顯在現代民主法治之理念規範下，透過這一套制度，確保國家、人民與財產更安全。

情治機構之定位

解除戒嚴及終止動員戡亂時期後，情治機構的角色扮演亦爲各界所關注，期盼各個統治機器都能獲取適當之定位，以發揮它應有的功能。不僅維護國家安全，也要獲得國民的支持和共識。

各種情治機構當中，爭議較多的是海岸巡防部（簡稱：海巡部），其次是調查局。至於情報局，是在國防部體系之內，爲「純粹、專業」的情報單位，負責軍事情報工作，角色與定位已無疑義。

調查局從負責的業務來看，有三分之一屬治安工作，專查販毒、私槍、走私、貪瀆等重大案件，這一部分與法務部關係密切。另三分之二爲情報蒐集工作，依法接受國安局的指導、協調及支援。（註⑥）所以調查局是典型的情治單位。從八十四年二月廖正豪接任調查局局長後，文人控制（Civilian－control）和技術官僚的形象已然形成，可以使該局成爲一個完全由文人領導的機構。進而塑造一個現代民主國家情治機構所需要的專業化，接受民主機制的監督，促進國家整體民主文化的成熟。

海巡部現階段任務，爲確保台澎地區海防安全，按國防白皮書所示「依法協調、統合軍、憲、警、海關等單位，執行反走私、反偷渡任務，及完成地面作戰整備，依命令遂行地面作戰。」（註⑦）顯見海巡部具有雙重角色與功能，平時執行治安任務，維護國土延伸海域之安全與秩序；戰時遂行地面作戰，成爲國防武力之一支。海巡部下轄有八個地區海岸巡防司令部、十六個大隊、九個憲兵大隊，以八十五個中隊配置第一線，十五個中隊任第二線機動查緝。總兵力約兩萬人。

海巡部所須繼續精進者，爲海巡工作的法制化，完成「海岸巡防法」的立法。目前我國海岸巡防任務，是由農委會、國防部（海軍總部、海巡部、憲兵司令部）、財政部（海關）、內政部（警政署保七總隊）、法務部（調查局）等單位分別執行，事權不一，無專責機構，巡防武力性質未清，機構之定位與隸屬未明。這是我國研擬「海岸巡防法」所要解決的問題。（註⑧）

情治機關雖有濃厚的情報色彩，但對地方治安仍擔負重大責任。八十五年八月十三日，李登輝總統在國民大會會議中指示，要在「六個月內改善全國治安」，情治法機關立即展開聯合掃黑行動，其組織及職掌如「附表4—11」。（註⑨）畢竟，內部治安是社會安定的基礎，國家安全制度的根本。（內部安全是國家安全三大範圍之一，詳見第一章）。

國防與民防

現代化的國防觀念，早已包含軍防及民防，如何强化民間防衛體系、加强民間防護、救災能力，以支持整體國防，增强總體國力，是現代國防與民防體系建構的重點。在國防方面，配合「十年兵力整建」及國防組織層級裁減，加速國防現代化。唯獨民防現代化腳步遲遲尚未邁開。

我國民防業務的最高指導機關爲內政部警政署民防組，其組織看似嚴密而完整，如「附

附表 4－11：情治法機關聯合掃黑組織職掌表

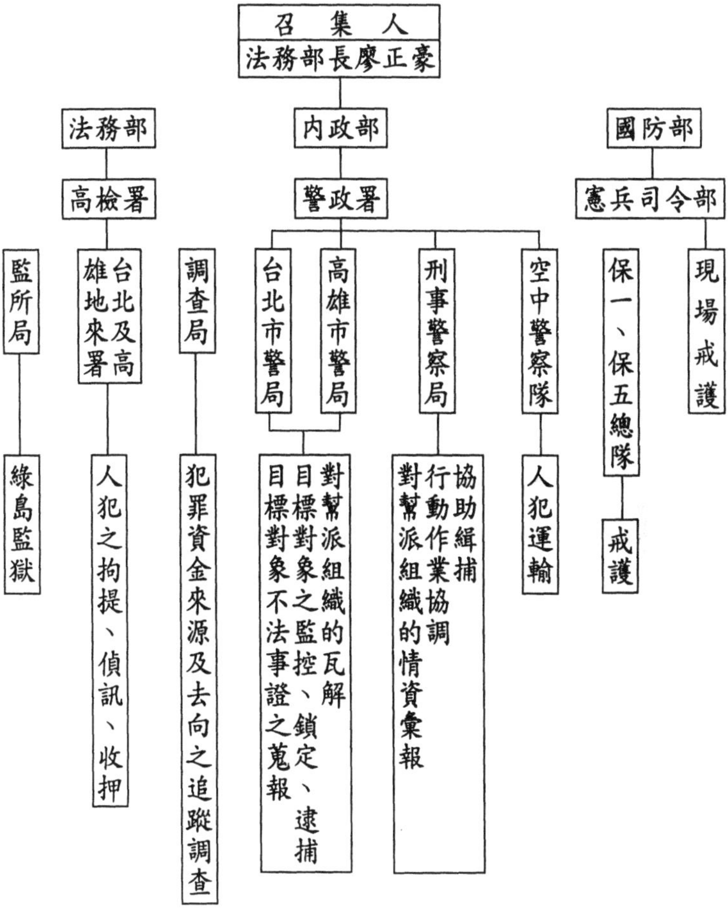

表4—12」（註⑩）實則未曾落實，檢討原因，不外權責不明，組織龐雜，它還是「動員戡亂時期」的理念及架構。

依據憲法增修條第八條，動員戡亂時期終止時，原適用之法律，其修訂未完成程序者，得繼續適用到八十一年七月三十一日止。現行民防業務及體系爲依六十八年修訂之民防辦法，已不合時代所用。（註⑪）制定一套可行而合乎現代國防理念的民防法，亦爲我國朝野努力的重要工作。

召開國家安全會議

民國八十三年底到八十四、八十五年間，中共因不滿我積極推動務實外交，連續對台海地區進行軍事威脅，台海地區一度十分緊張，國家安全面臨嚴重挑戰。大陸政策與外交政策的均衡點何在？考驗著國人的智慧。國家安全決策如何？也似在考驗國安會各成員。

八十四年七月五日，總統召開高層緊急會議，參與成員包括黨、政、軍、情、兩岸事務首長等，共商對策。如「附表4—13」（註⑫）這類似一個「國家安全會議特別會議」，會議結論是國安會以整體內政、外交的穩定爲考量，主張領導階層面對目前兩岸問題，仍應以「靜觀自得」爲要，以平常心看待，保持理性的態度回應，不要再給中共任何藉口。（註⑬）。

附表 4－12：我國現行民防組織系統表

（民國 62 年 3 月 1 日施行）

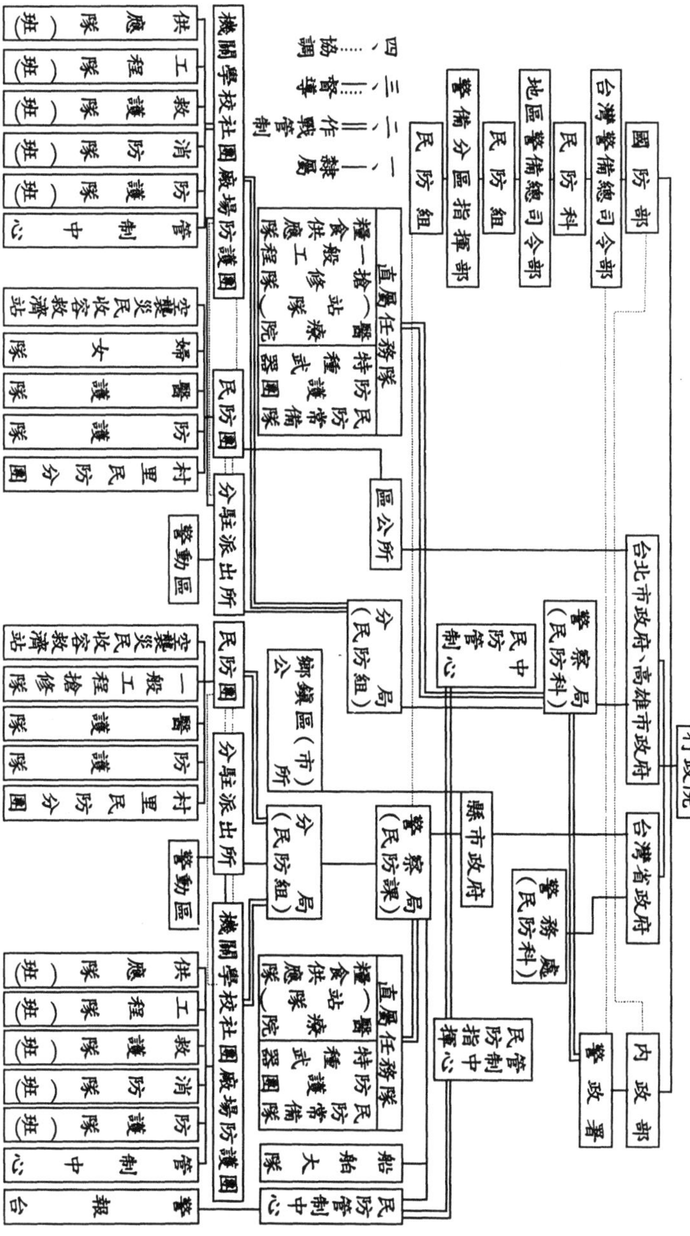

附表4－13：國家安全會議經常出席成員與84年7月中共威脅台海總統召開緊急會議成員

國安會經常出席成員	84年7月中共武力威脅台海總統緊急會議
總統	李登輝
副總統	
總統府秘書長	吳伯雄
參軍長	
行政院院長	連戰
副院長	
國防部長	蔣仲苓
外交部長	錢復
參謀總長	羅本立
國安會秘書長	丁懋時
財政部長	蕭萬長（陸委會主委）
經濟部長	殷宗文（國安局局長）
總統指定人員	許水德（國民黨秘書長）

結　論

從國家安全制度的變遷，也顯現國家發展的歷程。我國的國家安全制度從軍政、訓政、行憲及動員戡亂，到目前的現況，不僅「長夜漫漫」，也是「荆天棘地」的，付出了昂貴的代價。我們更須從歷史去領悟一個道理，建立國家安全制度的最高目標，是在確保國家、人民、財產的安全。

但我們也應了解另一個層面—國家安全的目的在抗拒來自內外的威脅，以求得國家的生存與發展，這種「生機」來自總體國力的發揮，這正是從政治、經濟、社會、文化、外交、國防到軍事的總體展現，所以國家安全的層面甚廣，意涵甚深。展望未來，國家正要邁向一個現代化社會，我們國家安全制度亦未臻健全，威脅國家安全因素亦內外皆有。建立更完善的國家安全制度，以確保國家安全。

註釋

① 民國七十六年制定國家安全法時，各界及立法院各黨派爭論很多。可見立法院圖書館，立法報章資料專輯，第八輯，公共安全（上輯），民國76年9月。

② 國家統一綱領，民國八十年二月二十三日國家統一委員會第三次會議通過，三月十四日行政院會議通過。台灣地區與大陸地區人民關係條例，八十一年七月三十一日總統令公布，九月十八日行政院令施行，八十二年二月三日總統令修正公布。本條例施行細則於八十一年九月十六日行政院令發布。以上三個文件，雖未經立法程序，立意仍合乎憲法宗旨，亦合於委任立法（Delegated Legislation）。故爲國家安全法制的重要文件。

③ 國家安全法，第五條，八十一年七月十三日令，八月一日施行。

④ 國家安全會議組織綱要，民國八十年四月二十九日總統令公布，自公布之日施行。

⑤ 國家安全局組織法，民國82年12月30日公布施行。

⑥ 同註⑤，第二條。

⑦ 中華民國八十五年國防報告書（台北：黎明文化出版公司，民國85年5月），頁一五

七。

⑧ 民國八十年八月一日，行政院政策決定將警備總部廢止改組成立海岸巡防司令部。八十二年四月一日海巡部正式完成編組，李登輝總統於七月十三日主持第二五二次軍事會談時，明確指示國防部研定「海岸巡防法」。八十四年三月九日「海岸巡防法」草案完成，送各部會研審。另外中山大學胡念祖教授於八十五年元月提出「海域巡防法」草案。各案併陳，惟到八十五年國防白皮書發行（85年5月出版），本法尚在研議之中。各案優缺及相關問題，見莫大華「海岸巡防與國家安全—兼論海岸巡防法（草案）」，政治作戰學校研究部政治研究所，國家安全學術研討會論文集（民國85年6月7日），第七篇。

⑨ 自由時報，85年8月31日。

⑩ 孫紹蔚，民防體制概論（台北：中央文物供應社，民國70年11月）。

⑪ 陳水扁、柯承亨，國防黑盒子與白皮書（台北：福爾摩沙基金會，民國81年12月），第五篇。

⑫ 聯合報，84年7月5日，第一版。

⑬ 同註⑫。

第五章　戰略關係與國家安全

在前面各章研究過國家安全之基本認識、政策、制度等，然而，另一個對國家安全，特別是國家存亡興衰有決定因素者，是「戰略」領域的問題，各個國家或組織，在不同的時代背景中爲達成其安全目標，須策訂不同的戰略，例如美國在冷戰時代爲阻止共產勢力擴張，採用圍堵戰略；北約組織爲確保歐洲安全，有所謂「最小限嚇阻戰略」（Minimum Deterrence Strategy）。可見戰略是對抗狀態下，指導對抗行動者獲取安全、勝利或不敗的一種構想。

因爲戰略與國家安全關係之密切，近代以降乃發展成一種「專業」，並在學術領域中有重要地位，研究戰略的組織紛紛設立。如英國有「帝國戰略研究所」，瑞典有「和平戰略研究所」，美國的「華盛頓戰略研究中心」和喬治亞大學的「戰略研究所」，我國如「中華戰略學會」和淡江大學的「國際事務與戰略研究所」。本章是從戰略關係的基礎上，研究國家安全與其安全戰略。

第一節 戰略概說

「戰略」一詞是近年逐漸流行的名詞，不僅朝野開始有人正視其真正涵義，民間學術界研究戰略者也愈來愈多，這是值得辛慰的事。在深入析論戰略與國家安全關係前，仍須從學術專業領域的角度，瞭解戰略溯源、我國現代戰略思想來源、戰略的定義與階層等相關問題。

我國近現代學者都認爲「戰略」一詞是外來語，這是對我國古史經典未察而造成很大的誤解。國內重要戰略著作「現代戰略思潮」一書說：

在我國文字中雖然有戰字，也有略字，但是把這兩個字連在一起構成一個名詞則古所未有，最初把「strategy」譯爲「戰略」的可能是日本人，而我國採取此一名詞應該是在滿清末造。（註①）

其實「戰略」一詞在我國不僅古已有之，而且出現的年代比西方更早，與「strategy」只算不謀而合。故此處探索戰略一詞溯源，應從我國古代經典說起：

一、我國古代經典有關「戰略」記載

在我國古籍所載「戰略」一詞，是晉朝司馬彪所著的戰略一卷，按廿五史—晉書所記，司馬彪是高陽王司馬睦之長子，除著有戰略一卷外，另有注莊子、九州春秋、續漢書、兵記八卷等。後拜散騎侍郎，於晉惠帝末年卒（光熙元年，西元三〇六年），年六十餘。（註②）

到唐朝魏徵編撰隋書，在經籍志第三卷（即隋書第三十四卷）所列兵書，有如下記載：

戰略二十六卷。金城公趙煚撰。金海三十卷，蕭吉撰。兵書二十五卷……（註③）

可見在隋朝就有趙煚著戰略二十六卷，按隋書記載，隋高祖楊堅感於趙煚開國有功，授璽紱進位大將軍，賜爵金城郡公，拜相州刺史。其人生於後魏孝武帝永熙元年（西元五三二年），卒於隋高祖開皇九年（西元五九九年）。依近人研究，趙煚完成戰略二十六卷，是在他二十歲之際（西魏十七年，西元五五一年）。（註④）

目前司馬彪的戰略一卷和趙煚的戰略二十六卷都已失傳，只留書名，但至少說明我國「戰略」一詞出現的年代，推翻外來之說，也証明我國兵學寶藏的豐富，尚待我們考証與發掘研究。

二、西方「戰略」一詞的起源

西元五七九年，東羅馬（拜占庭Byzantium）皇帝毛萊斯（Maurice）親撰一書，作爲高級將領教育讀本，定名「Strategicon」，譯成英語即「Strategy」。這是西方第一本以「戰略」爲名的書，Strategicon 就是將軍之學，也就是所謂「將道」（Generalship）。（註⑤）

比較「戰略」一詞的出現，東西方都有千餘年以上歷史，而中國則較早。千餘年來，中外都有過許多戰略思想寶典，如我國的五經七書；也有許多偉大的戰略家，如我國孔明，西方的馬基維利（Niccolo Machinvelle, 1469－1527）。但大體上，西方戰略是以武力爲中心而發展，並成爲一個專門的學術領域。我國的戰略是以總體戰爲發展中心。

我國現代戰略思想

就歷史研究言，西方是以一八一五年，即維也納會議（Congress of Vienna）之年爲近代（Mordern Age）起點，我國以清道光二十二年（一八四二年），即鴉片戰爭之年爲近代起點，而現代（Contemporary Age）是從一九四五年，人類進入核子時代（Nuclear Age）爲起點。

我國現代戰略思想的來源起自十八世紀，即拿破崙（Napoleon Bonaporte, 1769－1821）時代開始，但滿清末造翻譯西著尚未及戰略領域，民國以後對「戰略」一詞則止於運用，尚未達到研究層次。（註⑥）真正有系統的把近代西方戰略經典翻譯引進，並介紹重要的戰略家，使戰略研究在國內能逐漸發展成一個專業的學術領域，爲我國現代戰略研究先驅鈕先鍾先生。他以四十多年時間，把西方近現代戰略經典及有豐富實戰經驗的戰略家，以譯或著引進國內，如「附圖5—1」所示。

下圖區分兩類型的人。第一類是有豐富的戰爭經驗，建立過豐功偉業，他們的戰爭經驗可以被「理論化」，如腓特烈大帝（Frederick the Great）、拿破崙（Napolean Bonaparte）、毛奇（Moltke）、史里芬（Arfred Von Schieffen）四人。特別是菲特烈是「內線作戰」創始人，毛奇是「外線作戰」鼻祖。

第二類是研究別人的戰爭經驗，經理論化後，建立了戰爭原則及戰略理論，並成爲傳世之經典。如克勞塞維茨（Carl Von Clausewitz）的「戰爭論」，李德哈達（Basil Henry Liddel Hart）的「戰略論」，及表列各家無一不是近現代戰略思想家。

目前，我國不論朝野各家研究戰爭者，對「戰略」的定義、階層劃分，都淵源於「附圖5—1」的各家，這個默默的貢獻者，是目前已經八十多歲的鈕先鍾先生。他實在是我國當代「戰略國寶」，作者在撰寫本書前，曾偕同陳梅燕小姐親訪鈕先生，暢談有關國家安全與

附圖 5－1：我國現代戰略思想來源

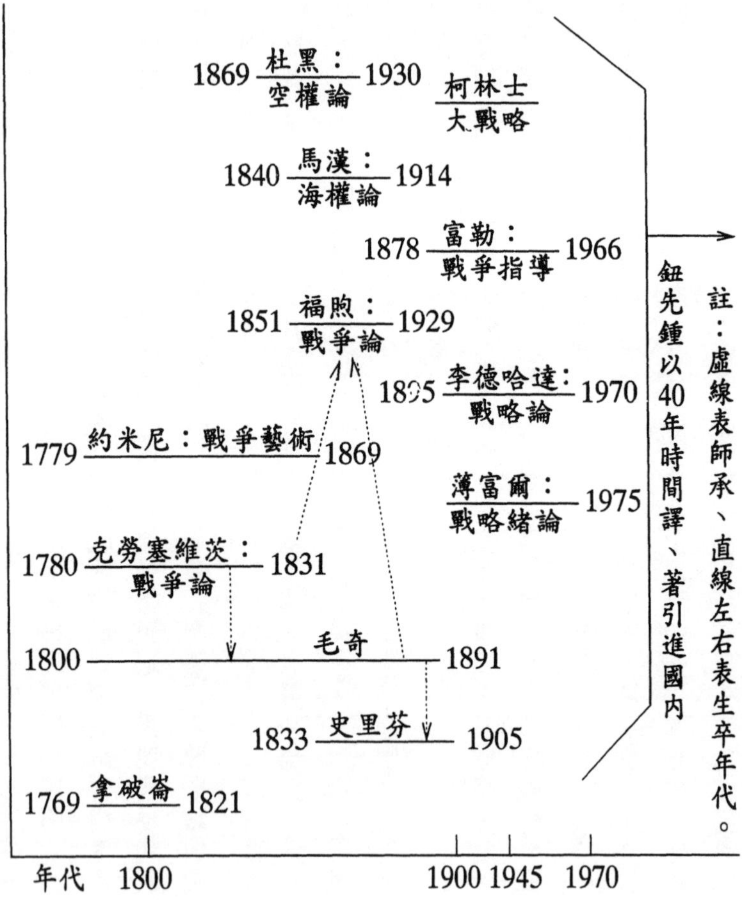

戰略問題，受教良多。

「戰略」的定義

戰略一詞的定義，我國古代兵學經典並未明言。但如孫子地形篇：「料敵制勝，計險阨遠近，上將之道也。」雖非正式爲戰略下定義，卻有爲戰略下定義的內涵。惟按照現代學術研究之規範，要爲「戰略」一詞下定義，還是要從近現代戰略重要著作中去探求，僅舉其要者如下：

克勞塞維茨在「戰爭論」中，有二處爲戰略下定義：「戰略是戰鬥爲戰爭目的的使用。」、「戰略是協調每個戰鬥之間的關係以求達到戰爭的目的。」（註⑦）

李德哈達在「戰略論」說：「戰略是一種藝術，分配和運用軍事工具，以求達到政策的目的。」（註⑧）

但薄富爾（Andre Beaufre）認爲克氏、李氏的定義相差無幾，且過於狹隘，他認爲戰略的本質是一種抽象性的相互作用（Abstract Interplay）。所以，戰略是一種力量辯証法（Dialectic of Forces）的藝術。精確的定義是：「兩個對立意志使用力量以來解決其爭執時，所用的辯証法藝術。」（註⑨）

其他如毛奇、約米尼、拿破崙等各家均曾爲戰略下過定義。當代學者孔令晟將軍在「大戰略」的書，把戰略的定義分成廣狹兩種。廣義「戰略是對抗狀況下，指導對抗行動的思想與和構想；是兩個對抗意志之間力量的辯証運作。」狹義者「戰略是指導戰爭行動系統的思想和構想。」（註⑩）

以上各戰略定義是否最佳或完整？研究戰略的學者認爲，完整的戰略定義，不但要包括力量的建立和運用，同時還要指出所要爭取的各階層的目標。按此標準，我國在五十七年有官方核定的戰略定義，這個定義不僅列入國軍軍語辭典，民間學術界也常參考運用，藉以統一我國的戰略思想、說法和做法。這個戰略的定義是：

> 戰略爲建立力量，藉以創造與運用有利狀況之藝術，俾得在爭取同盟目標、國家目標、戰爭目標、戰役目標或從事決戰時，能獲得最大之成功公算與有利之效果。（註⑪）

由於克勞塞維茨、李德哈達及薄富爾等人的戰略定義，限於軍事方面或未包含建立力量。在美國陸軍軍語辭典也曾爲戰略下定義，但依然限於國家階層，在國家以上或以下階層均未包含。（註⑫）所以，我國目前所用戰略的定義爲最完整、最適用。

戰略的階層劃分

用約米尼在「戰爭藝術」一書觀點做註解，國家安全不外戰略與政略的關係，（註⑬）從此形成由西方政略和戰略兩區分思想。這與我國傳統區分是一樣的，所謂有文事（政略）者，必有武備（戰略），就是這種兩區分的意義。

至於戰略階層的區分，薄富爾提出「總體戰略」（Total Strategy）為最高指導（政府中最高政治權威），其下各領域則有「分類戰略」（Overall Strategy），例如政治、經濟、外交、軍事等各方面，都有一個分類戰略，（註⑭）李德哈達也有大戰略與軍事戰略的劃分。（註⑮）因為戰略思想家的倡導，加上人類經過兩次世界大戰的教訓，西方產生國家力量區分為政治力、經濟力、心理力和軍事力等四區分的新觀點；因而有了國家戰略，其下包含政治戰略、經濟戰略、心理戰略和軍事戰略，這個劃分被我國學術界接受，在民國五十七年蔣中正總統核定戰略定義的同時，也核定戰略階層的劃分：大戰略、國家戰略、軍事戰略、野戰戰略。（註⑯）

一、大戰略（Grand Strategy）

建立同盟力量，藉以創造與運用有利狀況之藝術，俾得在爭取同盟目標時，能獲得最大之成功公算與有利之效果。

二、國家戰略（National Strategy）

建立國力，藉以創造與運用有利狀況之藝術，俾得在爭取國家目標時，能獲得最大之成功公算與有利之效果。國家力量（國力）又分四部份：

㈠建立並運用政治力，爭取政治目標者，稱爲「政治戰略」（Political Strategy）。

㈡建立並運用經濟力，爭取經濟目標者，稱爲「經濟戰略」（Economic Strategy）。

㈢建立並運用心理力，爭取心理目標者，稱爲「心理戰略」（Psychological Strategy）。

㈣建立並運用軍事力量，爭取軍事目標者，稱爲「軍事戰略」（Military Strategy）。

三、軍事戰略

從國家戰略單獨抽離出來，成爲一個獨立階層時稱之。

四、野戰戰略（Field Strategy）

運用野戰兵力，創造與運用有利狀況以支持軍事戰略之藝術，俾得在爭取戰役目標或從事決戰時，能獲得最大成功公算與有利效果。

以上四個層次是戰略的四個基本階層結構，按軍種或作戰區域之彈性區分，另有軍種戰略（Service Strategies）、戰區戰略（Theater Strategy）、戰區軍種戰略（Theater Service Strategy）等。在國家安全系統內，各戰略階層均有其定位，亦有其負責部門，「附表5—

1」爲我國國家安全體制與戰略階層關係。（註⑰）。

戰略雖非萬靈丹，但國家若要免於危亡沈淪，子民若想不再遭受侵略者蹂躪和殘殺，透過一種戰略上的設計、規畫、組織和作爲，把人口、領土、文化及各種可用資源，發展成具體的國力，才能保障國家利益，確保國家安全。所以說「戰略的主旨是確保本國的生存與安全。」（註⑱）戰略家心中所考慮者就是以「國家安全」爲最高的道德標準。孫子說的「兵者國之大事，死生之地，存亡之道，不可不察也。」戰略思想都是國家本位，實古今皆然，若抽離國家及國家安全要素，則「戰略」二字可以從字典中拿掉了，故稱戰略爲「用世之學」。

附表5－1：我國國家安全體制與戰略階層關係

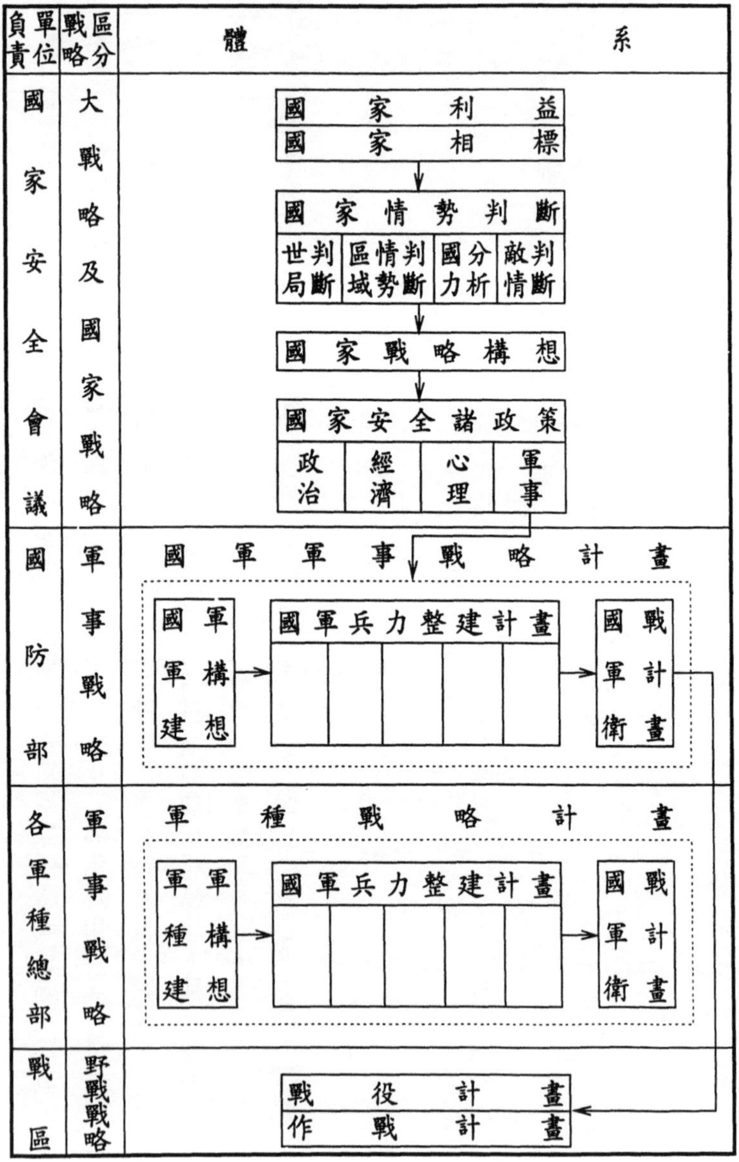

註釋

①鈕先鍾，現代戰略思潮（台北：黎明文化出版公司，民國74年6月），頁四。

②廿五史，晉書二，武英殿版（德志出版社，在重刊武英殿版二十五史緣起序時間是民國51年3月，正式出版時間不詳），頁八八四（廿五史總頁五一六二）。另見丁肇強，軍事戰略（台北：中央文物供應社，民國73年3月），頁四六說明。

③廿五史，隋書，頁四三〇（廿五史總頁九七五〇）。

④丁肇強，軍事戰略，頁六八一六九。趙煚的事功，詳見廿五史，北史卷七十五，列傳第六十三及隋書卷四十六，列傳第十一。

⑤此事記載在J.F.C.Fuller, A Military History of the Western world（Funk Wagnals Co.，1954）Vol. I, chap.14, p.395.國內有鈕先鍾，現代戰略思潮；丁肇強，軍事戰略二書上亦曾提及。

⑥先總統　蔣公有許多著作或講詞，如民國二十六年「敵人戰略、政略的實況和我軍抗戰獲勝的要道」、二十七年「第一次南嶽軍事會議開會訓詞」、四十二年「孫子兵法與古

代作戰原則以及今日戰爭藝術化的意義之闡明」、四十五年「蘇俄在中國」等，都曾有許多戰略運用之闡揚。蔣總統集，第一、二冊（台北：國防研究院，民國50年7月1日台再版）。

⑦ 克勞塞維茨，戰略論（On War），鈕先鍾譯，增訂五版（台北：軍事譯粹社，民國69年3月20日）第二篇第一章、第三篇第一章。

⑧ 李德哈達，戰略論（Strategy），鈕先鍾譯，增訂五版（台北：軍事譯粹社，民國74年8月），頁三八二。

⑨ 薄富爾，戰略緒論（An Introduction To Strategy），鈕先鍾譯（台北：軍事譯粹社，民國69年3月），頁一四。

⑩ 孔令晟，大戰略通論（台北：好聯出版社，民國84年10月31日），頁一〇〇。

⑪ 丁肇強，軍事戰略，頁五九。

⑫ 國防部，美華華美軍語詞典，聯合作戰之部（台北：國防部，民國66年6月），頁五六一。

⑬ 同註①書，頁五七。

⑭ 同註⑨書，頁二一一—二一三。

⑮ 同註⑧書，第十九章「戰略理論」，第二十二章，「大戰略」。

⑯ 同註⑫書，頁六四三—六四四。

⑰ 國防部，中華民國八十五年國防報告書（黎明文化出版公司，民國85年5月），頁五九。

⑱ 同註①書，頁二八五。

第二節　野戰戰略與國家安全

「野戰」有野地作戰、戰場、戰地或陣中之意。例如稱「野戰部隊」，指軍團、軍、師、旅、營、連等各級作戰單位，而野戰要務亦素稱「陣中要務」，（註①）是故，「野戰」乃最直接運用現有戰力（不包含建立戰力）與敵作戰，勝敗之關鍵就在野戰戰略之運用，亦因爲野戰戰略影響一場戰爭（戰役或會戰）之勝敗至鉅，才會與國家安全發生直接關係。

野戰戰略的內涵

野戰戰略應對上支持軍事戰略，對下爲作戰及戰術指導。野戰戰略與戰術之密切關係，可以如是說明：㈠野戰戰略成功，戰術失敗，則野戰戰略所造成之優越態勢完全喪失，而失卻效果；㈡野戰戰略失敗，戰術成功，則無決定性效果；㈢野戰戰略成功、戰術成功，則有決定性效果，此一效果，可能決定整個戰爭或戰役之命運，野戰戰略影響更高層次戰略之達成，對下導引一個戰爭（戰役或會戰）之勝敗，故我們所須瞭解野戰戰略的內涵，就是指導野戰取勝的若干原理原則要項。

附圖 5－2：野戰戰略（攻勢）指導過程

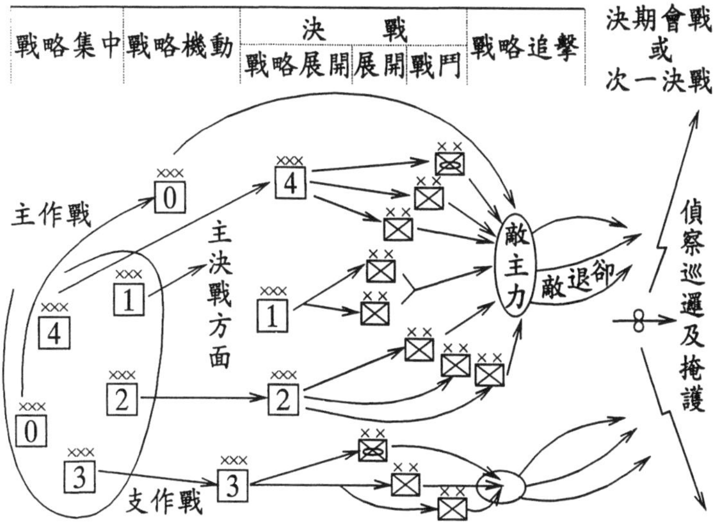

一、形成重點，避免兵力分散：不論攻勢、守勢或持久作戰，致勝之道在形成優勢，在主戰場方面投入最大兵力，在支戰場方面投入最節約兵力。

二、避免同時爭取一個以上戰略目標：並將決定性之優勢兵力指向戰略目標。不論攻守，在未決戰前，應控制有力的戰略預備隊。

三、掌握用兵之要訣：掌握有關因素之利害（如時、空、兵力、敵我狀況、地略），針對這些利害，掌握最有利之用兵要則（即戰爭原則）。

除前述野戰戰略要則外，交通線、連絡線和補給線亦為重要考量。依據前述原理原則，策訂全程戰略構想，自戰略集中、戰略機動、會戰、戰略追擊或擴張會戰戰果，以

迄達到野戰全勝。這個野戰戰略過程（攻勢爲例），可如「附圖5－2」圖解之。（註②）

一部孫子兵法有半部講的都是野戰戰略。如謀攻篇講攻守之勢，虛實篇講集中與節約，九地、始計、兵勢、軍爭分別講內線與外線、奇襲、間接路線與機動原則，都是野戰戰略的重要部份。在福煦「戰爭論」、克勞塞維茨「戰爭論」（原書名：間接路線的戰略），都有大篇幅講野戰戰略之要則，亦爲重要之野戰戰略內涵。大凡一場戰爭（特別是戰役、會戰）的勝敗，這些野戰戰略内涵是否深刻領悟或遵守，是重要的關鍵因素。

戰爭勝敗與國家安全

戰爭勝敗與國家安全的關係是直接的，最嚴重的結果是關係國家存亡的問題，其次是政權存亡（或轉移）與割地賠款的問題。但本質上嚴重的傷害到國家利益及人民的生命財產則是必然的。觀察古今中外戰史，兩國或多國相爭，戰敗的一方都要面臨這些問題。這樣的關係早在　國父孫中山先生講「民族主義」時就提到：

> 怎麼説兵力一朝可以亡國呢。拿歷史來証明，從前宋朝怎樣亡國的呢？是由於崖門一戰便亡於元朝，明朝怎麼樣亡國的呢？是由於揚州一戰便亡於清朝。拿外國來看，華鐵路一戰，那破崙第一之帝國便亡。斯丹一戰，那破崙第三之帝國便亡。

照這樣看，只要一戰便至亡國，中國天天都可以亡。（註③）

這裡　國父提到一戰而亡國者，就是野戰用兵的問題。對拿破崙在華鐵路（Waterloo）一戰而亡，克勞塞維茨和富勒後來都曾說過，爲不能在關鍵時刻迅速形成優勢兵力之故。（註④）至於　國父所說中國天天可亡，更大的問題是無可用之兵。即然中國天天可亡，爲何未亡？因爲「各國在中國的勢力，成了平衡狀態，所以中國還可以存在。」（註⑤）中國雖未亡，卻因戰敗導至許多割地賠款，「附表5－2」不過例舉少許。

除了割地賠款外，還有所謂「通商口岸」、沿海及內河航行權、治外法權（Exterritoriality）、租借地（Leased－Territary）、租界（Settlement）、最惠國待遇、屬國脫離或獨立等。凡此均無非是一個戰役或會戰失敗導至的結果，惟對國家利益（National Interest：即國家之安全、經濟與發展。註⑥）之傷害，真是莫此爲甚。

中共武力犯台的野戰戰略─第三波新外線作戰

外線作戰乃處於兩個以上攻勢發起位置之作戰軍，向處於中央位置之敵軍，行求心之攻勢作戰。（註⑦）簡要的說，外線作戰是從多點或四面八方發動，對中央位置之敵軍行攻勢作戰。這是野戰戰略上重要的戰法，可獲主動與自由之優點；惟兵力分離，協同連繫較困難，有被各個擊破之顧慮。外線作戰通常適於優勢的大部隊，對劣勢之敵行包圍殲滅之攻擊。見「附圖5—3」。

在西方，毛奇（Count Helmuth Von Moltke, 1800－1891）稱外線作戰之鼻祖，主張兵力指揮及運用分散化（Decentralization）。我國孫子在他的兵法中陳述外線作戰的要領：

> 凡爲客之道，深入則

附表5－2：中國近代因戰敗割地賠款條約例舉

年代	交戰國	條約名稱	重要內容
道光22年（1842）	中、英	南京江寧條約	割讓香港、英兵駐舟山島、鼓浪嶼
咸豐10年（1860）	中、英	北京條約	割九龍
光緒21年（1895）	中、日	馬關條約	割台、澎及附屬諸島
光緒5年（1879）	中、俄	里華特條約	中國賠軍費五百萬盧布（伊犁條約改九百萬盧布）
咸豐8年（1858）	中、法	天津條約	中國賠軍費二百萬銀兩
光緒27年（1901）	中、俄等共九國	辛丑和約	中國賠四億五千萬兩

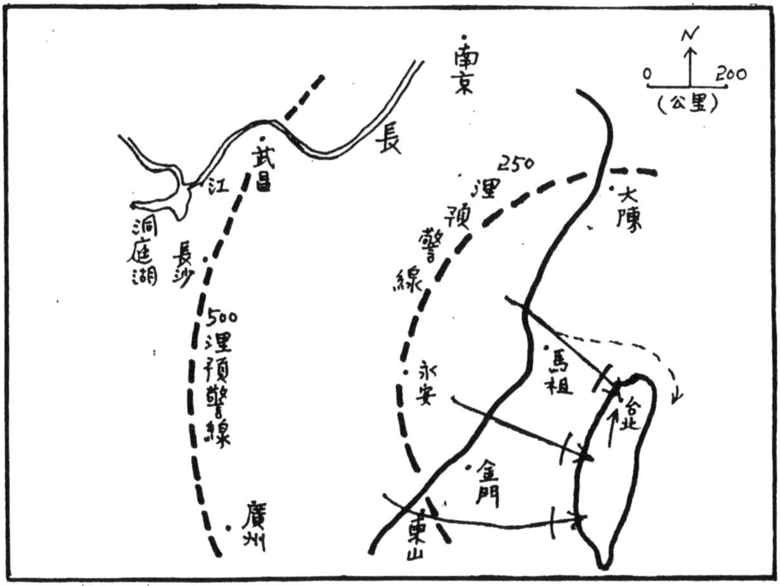

圖5—3：台海作戰的野戰戰略示意

專：故善用兵者，譬如率然，率然者，常山之蛇也，擊其首者，則尾至，擊其尾，則首至，擊其中，則首尾俱至。敢問：「兵可使如率然乎？」曰：「可。」（註⑧）

中共一但武力犯台，對台海地區的野戰戰略指導不脫這個「外線作戰」之模式，惟加以創新求變與增強而已。解析中共的新外線作戰爲：

一、「遠戰」肇其端：

以大量飛彈（M族爲主）攻擊我政經軍戰略要域，澈底破壞我賴以實施「第一擊」的戰略性武器（如新式海空戰機、戰艦，特別是反飛彈系統），以利後續作戰。

二、海空封鎖迫困台灣當局：「海空封鎖」由海底潛艦、水面戰艦及水雷、空中戰機與飛彈所形成的多層次，對台海地區形成立體包圍，截斷台海地區一切內外交通。特別是阻斷台灣外購武器、裝備的輸入，迫困台灣和談或接受條件。

三、攻略金馬澎湖以戰逼和：金馬澎湖地區雖屬小島，但卻是台海地區的戰略前緣。故中共攻取台海地區各離島，最大的作用是可獲取野戰戰略之利，爲外線作戰必採用之手段，這些「利點」有可進可守、建立攻台中間站、登陸部隊的跳板、迫我在不利狀況下決戰、轉變戰略態勢。（註⑨）

四、多點登陸、三棲進犯、全面攻略台灣本島：台海若需一戰（至少在本書完稿時尚未排除一戰的可能），則全面進犯本島是外線作戰的終結步驟。這個階段除前述的海島攻擊外，中共用於全面登陸部隊爲南京軍區、廣州軍區、第十五空降軍、三個快速反應師、海軍陸戰隊約四萬人。（註⑩）

中共軍隊並未具備第三波素質，但有若干第三波水準的武器裝備，如發展中的「九○」系列坦克、蘇愷廿七型戰機、「K級」潛艦、M族及東風系列飛彈。而組建中的快速反應部隊、電子戰、陸戰隊及航母部隊，都將向第三波水平邁進。未來中共可能已逐漸具備第三波水準的軍隊，可以打一場第三波式的「新外線作戰」。如「附圖5—3」示意圖。外線作戰這樣打，可能是外線作戰的前輩們，如毛奇、史里芬（Arfred Von Schlieffen）等都始料不及。

台灣防衛的野戰戰略—第三波新內線作戰

內線作戰乃處中央位置之作戰軍，對兩個以上不同方向之敵軍行攻勢作戰。（註⑪）簡要的說，內線作戰是在一個地區內，同時對多點或四面八方來犯之敵人行使攻勢作戰。在野戰戰略上是外線作戰的相對戰法，內線作戰有兵力轉移方便之利，能迅速形成優勢戰力，對來犯之敵進行決定性反擊。惟最大的顧慮是有被包圍、殲滅之虞。內線作戰通常用於總兵力爲劣勢對優勢之敵。行各個擊破或分區擊滅敵軍。見「附圖5—3」所示。

在西方，腓特烈大帝是內線作戰創始人，拿破崙（Napoleon Bonaparte）是運用內線作戰的專家，但最後仍輸在內線作戰（緊要關頭來不及形成優勢兵力）。我國孫子則早在他的兵法中陳述內線作戰要領：

> 古之所謂善用兵者，能使敵人前後不相及，衆寡不相恃，貴賤不相救，上下不相收，卒離而不集，兵合而不齊。合於利而動，不合於利而止。（註⑫）

台海防衛的本質是守勢作戰，按地略形勢及兩岸戰力現況，在野戰戰略指導上「內線作戰」是基本模式，惟兵力素質和武器裝備開始邁向第三波水平。台海防衛的內線作戰指導過程如次：

一、乘共軍分離狀態（如空域容機量的限制、登陸船團前後分離、登陸海灘受限造成的分離），並保持及擴大敵之分離狀態。

二、迅速集中優勢戰力，指向優先目標，完成決戰。所謂「優勢戰力」分兩部份，其一是優勢兵力；其二是優勢火力。惟戰力集中的過程，必須顧慮到指管通情系統及交通線受到的破壞。

三、主力決戰期間，其他方面須能阻敵向決戰地區增援或會合，且在主力完成決戰後向該方面轉移到達前，勿被敵擊破或擊潰。

四、第一目標擊滅後，主力須能靈活轉移，迅速指向第二擊目標，以行逐次區分擊滅。內線作戰能否順利成功，端在能否形成局部優勢，台灣在交通建設的發達，兵力素質提升，二代戰艦、戰機、戰車之部署，反飛彈系統的建立，都是內線作戰有利的條件。「我專爲一，敵分爲十，是以十攻其一也，則我衆而敵寡，能以衆擊寡者，則吾之所戰者，約矣。」（註⑬）所謂內線作戰的局部優勢便如此形成。

從野戰戰略來評估台海之戰，就總戰力比，中共優勢，我爲劣勢。就內、外線作戰言，並無必然的輸贏，守勢防衛只要善用內線之利，致勝機會同樣很高，至少亦能嚇阻外線之敵不敢輕啓戰端，以確保國家安全。

註釋

①搜索、偵察、觀測、警戒、掩護、連絡、為各級野戰部隊在任何時間、地點與任何戰術行動中，不容須臾中斷之要務（即陣中要務）。其積極意義，乃在尋求殲敵獲勝之機會；消極意義在確保軍隊本身之安全，以保持戰力完整。國防部準則編審指導委員會，陸軍作戰要綱—聯合兵種指揮釋要，上冊（桃園：陸軍總司令部，民國80年6月30日），第四篇，第一章。

②同註①書，頁五—六。

③中國國民黨中央委員會黨史委員會，國父全集，第一冊（台北：中國國民黨中央委員會黨史委員會，民國77年3月1日再版），頁四五。

④富勒（Maior－General J.F.C. Fuller），戰爭指導（The Conduct of War），鈕先鍾譯（台北：軍事譯粹社，民國63年12月），第三、四章。

⑤同註③，頁四七。

⑥張宏遠，「國家利益」，國際關係，第四冊，雲五社會科學大辭典（台北：台灣商務印

書館，民國74年4月增訂三版），頁二一四—二一五。

⑦ 同註①，頁五—一五。

⑧ 孫子兵法，九地篇。魏汝霖，孫子今註今譯（台北：台灣商務印書館，民國76年4月修訂三版），頁二〇七。

⑨ 關於中共的海空封鎖和攻略外島，可詳閱作者另一著作：決戰閏八月—後鄧時代中共武力犯台研究（台北：金台灣出版公司，民國84年7月10日），第九章「中共武力犯台的可能行動方式」。

⑩ 同註⑨，第八章。中共的快速反應部隊，見作者另著：防衛大台灣—台海安全與三軍戰略大佈局（台北：金台灣出版公司，民國84年11月1日），第二十五章。

⑪ 同註①，頁五—一四。

⑫ 同駐⑧，頁二〇五。

⑬ 同註⑧，頁一三一。

第三節　軍事戰略與國家安全

軍事戰略和野戰戰略最大的不同，在於後者僅運用現有武力，爭取戰爭勝利或獲取有利狀況，以確保國家安全。但前者（軍事戰略）則須權衡國家安全遭受到威脅程度，據以建立一支何種型態之武力，以及多大規模的戰力，這是晚近數十年來才有學者研究的新課題，以往並未有將軍事戰略單獨區隔出來研究者。

軍事戰略的內涵

在前述戰略思想家中，如克勞塞維茨、約米尼、毛奇、李德哈達等人的著作，並未提到建立戰力的問題。惟我國孫子兵法「軍形」篇即軍事戰略，爲建軍之指導。其「先爲不可勝，以待敵之可勝。」及度、量、數、稱、勝，都是講軍事戰略之要訣及作業程序。（註①）柯林士（John M. Collins）在大戰略一書的附錄中認爲軍事戰略爲「在所有一切環境下應用武力或武力之威脅，以達到國家安全目標而使用軍事力量的藝術及科學。」亦未提到建軍，即建立武力的層次。（註②）

軍事戰略的內涵，不僅是運用現有戰力達到國家安全目標，同時還要「勝兵先勝」建立所要軍事力量，不僅國家安全受到威脅時，有可運用之軍事力量。在美國及美洲防衛委員會（IADB）對軍事戰略有比較廣泛的定義和運用：

軍事戰略乃運用國家武裝部隊，藉武力或武力威脅以獲致國家政策之目標的藝術與科學。（註③）

這個定義較柯林士的廣泛，但仍未提到建立武力的層次，較完整的軍事戰略定義，為我國在民國五十七年所策訂，後經學術界所引用：

軍事戰略為建立武力，藉以創造與運用有利狀況以支持國家戰略之藝術，俾得在爭取軍事目標時 能獲得最大之成功公算與有利之效果。（註④）

按此定義，軍事戰略包含四個內涵，「建立武力」、「支持國家戰略」、「爭取軍事目標」、「獲得最大成功公算與有利之效果」，概述如後：

一、建立武力：就是建立戰力（有形戰力與無形戰力），有形戰力包含兵力（三軍武裝部隊總人數）和火力（武器裝備）。建立武力亦是國家建立之要件。

二、支持國家戰略：建立和運用武力之目的，都在維護國家利益，確保國家安全，使國家政策得以推行，達成國家目標。凡此諸項受到威脅阻礙，軍事戰略須排除之。

三、爭取軍事目標：軍事目標和戰爭目標有差別，戰爭目標必須透過戰爭行爲，軍事目標則不一定。例如建立強大武力使敵人不敢入侵，便已達成軍事目標。區域緊張時，美國派航空母艦巡弋以嚇阻戰爭爆發，就算達成軍事目標。

四、獲得最大之成功公算與有利之效果：戰爭勝敗不僅決定國家安全、發展及存亡，更可能決定萬千人民之生命財產。這種「亡國滅種」的悲慘後果。沒有重來或補救的機會。不容許「以一個不一定能獲得之利，去抵消一個極可能之害。」（註⑤）

以上軍事戰略的四個內涵，以「建立武力」爲主，其他爲從。蓋建軍先求「有」，再求「有可用」，最後求「取勝」——最大成功及有利效果。

國家發展以建軍爲大

「建軍」是軍事戰略與國家安全最直接的關係，也是國家發展過程中的重大國政，各國的國家發展莫不以建軍爲大。惟大多數國家採「平時養兵少，戰時用兵多」政策，並依其國情、環境、目標等因素建立三軍武力。「附表5—3」爲各國建軍及三軍結構比，試分析如下：（註⑥）

一、按人口比例看

㈠中共人口多，日本有安保條約替代保護，故總兵力中共雖有三百二十萬，日本有二十四餘萬人，但佔人口比率同樣很低。

㈡南韓雖有美軍駐守，但北韓有百萬大軍，有時可能南侵，故南韓三軍總兵力六十五萬，佔總人口比率是百分之一・五。

㈢以色列和我國都大敵當前，國家安全受到較大威脅，故以色列總兵力佔人口比率是百分之三・一，我國是百分之二。

附表5－3：各國建軍及結構比

國名	德國	法國	日本	南韓	中共	美國	以色列	中華民國
總兵力(人)	40萬8200	43萬1700	24萬6000	65萬8000	320萬	202萬8000	14萬	42萬5000
陸(人)	28萬7000	26萬900	15萬6000	52萬	220萬	83萬7000	7萬	28萬9000
海(人)	3萬1200	6萬4900	4萬4000	6萬	35萬	66萬6000	3萬	6萬8000
空(人)	9萬	9萬1700	4萬6000	5萬3000	37萬	52萬	4萬	6萬8000
三軍比	7:0.7:2.2	6:1.5:2.1	6.3:1.7:1.8	8:0.9:0.8	6.8:1:1.1	4.1:3.3:2.5	5:2:3	6.8:1.6:1.6
佔總人口百分比	0.6%	0.8%	0.2%	1.5%	0.3%	0.8%	3.1%	2%

二、按三軍兵力結構分析

㈠我國是6.8：1.6：1.6，中共是6.8：1.0：1.0，日本是6.3：1.7：1.8，此三者兵力結構略同。

㈡海空軍兵力比偏低國家：南韓9：0.9：0.8，德國則海軍特別少。

㈢海空軍特強國家，如美國，爲國際安全（集體安全與區域安全）構想，須有强大海空軍，三軍比是4.1：3.3：2.5。

可見，各國建軍並無一致標準，端視國家安全之需要，維護所要之國家利益，達成所要之國家目標，並經由軍事戰略之評估，建立所要之軍隊。故曰國家之建立與發展，以建軍爲首要，建軍亦包含建制（軍事制度），只有建立現代軍事制度，建軍備戰才能達到預期目標。

現代軍事戰略的發展

早在 國父孫中山先生演講民族主義時，提到「我們的海陸和各險要地方沒有預備國防，外國隨時可以衝入，隨時可以亡中國。」（註⑦）這就是軍事戰略的問題，當時中國並未建軍。雖然可以歸因於民初軍閥內亂，但也可以解釋成當時國人沒有戰略觀念。當代的戰略思想家鈕先鍾先生則有獨到的看法，追根究底，清末中國的翻譯名家嚴復、紀大維等人，都沒有翻譯過一本戰略書，這是不可思議的事。當時日本已在這方面痛下工夫，而我們國人毫無戰略思想，我們是輸在軟體上面，不是輸在硬體上面。（註⑧）

軍事戰略發展到現代，已經是以建軍爲職志，必須根據國家全般情勢判斷，確立遠程的「建軍構想」，通常十年以上。再依據建軍構想、國家經濟能力與國防預算。建立各時期「兵力整建計畫」。在建軍過程中，又須考量國家安全威脅程度，防犯可能敵人入侵，每年按現有可用戰力策訂或修正「年度戰備計畫」。所以說，現代軍事戰略是在創造「勝兵先勝」的基礎條件。

勝兵先勝的基礎條件又是甚麼?在建軍備戰、建立軍制，在嚴治軍整後勤，强化教育訓練，深化戰場經營，乃能「立於不敗之地」。軍事戰略有了先勝條件，野戰戰略自能「勝於易勝」。故軍事戰略不僅支持國家戰略，也在指導野戰戰略，這是現代軍事戰略的主流趨勢。這個關係可從「附表5—1」看出。

我國軍事戰略計畫制訂

國軍軍事戰略計畫由國防部策訂，包含建軍構想、兵力整建計畫、備戰計畫（指導）等三部份，此三者亦稱軍事政策，爲結合軍事戰略構想，並以軍事戰略計畫爲主體來設計建立國防武力，確保國家安全。

一、國軍建軍構想

國軍依據憲法維護國家安全之使命，針對敵情可能威脅，衡量現代戰爭特質及國力現況，整建空中、海上與陸地防衛力量，同時亦積極發展國防科技，建立國防自主能力，滿足武器裝備需求。在兵力結構方面，勵行精兵政策，健全動員制度，提昇精神戰力，以增強整體防衛武力，有效確保國家安全。

二、國軍兵力整建

依據建軍構想指導方針，衡量未來戰備需求與人力、財力，規劃未來十年（民國八十三到九十二年）兵力目標爲不超過四十萬人。屆時三軍總兵力佔總人口百分之一．七（預判民國九十二年人口總數約二千二百餘萬人）。本規劃牽涉深廣，影響重大，不宜速成，以免危及國家安全，故以十年爲期程，分三階段完成。

第一階段：提高編現比以利任務遂行爲目標。

第二階段：調整組織結構，裁併軍事院校。

第三階段：簡併各總部，完成兵力整建目標。

三、備戰計畫（指導）

備戰就是備戰。有廣、狹二義，廣義指國家戰略階層的備戰，狹義指軍事戰略階層的備戰。在軍事戰略階層的戰備指導分三個層次：

㈠基礎戰備：保持最低戰力常數以應變，但爲保持戰時立即動員，除常備部隊整訓外，並動員教育召集訓練列爲施政重點工作：

㈡應變戰備：因應中共不放棄武力犯台，且作戰能力不斷提升，國軍保持反制中共「第一擊」能力，以應變制變。

㈢作戰戰備：現階段以提昇三軍聯合防空、反封鎖、反登陸作戰能力爲目標。置重點於部隊戰備整備，確保台澎金馬安全。

總之，軍事戰略對外代表一個國家的軍事政策。任何構想、政策或方案，如果軍事戰略階層有窒礙難行之處，大戰略和國家戰略也必然難以實施，國家安全政策也必將不能推行而危及國家安全。

註釋

① 孫子兵法，軍形篇。魏汝霖，孫子今註今譯（台北：台灣商務印書館，民76年4月），頁一〇五—一〇六。

② 柯林士（John M. Collins），大戰略（Grond Strategy），鈕先鍾譯（台北：黎明文化出版公司，民國64年6月），頁四五三。

③ 美華華美軍語詞典，聯合作戰之部（台北：國防部，民國66年6月），頁三七五。

④ 丁肇強，軍事戰略（台北：中央文物供應社，民國73年3月），頁七四。原書引用國防部民國六十二年印頒國軍軍語辭典。

⑤ 余伯泉上將在三軍大學戰爭學院授課時，經常強調的一句名言，同註④，頁七六。

⑥ 作者另著，防衛大台灣（台北：金台灣出版公司，民國84年11月1日），頁一〇四。

⑦ 中國國民黨中央委員會黨史委員會，國父全集，第一冊（台北：中國國民黨中央委員會黨史委員會，民國77年3月1日），頁四五。

⑧ 在日本有「陸軍之父」美稱的麥克爾（Klemeno Wilhelm Jakob Meekel, 1838－

1906），爲德國有名的戰略家，於一八八五年（明治十八年）到日本講授近代戰略戰術三年，他是毛奇戰略思想的傳人，而毛奇正是克勞基維茨的入門弟子。詳見國防部作戰參謀次長室印，麥克爾與日本（民國59年3月）。

第四節　國家戰略與國家安全

國家戰略是總體國力的建設，使國家發展趨向正常並能長治久安；戰時則由戰爭的準備，戰爭的進行，以及戰爭終止的指導，以獲取最久之和平及長治久安。所以國家戰略實關係著國家的治亂興衰，成敗存亡。故曰：「兵者，國之大事，死生之地，存亡之道，不可不察。」徵第二次世界大戰後之戰史，國家戰略錯敗之實例中，以美國在越戰之敗爲最典型的教訓。美國在越戰之敗，並非國不强、兵不精、械不利、戰不善（指軍事戰略和野戰戰略方面），而全係國家戰略之遂行錯失過多。而德、日等國之敢於發動侵略戰爭，更是國家戰略的錯誤，導至國家覆亡。因爲國家戰略與國家的生存發展有如此密切關係，乃成爲近數十年來學術界中一個新的研究領域。

國家戰略的內涵

國家戰略包含政治、軍事、經濟、心裡等四種力的創建及運用，在孫子兵法始計篇的「五事」和「七計」就是國力的整體評估。早期李德哈達在戰略論中，國家戰略包含在大戰略中，他說：「大戰略必須要計算到，並且還要設法發展國家的人力和經濟資源，以維持作戰力量。此外，精神上的資源也同樣重要——養成人民的意志精神，其重要並不亞於獲得其他更具體形式的權力。」（註①）這一段講的實際上就是國家戰略。薄富爾在戰略緒論中，則把國家戰略稱爲總體戰略（Total Strategy），他認爲總體戰略是政府（即最高政治權威）的直接控制下，其任務決定對於總體戰爭應如何加以指導，並決定下層各領域分類戰略（Overall Strategy，包括政治、經濟、外交與軍事等）之目標及配合協調（註②）此即國家戰略。

首先使「國家戰略」一詞的定義或內涵，獲得較明確定位者是第二次世界大戰後的美國軍方。大體上，美國官方把國家戰略的內涵包括政治、心理、經濟、軍事四項，但也有主張加入一項外交。美國戰爭學院對國家戰略有如下解釋：「凡國家在和平與戰爭時期，爲實現國家目標之工作中，發展及運用國家之政治、經濟、社會心理諸力量，及其陸、海、空三軍之藝術與科學。又此等事項發展與運用之基本策略及綱要亦屬之。」（註③）美國國防部、美洲防衛委員會（IADB）亦大致上接受這個內涵。

美國學術界則希望擴充國家戰略的內涵，以期更能長遠維護國家安全。John M. Collins認爲國家戰略，應把一個國家的一切力量融合爲一體，在平時和戰時，以達到國家利益和目標。在其範圍內有一個全面的政治戰略，用以同時應付國際和國內問題；一個包括國外和國內的經濟戰略；一個軍事戰略及其他戰略，每一部份都立即和直接影響國家安全。（註④）

我國對國家戰略內涵之認定，與美國概同，爲「建立國家政治、經濟、心理、軍事諸力量，藉以創造及運用有利狀況之藝術；俾得在爭取國家目標時，能獲得最大之成功公算與有利之效果。」（註⑤）

惟時代在不斷前進發展，前述所謂國家總體力量（國力）已在不斷擴張，解析現代國力內涵有資源、經濟活動能力、科技能力、社會發展程度、政府調控能力、外交與軍事能力。（註⑥）可見國家戰略所要建立與運用的綜合國力，其範圍極爲廣泛。只是一般都以政、軍、經、心四者概括之。

國力以國家安全爲歸屬

國家戰略是建立及運用國力，爭取國家目標。故國家戰略與國家安全的直接關係就是「國力」（總體國力Total National Power，簡稱：國力），美國戰略學家克萊恩（Ray S. Cline）直接說：「國力爲一個由戰略、軍事、經濟、政治力量和人們所組成的混合體。」（註⑦）中國大陸軍事學者黃碩鳳認爲，國力以國家的「安全—利益」爲歸屬，實質上就是國家生產力、發展力和國際影響力的「協同合力」。換言之，建立和發展國力只是手段，目的在維護國家的生存、安全與發展。（註⑧）。

國力評估頗爲複雜，惟大體上不離政、軍、經、心之範疇，如「附表5—4」的指標架

附表5－4：綜合國力指標架構

- 綜合國力
  - 資源：
    - 人力資源：人口數、預期壽命、經濟人口占總人口比重、萬人平均在校大學生人數。
    - 土地資源：國土面積、可耕地面積、森林面積。
    - 礦產資產(儲量)：鐵礦、銅礦、鋁土礦。
    - 能源資源(儲量)：煤碳、原油、天然氣、水能。
  - 經濟活動能力：
    - 經濟實力(總量)
      - GDP
      - 工業生產能力：發電量、鋼產量、水泥量、原木產量。
      - 食品供應能力：穀物總產量、穀物自給率。
      - 能源供應能力：能源生產量、能源消費量、原油加工能力。
      - 棉花總產量
    - 經濟實力(均量)
      - 人均 GDP
      - 工業生產能力：各種人均發電量、鋼鐵量、水泥產量、原木產量。
      - 食品供應能力：人均穀物產量、人均日卡路里。
      - 能源供應能力：人均能源消費量。
      - 生產效率：社會勞動力、工業生產勞動力、農業生產勞動力。
      - 物耗水平：按 GDP 計算的能源消費量。
      - 結構：第三產業占 GDP 比重。
  - 對外經濟活動能力：
    - 進出口貿易總額、進口貿易額、出口貿易額。
    - 國際儲備總額、外匯儲備、黃金儲備。
  - 科技能力：
    - 研究開發費占 GDP 比重
    - 科學家與工程師人數，千人平均科學家與工程師人數。
    - 機械與運輸設備占出口比重。
    - 高技術密集型產業占出口比重。
  - 社會發展程度：
    - 教育水平：人均教育經費、高等教育人學率
    - 文化水平：成人識字率、千人擁有日報數。
    - 保健水平：人均保健支出，醫生負擔人口數。
    - 通訊：百人擁有電話數。
    - 城市化：城市人占總人口比重。
  - 軍事能力：
    - 軍事人口數
    - 軍費支出、武器出口
    - 核武器：核發射裝置數、核彈頭數
  - 政府調控能力：
    - 政府最終支出占 GDP 比重
    - 中央政府支出占 GDP 比重
    - 問卷調查：(詢問 9 個問題)
  - 外交能力：使用10個因素在神經網路進行模糊測試

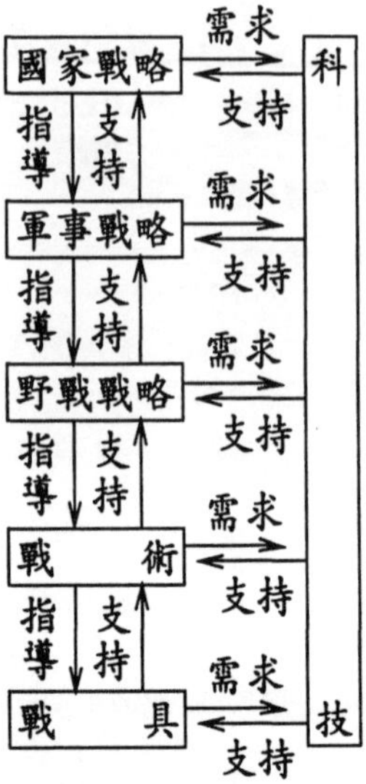

附圖5－4：科技與戰略、戰術、戰具關係

構，其涵意有五：

㈠反映出一個主權國家的實力，是一種實在的力量。

㈡是綜合性的概念，也是動態性的大系統。

㈢國際社會互賴增加，國力有了競爭性和互補性。

㈣現代國家行爲的基本動因是國家利益，而國家利益的核心問題就是國家生存與發展—國家安全問題。

㈤未來國力在國際上的競爭，已趨向以科技水準競爭爲主體，國力競爭就是高科技競爭。科技與戰略、戰術的關係可如「附圖5—4」示之。

用「附表5—4」的國力指標，雖有很高的覆蓋面，但並未包含人口素質、人力資源效益等變量。根據現代國力研究代表人物克萊恩從政治結構學（Politectonics）觀點，國力由一個國家的戰略、軍事、政治、經濟所構成。但更多是取決於領土、戰略位置、人口、資源，甚至種族組合、民族精神等。克萊恩進一步以「可認知的國力」（Perceived Power, PP）概念，整合以上各個國力要素，建立一個「國力公式」：

$$PP=(C+E+M)\times(S+W)$$

在上式中：

PP＝Perceired Power（可認知的力量）

C＝Critical Mass（基本要素：人口和領土）。

E＝Economic Capability（經濟能力）

M＝Military Capability（軍事能力）

S＝Strategic Purpose（指國家戰略目標）

W＝Will to Pursue National Strategy（國家戰略意志）。（註⑨）

按克萊恩國力公式彙算，一九九〇年時美國國力位居世界第一，日本第二，中國大陸第六位。（註⑩）一個現代化國家，其國家戰略的任務都在維護國家利益，確保國家的獨立、主權和安全。故國家戰略設計亦須從「總體國力」出發，唯有國家戰略能建立及運用國力，才有國力的提昇能確保國家安全。

國家戰略的策訂

國家戰略的策訂，是國家安全機構（如我國國家安全會議）的重要職員。在策訂國家戰略時，應依國際環境之演變，判斷主客觀環境關係，提出明確目標。惟國家戰略的策訂並無一定模式，以美國在杜魯門與艾森豪時期，由國家安全會議所策訂，經當時總統批准的國家戰略綱要爲例說明之。（註⑪）。

一、NSC（國家安全會議）——六八號案

本案爲杜魯門總統的國家戰略綱要，即一般習稱的「杜魯門主義」（Truman Doctrine），同時亦爲美國採取「圍堵政策」（Policy of Containment）之序幕，此項政策於一九四七年三月經國會正式通過。NSC——六八號案由國家安全會議策訂，杜魯門總統批准。概分以下各項簡述之。

㈠對蘇聯追求目標之判斷：

加強及維持蘇聯在共產集團內部的地位，統一控制各附庸國，成爲週邊的防衛力量。企圖稱霸世界，瓦解自由民主體制，基本上和美國是對立的。

㈡對蘇聯弱點、强點之判斷：

領導階層與群衆之間的裂痕，與附庸國關係不和諧，農業的困難性爲其弱點。但有强大地面兵力，經濟發展快速，在武力方面，推測到一九五四年可以對美國本土實施攻擊。

㈢美國本身處境之評估：

美國與同盟國已面臨多面危機——全面戰爭、局部侵略，蘇聯並企圖對西方各國進行內部滲透與製造分裂，使美國喪失抵抗意志。美國國家安全受到的威脅相當可懼，「無爲」已不能容忍，更不能退守西半球採取孤立主義。

㈣美國應採取之國家戰略：

建立强大兵力以能應付有限戰爭，及全面戰爭之需要，加强本土防衛以反制蘇聯之核武攻擊。美國與同盟國家必須大規模提昇國力，對蘇聯保持力量均勢，用全面戰爭以外的方法，使蘇維埃制度的性質發生變化。

二、NSC——一六二號案

本案於一九五三年十月，由國家安全會議策訂，同時由艾森豪總統批准，爲此時期美國國家戰略。全案分政策檢討、戰略概念及軍事戰略構想。

㈠政策檢討：繼續採取圍堵政策。因此，對核子戰略空軍寄與更大依賴，擴大並加强本土防衛組織。

㈡戰略概念：1.擴充防空部隊及核子戰略空軍。2.撤退海外駐軍一部。3.成立中央戰略預備隊。4.同盟國儘量使用本國兵力防衛，美國海空軍支援之。5.增强預備軍。6.總兵力由現有三五〇萬縮至二九〇萬。

㈢軍事戰略構想：（參謀首長聯席會議提報）

1.立案假定：國際危機與美俄力量關係無重大變化。大量（舉）報復（Massive Retaliation）可以嚇阻局部或全面戰爭爆發，只要軍事上有必要均將使用核子武器。（註⑫）。

2.戰略措施：地區性防衛由各該國多負責任並促德、日再建軍；海外撤回兵力作爲中央戰略預備隊；構成本土防衛體系；建立應付全面戰爭的動員基礎。

3.兵力總額：一九五七年六月前，縮減到二八一萬五千人。

4.國防經費：一九五七年會計年度的國防費用，概爲三三〇億到三四〇億美元，以後應長期維持。

由前面兩個國家戰略範例看，其策訂著重在國際及敵情判斷，政策及戰略律定。特別是軍事政策與軍事戰略，均有簡單、明確的提示。惟國家戰略之策訂貴在可行，可以維護國家利益，確保國家安全，達成國家目標。

古代的國家戰略構想範例——隆中對

「隆中對」又叫「草廬對」或「茅廬對」，是三國時代劉備三顧茅廬時，諸葛亮向他提出「興復漢室」「統一中原」的策略。（註⑬）隆中對之時，孔明先判斷天下大勢，不可與曹操爭鋒，並先結好孫權；次則奪取荊州（今湖北襄陽）、益州（今四川及陝西南，州治在成都）爲根據地；第三改善與週邊民族關係；第四掌握有利時機北伐中原，恢復漢室。「隆中對」是中國歷史上偉大的國家戰略構想，解析如次：

一、國家目標：興復漢室。

二、全般情勢分析及判斷。

㈠敵情：

1.自董卓以來，天下豪傑並起，跨州連郡者不可勝數，曹操比諸袁紹則名微而衆寡，然操遂能克紹以弱爲强者，非惟天時，抑亦人謀也；從此天下必將有變。

2.今曹已擁百萬之衆，挾天子以令諸侯，此誠不可與爭鋒。

㈡世局：

1.孫權據有江東，已歷三世，國險而民附，賢能爲之用，此可以爲援而不可圖也。

2.荊州北據漢沔，利盡南海，東連吳會，西通巴蜀，此用武之國，而其主不能守，此殆天之所以資將軍，將軍豈有意乎？

3.益州險塞，沃野千里，天府之土。高祖因之以成帝業，今劉璋闇弱，民殷國富而不知存恤，智能之士思得明君。

㈢國力：

將軍既帝室之冑，信義著於四海，總攬英雄，思賢如渴。若跨有荊益，待天下有變，舉荊益之衆以向宛洛、秦川進出，則百姓必簞食壺槳以迎，而霸業可成，漢室可與矣。

三、國家戰略構想：

㈠先取荊益二州，保其巖阻，西和諸戎，南撫夷越，外結好孫權，內修政理，以爲基業（復興基地）。

㈡待天下有變時，命一上將，將荊州之軍，以向宛洛，將軍身率益州之衆以出秦川。

「隆中對」對當時的國際情勢客觀之分析，對敵情有正確之判斷，乃有明確之國家目標，產生國家戰略，策訂可行而具體之構想。劉備君臣按隆中所定策略，才得有三分天下之局，遂步往統一中原、舉復漢室之目標邁進。

國家戰略的任務，是建立並運用總體國力，維護國家安全與利益，達成國家目標，故在美國亦將國家戰略對外稱之「國家安全政策」。（註⑭）即爲確保國家安全，達成國家目標所設計的政策，由國家最高的決策階層策訂、指導並執行之。從前述杜魯門、艾森豪或我國古代孔明的國家戰略事例，即可看出凡一國欲求長治久安，應有深謀遠慮的國家戰略。而整個國家戰略的基礎在整體國力的建設發展，如「附表5－4」所示軍事、經濟與外交等八項，國家戰略亦爲支持大戰略、指導軍事戰略的基礎。

註釋

①李德哈達，戰略論，鈕先鍾譯（台北：軍事譯粹社，民國74年8月增訂五版），頁三八三。

②薄富爾，戰略緒論（An Introduction To Strategy），鈕先鍾譯（台北：軍事譯粹社，民國69年3月），頁二一一—二一二。

③李樹正，國家戰略研究集（台北：自印本，民國78年10月10日），頁二五—二六。

④John M. Collins，大戰略，鈕先鍾譯（台北：黎明文化出版公司，民國64年6月），頁四〇—四一。

⑤李啓明，不戰而屈人之兵（台北：台灣中華書局，民國85年1月），頁一〇九。

⑥宋國誠，「中共綜合國力的分析模式及其測算」，中國大陸研究，第三十九卷，第九期（民國85年9月），頁五—二六。

⑦Ray S. Cline，世界各國國力評估，鈕先鍾譯（台北：黎明文化事業公司，民國71年5月，三版），頁一三。

⑧ 同註⑥，頁九―十。

⑨ 同註⑦書，頁一三―一四。

⑩ 同註⑥，頁二二。

⑪ 範例說明參閱註③書，戰略之部，第一篇。

⑫ 大舉報復（Massive Retaliation）是整個一九五〇年代，美國採用的軍事戰略構想。其基礎是美國初期的核子獨佔和後來的絕對優勢，用以嚇阻共產集團擴張，參閱孔令晟，大戰略通論（台北：好聯出版社，民國84年10月31日），第三篇，第四章。

⑬ 諸葛亮，字孔明，世稱武侯，琅琊陽都人（今山東沂水縣南），生於光和四年（西元一八一年），歿於建興十二年（二三四年）五丈原軍次。劉備三顧茅廬時爲建安十二年冬十月（二〇七年），傳世之作有諸葛兵法等。見諸葛兵法（台北：南京出版公司，民國67年3月）。或見三國志，諸葛亮傳。

⑭ 鈕先鍾，「國家戰略基本理論簡介」，三軍聯合月刊，第十九卷，第四期（民國70年6月），頁七二―七九。

第五節　大戰略與國家安全

自古以來，有了國家（State, Nation, 城邦、諸侯），不論是政治實體（Political Entity）、主權國家（Sovereign State）或民族國家（Nation－State），便都有了外交工作或國際間的關係（Interrelationships）與互動（Interactions），亦有了國與國之間的戰爭，當然就有了國家興亡和朝代更替等。國家或國家集團爲求生存、求發展，或爲確保各自的國家利益，自古以來亦不出二途：㈠霸權擴張（Hegemonism or Expansionism）；㈡權力均衡（Balance of Power），並發展一系列特定的政策或行動方案，此即大戰略構想或計畫。

大戰略目標通常就是國家利益、國家目標或國家安全，但極少會有同盟目標。

大戰略的內涵

在孫子兵法中所講的「上兵伐謀，其次伐交」、「不爭天下之交，不養天下之權，信己之私，威加於敵，故其城可拔，其國可隳。」都是講大戰略之運用。但直到李德哈達在他的「戰略論」中才提出「大戰略」這個新名詞，並有專章研究大戰略，認爲大戰略應指導國家或國家集團超越戰爭，著眼於戰後的和平，「進行戰爭的時候，你必須經常不斷注意到你所希望的和平。」不顧後果的追求勝利，不僅得不到和平，結果使戰時的盟友變成戰後的敵人。（註①）李氏的大戰略主張持盈保泰，眼光放在最久的和平上，反對國家把國力用到「總破產」，「在戰爭中，力竭而敗亡的國家，總數要比國外來攻擊而敗亡者，來得太多了。」（註②）

薄富爾將大戰略稱爲「總體戰略」，但他的總體戰略包括國家戰略，其模式如直接威脅（The Direct Threat）、間接壓迫（The Indirect Pressure）、蠶食（Nibbling Process）、長期鬥爭（A Proctracted Struggle）及軍事勝利（Military Victory）等五種。其間目的和手段亦有不同配合關係，如「附表5－5」稱薄富爾的五種總體戰略模式。（註③）

柯林士（John M.Collins）在他的「大戰略」一書中，認爲大戰略是國家在面臨任何環境狀況時，透過威脅、武力、間接壓力、外交、顛覆及其他可以設想的手段，用以在國際間產生某種類型或理想程度的控制力，達到國家安全利益和目標的藝術和科學。柯林士進而分析大戰略的四種學派：克勞塞維茨的大陸（Continental）學派、馬漢的海洋（Maritime）、杜黑的空間（Aerospace）和毛澤東等人的非傳統（Unconventional）學派（此即薄富爾的第四種總體戰略模式，參閱附表5－5）。但只有非傳統學派（或稱革命學

附表5－5：薄富爾的五種總體戰略模式

	目的與手段配合關係	戰略模式	說明
第一種戰略模式	目的有限，手段充足，而且威力强大。	直接威脅（direct threat）	1.目的有限不影響敵人的主要利益，僅以足夠軍事權力的威脅，即可達成目的。 2.嚇阻戰略，尤其美國的核子嚇阻戰略爲明顯的例證。
第二種戰略模式	目的有限，手段有限，而且威力不足夠，尤其軍事行動的自由受到限制。	間接壓力（indirect pressure）	1.軍事權力的威力，不足以產生決定性的威脅時，採取政治、經濟和心理等間接的壓力，取代軍事的直接威脅。 2.第二次世界大戰前的希特勒，大戰後的美蘇，都習慣使用冷戰。
第三種戰略模式	目的關鍵性，但手段有限，行動自由受到限制	一系列的連續行動(a series of successive actions)，或謂蠶食程序(nibbling process)，或謂間接路線的戰略(strategy of indirect appproach)	1.一系列的連續行動，直接威脅和間接壓力併用，配合有限度的軍事行動。 2.一個國家若據有堅强防禦的地位，祇想使用有限的攻勢權力，祇求緩進不講速效，最爲適用這種間接路線的戰略。 3.十八、十九世紀的英國和第二次世界大戰前的希特勒，都是採用這種戰略。
第四種戰略模式	目的關鍵性，但有彈性，手段最小限，行動自由很大	長期鬥爭（protracted struggle）或革命戰爭（revolutionary war）的戰略	1.這種戰略的目的，在長期消耗敵人，磨垮敵人的士氣和意志力，使敵人因厭倦而自動放棄。使用最原始的資源；間接壓力配合低强度軍事作戰（游擊戰，恐佈主義），進行長期的（二十年、卅年、甚至五十年）總體戰爭。 2.毛澤東首創此種戰略，戰敗當時中國的國民政府。武元甲在越戰繼承發揚，戰敗法國和超强美國
第五種戰略模式	目的關鍵性，手段決定性，相對軍事權力壓倒優勢。	拿破崙—克勞塞維茨戰略，追求軍事勝利的激烈軍事行動	1.拿破崙時代、19世紀和20世紀前半期戰略的主流。 2.速戰速決，追求軍事勝利，必要時完全勝利（complete victory），達成目的。 3.現代軍事科技和系統崩解的作戰思想—閃電戰，支持這種戰略。 4.德國、以色列的閃電戰績，和美國的波斯灣戰爭，都是明證。但是，稍一不慎，極易形成僵局；最後結果是兩敗俱傷，耗竭國力，得不償失。最近的兩伊戰爭，可爲殷鑑。

派），最爲接近大戰略範疇。（註④）

美國國防部官方的大戰略定義，在平時和戰時，發展和運用政治、軍事、經濟和心理權力，以達到國家目標的藝術和科學。我國學術界也認爲是建立與運用國家權力，藉以創造和運用有利狀況之藝術，俾在爭取國家目標或同盟目標時，能獲得最大成功公算與最有利效果。綜合以上各家之說，試爲大戰略下一定義：

建立和運用國力，在國際間創造和運用有利態勢（均勢或優勢），對敵方獲取所要的控制程度（如預防或嚇阻戰爭發生，或以最低戰爭損耗，獲取最大成功公算與有利效果（如持久的和平、國家安全、利益、目標等）。（註⑤）

根據前述及定義，再把大戰略的內涵解析爲以下六個要項：

㈠大戰略講求「上兵伐謀，其次伐交」。

㈡大戰略講求持盈保泰、建立國力、追求和平。

㈢大戰略要能避免戰爭、不戰屈人、不戰而勝。

㈣大戰略不爲無謂的勝利而耗盡國力，終致敗亡。

㈤不得而戰時，應戰於國土之外；求先勝而後戰；既戰，求速戰速決，傷亡減至最低。

㈥大戰略講求有利的結束戰爭，更講求贏取最爲持久的和平。

大戰略體系

窮古今各家對大戰略之說，發現一個疑問──「大戰略是否存在？」或直接詰問，是大戰略指導國家戰略？還是國家戰略指導大戰略？這個問題涉及同盟目標和同盟利益是否高於國家目標和國家利益？若國家安全和同盟安全都受到相同程度威脅，則優先取捨應如何？

一、當國家利益高於同盟利益時

所謂國家利益，不外國家之安全、經濟與發展。當國家處於國際之間，國家利益高於同盟利益時，大戰略與國家戰略處於平行、協調或相互支援關係。國家若無同盟關係，亦不能產生這種大戰略。所以同盟戰略決策不能列入自己國家的戰略決策體系中，自古以來，國家爲自身安全、經濟、發展與目標，大多把大戰略置於國家戰略指導之下，如「附表5─6」，以國家利益爲最高指導原則，此亦國際關係及外交工作之常態。

二、當同盟利益高於國家利益時

國際間居於共同之利益，不得不建立同盟關係，對付共同敵人，維護共同利益，則此時同盟利益乃高於國家利益，同盟目標亦先於國家目標，大戰略乃居於最上層而指導國家戰略。各同盟國策訂其國家戰略時，即爲支持大戰略，以第二次世界大戰日本於一九四一年偷

附表5－6：大戰略體系之一

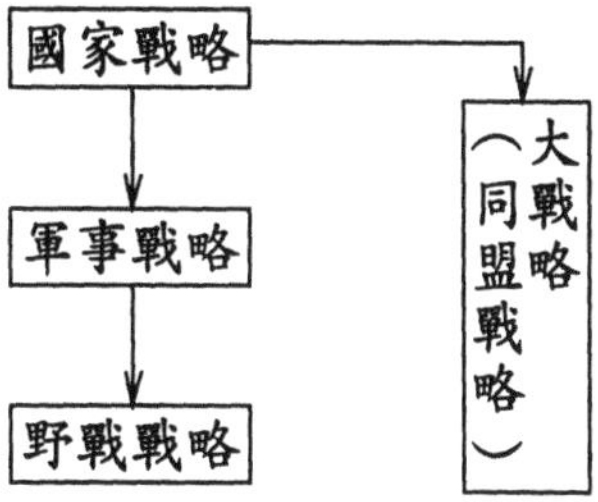

襲珍珠港後，同盟國即產生了大戰略目標爲例，說明此時同盟國間的大戰略關係。（註⑥）

㈠大戰略目標：先擊敗德國，再擊敗日本。

㈡各國的國家戰略：爲支持大戰略，乃決定：美國：支持蘇聯對德作戰，牽制德軍；支持中華民國對日作戰，牽制日軍；建立武力，準備開闢第二戰場對德決戰。

中國：與美國聯合對日作戰，並參與英、美在印、緬的同盟作戰，有過輝煌的戰果。當時蔣委員長並接受同盟國請求，出任中國戰區（含越南、泰國等地）盟軍最高統帥。

㈢各國軍事戰略：爲支持其國家戰略，乃決定：

美國：太平洋暫取戰略守勢，研訂西歐開闢第二戰場之構想；計畫實施北非、地中海和意大利之作戰，爲西歐第二戰場創造有利條件及態勢。

英國：積極建軍、備戰，準備以英國本土爲第二戰場作戰之基地。

㈣各國、戰區野戰戰略，歐洲戰區爲例：

戰略目標：德國魯爾（Ruhr）工業區。

登陸地點：諾曼第海岸，建立攻勢基地。

登陸時間：依同盟國參謀首長聯席會訓令，各同盟國部隊進入歐洲大陸，作戰目標指向德國心臟區，一舉摧毀其武裝部隊。進入歐洲大陸時間暫定一九四四年五月。爲增加登陸成功公算，英、美兩國戰略、戰術空軍，除英國本土防衛外，自作戰準備階段起至攻勢基地建立完成，劃歸歐洲戰區盟軍統帥指揮。

回顧這段戰史，我們不僅了解各戰略階層關係，亦可發現戰略關係與國家安全的關係，更了解大戰略的形成、體系及功能等。

大戰略與國家安全關係

從理論上探討大戰略與國家安全的關係，可從大戰略的基本目標、大戰略的目的、大戰略工具等三方面與國家安全分別概述之。

一、大戰略的基本目標——和平

大戰略基本理念建立在戰爭與和平基本理念的基礎上，結合權力政治追求其目標。這個基本目標可分成三個層次。（註⑦）

㈠最低層次的目標是戰爭和戰爭勝利：這個目標是不得已的選擇，也是最現實與必需的。所謂「戰爭勝利」是有利的結束戰爭，或求取戰後較久的和平。

㈡次高層次的目標是較爲持久的和平：這個目標有部份理想性，也受現實主客觀環境因素限制，但只要努力仍可達成。

㈢最高層次目標是零戰爭、永久和平的世界：此即我國歷史上的「大同世界」，這個目標最理想，但也最遙不可及。

二、大戰略的目的——安全

一個現代主權國家的兩大基本需求是安全與發展，大戰略主要關注的是安全，但安全和發展亦有互動關係。故大戰略的目的是安全——國家安全利益和國家安全目標。

㈠國家安全利益（National Security Interest）：

國家安全最基本的利益是國家生存，即一個國家的主權獨立、領土完整、傳統生活方式、基本制度和價值觀等，獲得可以接受的完整性（Acceptable Intactness）。惟國家生存亦有等級之分，如二次大戰後東歐諸國被逼成蘇聯附庸，就是「寧赤勿死」（Rather be red than dead）的選擇。國家除基本利益外，還有特定利益，仍以國家生存爲主要考量。可以說國家生存才是國家的永久利益。

㈡國家安全目標（National Security Objectives）：

通常由國家安全利益推演出國家安全目標，這個目標有程度之分，此亦大戰略目標。以越戰爲例，蘇聯和北越早已有了共同的大戰略目標：對準美國的國家意志和南越民心。反觀美國，則始終沒有找到這個大戰略目標何在？雙方勝敗已如孫子兵法所説「吾以此觀之，勝負見矣。」（始計篇）。

三、大戰略的手段——國力

政、軍、經、心，號稱國家戰略的四大國力，此四者也是大戰略的四大權力工具，即國家能力（National Strength）或稱「國家權力」。是國家在國際間獲取優勢或克服障礙的能力。

㈠大戰略政治（外交）工具：在大戰略構想指導下，以國際權力政治運爲核心工具，平時建立友好、互利的國際關係。戰時對敵國形成最大不利環境，對我獲取最大助力及有利環境。

㈡大戰略的軍事工具：從古到今，在國際間確保國家利益（和平、安全、經濟、發展）的兩大途徑：霸權擴張與權力均衡，歷史事實告知我們均有賴軍事工具達成。在一個無戰爭、不需要武裝力量的世界——大同世界未到之前，軍事力量建立及運用仍是重要角色。

㈢大戰略的經濟工具：國際互賴（International Interdependence）是目前國際關係的常態，而以經濟互賴爲首要。國家的經濟能力用來達成大戰略目標，成爲大戰略工具的一種。如經濟性的擴展海外市場，政治性的支持某國改革或現代化，軍事性的獲取海外軍事基地，心理性的對某國政策表示同情或支持。

㈣大戰略的心理工具——民族主義（註⑧）

民族主義是國際政治變動主要因素和動有之一，國家之亡亦由於民族主義先亡，國家才接著亡。目前「地球村」理念雖正在形成，但不同文化體系的相互排斥和敵視，仍是區域衝突的焦點。民族主義仍然是國際安全的主控性政治動力，做爲大戰略工具之價值很高。

註釋

① 李德哈達，戰略論，鈕先鍾譯（台北：軍事譯粹社，民國74年8月增訂五版）第二十二章。

② 同註①，頁四二五。

③ 薄富爾，戰略緒論鈕先鍾譯（台北：軍事譯粹社，民國69年3月），頁一八—二〇；孔令晟，大戰略通論（台北：好聯出版社，民國84年10月31日），頁一四五。在薄富爾的原書上並未列表，本表列於孔令晟將軍的大戰略通論。

④ 柯林士，大戰略，鈕先鍾譯（台北：黎明文化出版公司，民國64年6月），第一篇，第三章。

⑤ 按孔令晟，大戰略通論，頁一〇一修訂。

⑥ 一九四一年十二月八日，日本偷襲珍珠港後，國際間正式形成共識，有了共同的同盟目標，是一九四二年一月一日，中、美、英、蘇等二十六國在華盛頓發表反侵略共同宣言，聲明接受「大西洋憲章」，決心共同對軸心國（德、意、日）作戰。

⑦ 孔令晟，大戰略通論（台北：好聯出版社，民國84年10月31日），頁一一九—一二〇。

⑧ 民族主義的種類或型態很多，例如自由化民族主義（Liberal Nationalism）、民族自決（National Self－determination）或新興民族主義（New Nationalism）等，民族主義可能是人類社會最複雜、難解的情緒性問題。中共在面對西方世界「中國威脅論」、人權挑戰、自由民主思想的民主轉變時，不僅顧慮共產主義的質變，更顧慮政權危機與國家安全，都打算用民族主義來一一化解，可見民族主義在維護國家安全上，有很高的工具性價值。　國父孫中山先生有「民族主義」六講，是近代講民族主義最深入的人，深值研究，他認爲一國之亡，乃民族主義先亡，國家接著即亡。

第六節　地緣戰略與國家安全

二十世紀以前，美國的國家安全都是靠老天幫忙。（註①）這就是指地緣關係，東西兩洋爲天險，南北爲友邦或弱鄰，故無入侵者的顧慮。地緣戰略（Geostrategy）是從地理或地緣（Geo）觀點，探究對戰略及國家安全產生的功能。地理要素影響一個國家的權力運用，而戰略系統就是如何建立及運用國家權力，達成國家安全目標和促進國家安全利益。故美國地緣政治學（Geopolitics）先進施比克曼（Nicholas J. Spykman）認爲地緣政治是以地理因素設計國家安全政策的研究。（註②）可見地緣關係之與戰略關係（大戰略、國家戰略、軍事戰略、野戰戰略），以及國家安全是環環相扣的，爲研究國家安全領域內的「不變要素」。

惟近代以降，「地緣戰略」一詞運用頗多混淆，並受到許多誤用與曲解，實則僅是戰略層次不同，再者「學術名詞」無罪，罪過在「人」，亦有待澄清。

地緣戰略相關理論

地緣戰略肇源於地緣政治學（Geopolitics）學說，德國哲學家康德（Immanuel Kant,

1724－1804）首創「政治地理學」（Political Geography）一詞，認爲是一種研究空間和政治之間關係的科學，自此以後地理知識和政治相結合，並發展出一套有擴張主義的地緣政治學。（註③）第二次世界大戰後美國葛德石（George B. Cressey）教授首先創用「地緣戰略學」（Geostrategy，中文譯爲地略學）一詞，揚棄擴張思想，强調國家安全與國際互惠合作，特別是地理關係與戰略間的空間價值及地位價值。

從事地緣戰略相關理論之研究者衆，惟出類拔萃者不過五家，他們著書立說，按其學說領域區分，大體上分成陸權論、海權論與空權論。

一、麥金德（Sir Halfard J. Mackinedr, 1861－1947）心臟地帶論

最傑出的英國地緣政治學家，他把歐、亞、非三洲大陸視爲世界島（World－Island），而世界島之鑰則是「心臟地帶」（Heartland），位在東歐及西亞地區，他據此理論，提出有名的世界地緣戰略總結論：

> 統治歐洲東部者，可號令「心臟地帶」。
> 統治「心臟地帶」者，可號令「世界島」。
> 統治「世界島」者，可號令全球。（註④）。

當第二次世界大戰時，麥氏撰文强化心臟地帶論，稱「心臟地帶」是世界上無可匹敵的天然堡壘，蘇俄已佔有這個堡壘，必將脫穎而出成爲世界强國。

二、赫曉夫（Karl Haushofer, 1869－1946）生存空間論

納粹德國的地緣政治學權威，主張國家應作空間的擴張，德國欲成强國必須獲得「生存空間」的信念，故德國必須鞏固麥金德所說的心臟地帶。希特勒的侵略政策及初期致勝均來自赫氏理論。二次大戰時德國一般地緣政治學者把重點放在歐陸，忽略了美國的重要性。

依赫氏理論，只有强國才能繼續成長，小國則註定爲强國的獵物而沒落，世界霸權最後由具備强大三軍力量的國家所取得，現在的國境只是一個國家走向統治世界的暫時界線而已。

三、施比克曼（Nicholas J. Spykman, 1893－1943）邊緣地帶論

美國和平地緣政治理論家，他修訂心臟地帶論，主張邊緣地帶（Rimland）因位居陸權與海權的緩衝區，可同時對抗心臟地帶及沿海島嶼的壓迫，這裡才是世界地緣戰略的「內新月形帶」（如附圖5－5）。施氏修正的新公式：「欲控制世界命運，必須控制歐亞大陸；欲控制歐亞大陸，必須控制邊緣地帶。」（註⑤）

但施氏反對利用地緣因素從事擴張，主張以地理因素設計國家安全政策，强國的責任在保障和平，不在侵略弱國。著有「和平地理學」一書，强調均勢與和平。

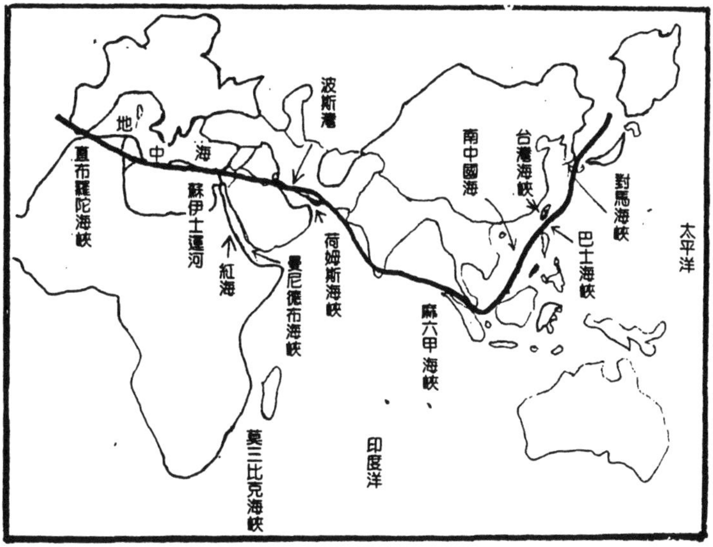

附圖5－5：世界地緣戰略的「內新月形帶」

四、馬漢（Alfred Thayer Mahan, 1840－1914）海權論

美國近代地緣戰略家，主張以強大艦隊確保海權，以控制海洋和海上交通線，控制海洋便能控制陸地。一九一一年出版「海權論」一書，轟動全球。他的中心思想是藉海洋之控制，而控制陸地，故海峽、半島、島嶼、運河是控制陸權的戰略要點，爲以海制陸地區。

五、杜黑（Gen. Gigulio Douhet, 1869－1930）空權論

空權論首創者，義大利之大空軍主義者。他強調「天路」爲兩點間最短之距離，控制權決定戰爭勝敗，故需發展戰略空軍，建立世界空軍基地。空軍致勝的兩大要件，一是空中交通，取其活動自由與距離短；其次是空中作戰，可直接攻擊敵戰略要點或生產中心，無需消滅敵人陸海軍，亦可瓦解敵之抵抗意志。

近現代空權論者尚有米契爾（Billy Mitchell, 1878－1936），爲美國空權論先驅塞維斯基（Alexander De Seversky, 1894－1974），視空權爲國家生存之關鍵。

地緣戰略從陸權、海權到空權論之發展，已從二度空間擴張到大氣層空間（Aerospace or Atomospheric Space）關係和外太空（Outerspace），形成所謂的全球性三度空間關係（Global three－dimensional space Relationship）。這個新的全球性地緣戰略，是思考國家利益、國家安全與國家目標的基礎。

地緣戰略關係與國家興亡

爲什麼四大古國的興起與發展，都在山谷間與河流的三角洲上？爲什麼美國能在兩百年間成爲超强而不墜？爲什麼在非洲的許多國家興亡像泡影之忽現忽滅？此均非歷史之偶合也，地緣戰略要素的存在才是關鍵。

從戰略的實用觀點，與國家興亡盛衰相關的地理要素有八項：位置（空間關係）、地形、氣候、資源、人口、工業、交通與關鍵性活動（註⑥）前四者爲不變要素。後四者爲變動要素。略述如後。

一、位置（空間關係Space Relationship）

民族可以遷徙，國家卻不能移動，這是國家在其空間關係上不可改變的定位。就位置而論，島國須控制入海通道，以求生存發展；內陸國則受鄰國包圍，瀕海國則佔有海陸之利；半島國雖有海陸之利，但須面臨雙重國家安全威脅。島國一旦躋進强盛，常爲大陸之患，如英國之於歐陸，日本之於亞洲大陸。從地緣戰略看，中國之位置有極佳的優越性。

二、地形（Topography）

「地形者，兵之助也，料敵致勝，計險阨遠近，上將之道也。」（註⑦）地形素有陸、海、空以外「第四軍種」之稱。一國之「通形、掛形、支形、隘形、險形、遠形」，（註

⑧）可爲港口、基地、生產中心或戰略要域，均貴在配合國家發展目標，完成建設與調查。如我國泰嶺古來稱「天下大阻」，泰山爲「南北權衡」。清光緒新疆失守，有議棄之者，左宗棠力持不可，曰：「重新疆，所以保蒙古，保蒙古所以衛京師。」（註⑨）凡此乃從地形之考量規劃國防與軍事建設，定國家强盛之根基。

三、氣候（Climate）——一個適宜人居的條件

氣候對國家興衰的影響，表現於國家的形成與發展、軍事與國防兩方面。大體上，嚴寒和酷熱不利於國家的形成與發展，必然不適宜人居，特別是不適宜定居。這也說明國家是不能移動的。適宜人居與定居，才有機會長治久安。建立全國氣象資料，運用氣象變化原理於軍事作戰，此即重要之軍事氣象學（Military Meteorology）

四、資源和人口——國家政策和大戰略的基礎

此二者是一個國家國力即國家能力的根源，也是國家權力的基礎，人口和資源的有效調節和運用，是國家政策與大戰略構想策訂之依據。根據研究，當國家現代化達成了它經濟和社會目標，國家權力一定與其人口成正比。（註⑩）因此，中國、印度、巴西等國，都有成爲强國的條件。時代快速轉變，新的國力組合已經形成，例如科技、管理、電腦、光纖、半導體。

五、交通通訊——實業之母（註⑪）

所謂現代國防，就是快的國防，誰能將整體國力最迅速的集中使用，誰就有現代國防。滿清末年列強侵略中國無不以「交通」爲手段，在中國領土上橫行掠奪，例如日本利用鐵路席捲東北，爲入侵華北根據地。蘇聯建西伯利亞鐵路，爲對中國形成「戰略包圍」。交通對軍事作戰的影響，不僅在「集中」、「機動」及兵力轉用，亦決定戰略及用兵。例如從腓特烈大帝到拿破崙時代（Napolean Era, 1792－1815），交通尚不發達，故盛行「內線作戰」。毛奇（Moltke, 1800－1891）以後，鐵路網開始發達，乃有「外線作戰」之盛行。

我們可以如是說：交通建設之良窳，與國家强弱正比。光緒二十二年（一八九六），俄皇尼古拉二世（Nicholas Ⅱ）行加冕禮，李鴻章爲奉賀使，並與俄財政大臣維德伯爵（Count Witte）商討共同阻止日本在東北發展。所得結論曰：「無鐵路，則無同盟」。（註⑫）乃簽中俄密約，允俄所建西伯利亞鐵路經過吉、黑二省，以達海參威。交通線其實是現代國家的「生命線」，成之則强，不成則弱；控制在我則興，受制於人則亡。

工業、貿易、關鍵性活動（Critical Activities，如政府、企業）與交通都是國家經濟建設之一部。經濟建設不外二途：民生與國防。民生工業爲主，但不危及國家安全；或國防工業爲主，而不礙民主工業發展。最完美的組合是「民生與國防合一」，如何組合能趨於完美（國家長治久安），有待國家安全政策的決策者去傷腦筋了。

地緣戰略和集體與區域安全

前述八項地理要素對國家興衰的影響，包含歷史眼光（Historical Perspective）和地理觀點（Geographical Viewpoint），需要從千百年的歷史長流中，才能觀察到國家興衰存亡的道理。惟國際或區域的地緣戰略，是國家安全的「外環境因素」，與國家安全存有不可分割的「結構關係」（Structure Relationship）。

一、全球地緣戰略觀的集體安全（Collective Security）

以全球性的地緣關係爲基礎，研究地理環境對全球集體安全的關係，形成一套有系統的構想，並力行實踐之，追求國際和平。第一次世界大戰後，凡爾賽條約正在訂立之際，麥金德提出警告：德國可能再起，征服歐洲、俄國，進而控制「內新月形帶」。當第二次世界大戰正進行中，麥氏再次警告：若蘇聯控制內新月形帶，就能再向世界共產帝國邁進。戰後美國領導民主陣營，對抗並期待瓦解共產陣營，杜魯門依內新月形帶理論，產生大戰略構想——圍堵政策。經半個世紀冷戰終於結束，只是冷戰時期多少國家的赤化、內戰，無數生靈塗炭，都是人類歷史上揮不去的夢魘，中國之災難何時才要終了！

今天，後冷戰時代，及以後，國際安全與和平也許仍要依賴權力均衡（Balance of Power），並落實集體安全制度（Collective Security System）。美國根據海權、空權理論，建立全球權力投射（Global Power Projection），在西太平洋部署第七艦隊，東太平洋部署第三艦隊，大西洋部署第二艦隊，地中海部署第六艦隊，及中東支隊、印度洋支隊等。

二、區域性地緣戰略與區域安全（Regional Security）

國與國之間或國家集團之間，以軍事作戰爲主的戰略，必將置重點於地理因素對軍事作戰的影響，以維護區域安全，並支持區域安全制度（Regional Security System）的落實（如北約組織在冷戰時期對抗華沙公約）。爲達成這個目標，須考量三個區域性地緣戰略的基礎要素。（註⑬）

㈠核心地區（Core Area）：國家的政、經、軍、心要域（如首都），或軍事基地、戰略要點、生產中心等，構成國家的核心地區。

㈡疆界與國土戰略縱深（Strategic Depth）：疆界是國家生存發展之空間，也是國家主權與國防能力之指標。從疆界到核心地區的距離就是戰略縱深。

㈢軍事障礙（Barrier）和戰略走廊（Corridor）：疆界或國境線附近的山脈、江河、沙漠、沼澤、海洋或海峽，都構成軍事障礙。戰略走廊則是以平原爲主，交通樞紐的連線走向核心區之地帶，海上交通線也可以形成戰略走廊。

集體安全和區域安全只是不同層次的國家安全，不論强國、小國或弱國，都應依地緣戰略關係設計國家安全政策，畢竟，安全與生存等同重要。

台海地區位於內新月形帶東段，在地緣戰略上可以瞰制東北亞之要域，確保西太平洋航道安全。台海地區的和平與安全，則可保持這條「地緣戰略帶」的完整，所以台海地緣戰略的重要性，不論是對亞太、兩岸乃至全世界，利害是一致的。

註釋

① Richard Smoke, National Security Affairs, Fred I Greenstein, Nelson W. Polsby, International Politics, Handbook of political Science, no.8（Massachusetts：Addison－Wesley Publishing Company, 1975）, p.525.

② G. Etzel Pearcy 等著，世界政治地理（World Political Greography），屈彥遠譯，第四版，上冊（台北：教育部，民國73年10月），頁六八。

③ 政治地理學有三個學派，其一爲政治景觀（地區科學）學派，例如赫茨荷恩（Hartshorne）認爲政治地理學是研究政治區域的科學。其二爲政治生態（國家經濟）學派，如范爾康堡格（Valkenburg）即傾向國家經濟學研究。其三爲有機組織（地緣政治有機說）學派，如赫曉夫認爲是一種國家生存空間（Lebensraum）及其結構之學。同註②，第二章。

④ 同註②，頁五九。

⑤ 同註②，頁六九。施氏的世界地緣戰略「內新月形帶」圖解，見作者另著，防衛大台灣

——台海安全與三軍戰略大佈局（台北：金台灣出版公司，民國84年11月1日），頁四〇，又「地緣戰略」一詞爲美國葛德石教授於一九四六年創用，時任美國地理學會會長。

⑥ 孔令晟，大戰略通論（台北：好聯出版社，民國84年10月31日），第二篇，第四章，第一節。其他地理要素尚有國境線、民族、農田、水利、邊疆等，可見汪大鑄，國防地理（台北：帕米爾書店，民國44年11月增訂版）一書。

⑦ 孫子兵法地形篇，魏汝霖，孫子今註今譯（台北：商務印書館，民國76年4月，修訂三版），頁一八三。

⑧ 同註⑦。

⑨ 汪大鑄，國防地理，頁一六一。

⑩ 孔令晟，大戰略通論，頁二七四。

⑪ 國父稱交通是實業之母，實業計畫就是國家經濟大政策，經濟建設操之在我則存，操之在人則亡。我們看國父的實業計畫，就是國防與民生的大計畫。中國國民黨中央委員會黨史委員會，國父全集，第一冊（民國77年3月1日再版），頁五〇七—六六六。

⑫ 同註⑨，頁二三八。

⑫ 同註⑩，第二篇，第四章，第一節。

結　論

我們對戰略之研究，就是在研究一個政治體（國家或政府），對安全管理的作爲，在這方面戰略與安全可以同義，也可以說研究戰略關係之目的在求安全。在本章雖把戰略區分成四個層次，但對國家想要追求的，不論是安全、利益、發展、和平、目標，或階段性必須維護之特定事項，大體上各戰略層次相同。惟手段不同，可以如是說：

大戰略運用國家權力與外交，確保國家安全。

國家戰略建立並運用總體國力，確保國家安全。

軍事戰略建立並運用軍事武力，確保國家安全。

野戰戰略運用兵力戰勝，確保國家安全。

至於地緣戰略，是利用地理要素和環境充份爲戰略服務，所望達到之效果雖有層次之別，例如國際安全（集體安全和區域安全），但最高指導原則，卻仍然是國家利益和國家安全。

第六章 國家長治久安之道

研究國家安全的最後一道難題，是國家長治久安之道—國家的永遠興盛，永續發展。儘管自有人類歷史以來，並未見有永存不亡的國家或政權，中國周朝八百年，西方東羅馬帝國一千一百年，是人類歷史上最久的政權，只是人類中的智者仍希望建立一種更好、更完美、更能長治久安的國家。例如柏拉圖（Plato, 427－347 B.C.）的「共和國」（The Republic），亞里斯多德（Aristotle, 384－322 B.C.）的「最好國家」（The Best State），我國孔子的大同世界。許多政治思想或制度經過兩千多年的實踐証實，也許人們應該摸索出國家長治久安之道。

這樣一個「最完美的國家」，莫非就是現代化國家、現代化國防與軍事、外交關係與國家安全戰略經營、統一與富強？把握此四者，不可偏廢，爲國家長治久安之道，本章研究之主題。

第一節　現代化國家：反省西化美化

國際舞台上已有二百個國家，惟目前仍有許多種族與區域衝突，領土主權或恐怖主義威脅等，無數的國際紛爭似乎永遠沒有共識，使多數國家處於「不安全」狀態下。可是有一件事可能是各國難得的共識，不論是西方民主先進國家，共產國家或第三世界，大家「齊一步伐」邁向現代化，當然，各國的現代化內涵是有差異的，例如西方國家的現代化可以等同政治現代化，而共產國家的現代化是排除政治現代化的。

在國家長治久安的前提下，要成為一個現代化國家，「現代化」應有正確而客觀的涵義，「現代化國家」也應有明確而可以觀察的指標。

現代化—第一個指標

現代化（Modernization）是一個語意很廣的詞彙，在英文中與近代化同一字。並且常和發展（Development）、西化（Westernization）、工業化（Industralization）等概念混用，惟在時間上現代化與近代大體上是重疊的，都是從十八世紀歐洲工業革命開始的。

謝高橋從社會學角度，認為現代化是指一個社會結構，轉變為另一個結構的過程，常被認爲是從傳統民俗社會轉變爲都市工業社會的過程，故現代化就是工業化。（註①）這個長期轉變的過程是：低開發→開發中→準開發→已開發，在西方大約是經過二百年的調適。金耀基剖析現代化內涵有工業化、都市化、普遍參與、專業化、世俗化及成就取向。（註②）西方政治學家大致上把現代、政治發展和政治現代化視爲同義。（註③）故現代化除了是經濟與社會層面的現代化，更重要是政治發展（Political Development），即政治現代化（Political Modernization）。學者Lucian W. Pye，提出十個有名的內涵：

一、政治發展是經濟發展的政治先決條件。
二、政治發展是工業社會的政治典範（Politics typical）。
三、政治發展是政治現代化。
四、政治發展是民族國家（Nation－State）的運作。
五、政治發展是行政與法律的發展。
六、政治發展是大衆動員及參與（Mass Mobiliztion and Participation）。
七、政治發展是民主政治的建立。
八、政治發展是安定而有秩序的變遷。
九、政治發展是動員與權力。
十、政治發展是多元社會變遷過程。（註④）

以上都普世化後，伊斯蘭、印度、儒家文明便受到衝擊，這種「普世價值」是錯的。

簡單的說，現代化是一個社會結構的轉變過程，從傳統的民俗、部落社會發展到現代化社會，是一個光譜式的連續過程。現代化的確魅力無窮，銳不可擋，她迫使各國齊一步伐地追求現代化，有了現代化就有了國力。

公平正義的社會——第二個指標

民主政治（Democracy）一詞來自希臘文Demokratia，據學者研究，古希臘城邦（City－State）首次實行民主政治，雅典的民主政治對後世影響很大。（註⑤）果如此，則人類推行民主政治的經驗也有兩千多年了。惟史家亦指出，民主政治直到一七九〇年代還是政治理論家用作分析的工具，不過有三種力量：文藝復興、基督教理論與實務，和中產階級興起，卻爲民主政治奠基。

十七世紀英國的政治改革，如一六二八年的權利請願書，一六七九年的人身保護法和一六八九年權利法典。接著美國革命，法國大革命，及許多民主政治思想家、政治家的倡導與實踐，開始有了全國性的民主政治制度和民主社會。英國首相邱吉爾就認爲林肯（Abraham Lincoln）「民有、民治、民享的政治」（Government of the people, by the people, and for the people。），就是民主政治最重要的定義。（註⑥）準此而言， 國父所要建立的就是民主政治制度的國家，因爲民族、民權、民生三者，與美國的民有、民治、民享，和法國大革命的自由、平等、博愛，均爲同義，端看是否落實一種實現民主理念的制度，並由國民力行實踐成爲一種日常生活方式。

從現代化理論看，民主政治的關鍵也在政治參與，因爲政治參與決定了政府的政策。（註⑦）當美國總統大選的投票率低到百分之四十九時，學術界立即呼籲「這是美國的危機」。（註⑧）盧梭（J.J.Rousseau）在他的民約論中說：

國家的組識愈好，則公民心目中愈覺得公事重於私事。當任何人說國家大事「於我何關？」的時候我們便可認定該國亡了。（註⑨）

民主政治發展到現在已成爲一種生活方式、政治制度或心理狀態（A state of mind），可以歸納成六個簡單的指標，這也是極權、威權、共產或君主政體所沒有的特徵。

一、民意政治：統治權、政權、政策均來自民意。
二、法治政治：以法律治國、治人和治事的準則。
三、責任政治：責任大小與權力成正比。
四、政黨政治：透過政黨，民主政治才能有效實行。
五、多數決定：民主遊戲規則的基本規範。

六、民主社會：多元、開放，尊重人權的社會。

開放與安定社會——第三個指標

「開放社會」（Open Society）是柏格森（Henri Bergson）在「道德與宗教的二個根源」（Two Sources of Morality and Religion，一九三五年英文版）一書創用。但爲「開放社會」建立不朽的理論體系，是「開放社會大師」（Master of The Open Society）卡爾．巴柏（Karl R.Popper），他在一九三八年三月提出他的經典名著「開放社會及其敵人」（The Open Society and Its Enemies）。巴柏直指開放社會的特徵有二，其一是自由討論與理性批評，尤其對政府的政策是否明知，自由討論和合理批判應被會容許；其二爲社會制度之存在是爲保護自由、窮人和弱者，將「苦難減到最小」（Minimize Suffering）。（註⑩）當人類還在封閉社會（Closed Society）時，充滿著禁忌（Taboo）、教條（Dogma）和崇拜歷史命定主義（Historicism），找不到人的價值和定位。開放社會是人文（Humanistic）的社會，自由、正義、平等的社會。然而從封閉到開放社會，需要長期過渡與調整。

當巴柏出版「開放社會及其敵人」後，羅素（Bertrand Arthur William Russell）譽之爲維護民主制度，討論人類思想的第一等著作，不啻對自由陣營增加五十個師的反共戰力，（註⑪）媲美世人稱馬漢的海權論，是「一枝筆勝過聯合艦隊」。

現代民主政治具多元性（Polyarchy），稱之多元的民主政治，民主社會也是開放社會。當代研究開又社會的學者，亦提出開放社會的四項指標：

一、開放社會是流動性（Mobility）較大的社會。

二、開放社會是意見公開的社會。

三、開放社會是機會公開的社會。

四、開放社會是進步的社會。（註⑫）

從系統理論（System Theory）觀點評估，開放社會正是依斯頓（David Easton）所發展的政治體系（Political System）概念架構。只要投入（Inputs）到產出（Outputs）能始終保持流通，要求（Demands）與支持（Support）能由政治體系（TThe Political System, 即政府），獲取滿意的決定與行動。縱有不滿或異議也可以透過反饋環（Feedback Loops），重新投入，得到滿意的結果。政治體系永保流通與開放至少在理論上是可以確保政治體系（國家、政府、社會或團體）永不崩潰，並且越來越好。

現代化的反思與人文主義——第四個指標

成爲一個現代化國家的途徑或標準（指現代化、民主政治和開放社會），基本理念上已被絕大多數國家所接受，肯定其價值，並落實成爲可以推行實踐的制度。當「全球第三波民主化的發展與鞏固研討會」於一九九五年八月在台北舉行，當代政治學大師Robert Dahl和Samuel P. Huntington 共同與會，亦曾指出威權體制缺乏自我改革的制度，或可提供十年或一個世代的好政府，但卻無法長久，唯有民主政治能產生長久政府。Robert Dahl 甚至稱現在是人類歷史上，民主政治體制第一次沒有許多強力競爭對手時代。（註⑬）現代化的途徑和標準是否真的完美無缺，可以確保國家長治久安？

現代化政策推行以來，在絕大多數的國家也出現很多嚴重的後遺症，付出巨大的社會代價—我們常在抱怨現在是個物慾橫流與暴力橫行的社會。很顯然的，現代化與民主政治所建構的社會，「自我療傷」的功能不夠健全，這就是所謂西方民主政治的危機「民主老化僵硬症」。（註⑭）而新興民主國家的民主水準前景並不樂觀，後共產國家的民主前景更令人憂心。

於是，我們需要增强民主體制「自我療傷」的功能，以期提高治療「民主老化僵硬症」的療效。（不採體制外改革，是因爲那樣做代價更高，後果可能更嚴重。）這便是現代化的反思和人文主義，現代化和民主政治不僅需要反思，更需要運用社會批判理論（Critical Theory of Society），轉化或刺激當代社會，以邁向更理想的社會。（註⑮）以其批判性格來反物化，只有對現在的社會現象與建制加以有效而不斷的批判，促使它轉化，我們才能繼續邁向更合理的社會。

推行現代化，人們享受民主與開放社會的好處。代價是人文主義的喪失—人「物化」（Reification）了。人文主義（Humanism）强調人生的責任，重視人倫關係，肯定人格的價值，提倡人文教育，儒家思想一向被視爲典型的人文主義。「己所不欲，勿施於人」或「己所欲，施於人」，正是把恕道精神內化成一種生活習慣，此亦合現代人權（Human Rights）理念的伸張與實踐。必竟道德是國家的根本，有了道德才能談長治久安之道。

假如現代化的結果是社會「物化」，人們落回「商品拜物教」（Commodity Fetishism）原始愚昧之中，人都成爲「單面人」、「生物人」、「破碎的人」，有ＩＱ而沒有ＥＱ，這不僅是錯誤的現代化，也是國家安全的悲哀。

註釋

① 謝高橋，社會學（台北：巨流圖書公司，民國73年6月），頁五四一。

② 金耀基，從傳統到現代（台北：時報文化出版公司，民國72年元月20日），頁一五〇—一五六。

③ Samuel P. Huntington and Jorge I. Dominguez, Political Development, Fred I. Greenstein and Nelson W. Polsby, Handbook of Political Soience, no. 3（Massachusetts：Addison - Wesley Publishing Company, 1975）,PP. 39 - 48.

④ Lucian W.Pye, Aspects of Political Development（台北：虹橋書店，民國72年6月16日，一版），頁三三—四四。

⑤ 馬起華，政治學原理，下冊（台北：大中國圖書公司，民國74年5月），頁一一七三—一一七六。

⑥ 同註⑤，頁一一八六。

⑦ Samuel P. Huntington and Joan M. Nelson, No Easy Choice - political Participation in

Developing Countries（Combridge：Harvard University Press, 1976）,p.4－7.

⑧ 聯合報，民國85年11月8日。

⑨ 盧梭，民約論，徐百齊譯（台北：台灣商務印書館，民國57年7月臺二版），頁一二七－一二八。

⑩ 卡爾．巴柏，開放社會及其敵人，莊文瑞、李英明編譯（台北：桂冠圖書公司，一九八八年元月二十日，三版），序頁及第十章。本書嚴厲批判馬克斯主義，並對任何極權、種族或集體主義等偏狹觀念，深惡痛絕。

⑪ 程滄波，評介「開放社會及其敵人」，自由中國，第七卷，第十一期（民國41年12月1日），頁三三－三五。

⑫ 同註⑤，頁一二五〇－一二五一。

⑬ 聯合報，民國84年8月24日，第六版；中國時報，民國84年8月27日，第九版。

⑭ 「民主老化僵硬症」，主要指政客爲討好選民，大開支票，於是生之者寡，食之者衆，整個體制僵化，政客與選民「各謀其利」，政府愈來愈無力感，人民對政府失去信心，整個體制被黑道、暴力和私利所控制，民主政治體制似乎很難防止這樣的惡化與腐化。全球所有國家都面臨同樣難題，政治學大師Robert Dahl也不知如何解決。詳見Robert Dahl「第三波民主化與兩岸發展」系列之三，聯合報，民國84年8月24日，第六版。

⑮ 「社會批判理論」或逕稱「批判理論」（The Critical Theory），是一九二〇年代德國「法蘭克福學派」（Frankfurt School），係霍克海默（Max Horkheimer）等人所建立的一種理論。可見黃瑞祺，批判理論與現代社會學（台北：巨流圖書公司，民國74年2月）一書。

第二節　現代化的國防軍事建設

一九九七年，我國躋身已開發國家，到二〇〇〇年國民所得將超過二萬美元。（註①）也算是一個現代化國家了，然而我們有現代化國防與軍事建設嗎？

現代理念的主權國家（Sovereign State）形成到現在大約三百多年（從一六四八年衛斯法理條約起算）。只要最後的世界政府（Eventual World Governmont）未實現，主權國家仍爲國際社會主角，權力亦分屬各主權國家，則國家安全與利益主要還是靠主權國家自己的能力維護。故環視各國不僅長年累月積極備戰，且以現代化國防軍事爲建設目標。備戰是爲防止戰爭，確保和平－維護國家長治久安。此處已不再贅述國防政策或建軍備戰之內容，在從個宏觀角度提出幾個「現代化」國防軍事指標，以供觀察或評估。

現代化的組織體系

現代化的特徵是分化（Differentiation），組織目標仍以功能爲導向，爲組織的存在與活動提供合法性（Legitimacy）的基礎，也是衡量組織成敗的標準，及其效能（Effectiveness）與效率（Efficiency）的準繩。（註②）就組織內行爲而言，個人加入一個組織，人的需求層次必然逐次提高，最後達到自我實現（Self－actualization），才會滿足。在追求自我實現的過程中，若產生太多不能調適的挫折、衝突或焦慮，亦將危及組織效能與效率，終於導致組織目標無法達成，或被迫接受次要之目標。現代化的國防與軍事縱使有層面的不同，但必須有效能與效率，而且是高效能與高效率，能達成目標則是一致的，凡不能如此便是落伍。軍隊是要打仗的，戰爭要取勝，要維護國家安全與利益，國防組織和軍隊層級必須要高效能與高效率，成員的需求要獲得滿足與自我實現，欲達此目標應有兩個條件。

第一、國防與軍隊組織，必須是在一個開放社會體系下的次級組織。軍方與社會是有交流溝通的，而不是一個「封閉系統」，有適當的「陽光化」接受監督與批判，以防止腐化（Corruption）。要提高警覺，「腐化都是在現化進行最激烈的階段最爲嚴重」。（註③）

第二、是軍方的內部組織。就縱向而言要減低層級，縮短「指管通情」通路；在橫向而言要減少編制單位。這表示軍隊任務要戰純化（只有作戰訓練），其他方面（如國防工業、後勤補給、服務、眷管等）儘可能提高民營化程度。組織簡單、機動才有高效能與高效率。再者，組織簡單也爲防止軍隊腐化，因爲「腐化乃是擁有新資源者崛起後，圖謀在政治領域佔據一席之地的結果。」（註④）

就現代化組織理論及台海防衛作戰型態觀之，我國「十年兵力整建計畫」與國防工業民營化應加速推動，才能建立現代化的全民武力。

第三波（The Third Wave）戰爭能力

「新戰爭論」的作者托佛勒夫婦（Alvin and Heidi Toffler），把人類戰爭史依據社會變遷過程分成三個階段，謂之「三波」。農業時代爲第一波戰爭，工業革命發動第二波變動，一九八〇年初是第三波萌芽，一九九一年波斯灣戰爭是第三波戰爭的模型。第三波戰爭特質爲：

一、知識爲導向，官兵素質高，人人都有思考與創造力；甚至提出問題，挑戰權威，「拿電腦的兵比拿槍的兵多」。

二、自行判斷、分析、選擇的智慧武器裝備開始運用，作戰訓練講究專業，後勤「尾巴」特長。

三、軍隊組織規模漸小，火力更大，機動力更强，一發命中；C_3I，已經不足，C_4I才夠（控制Control、指揮Command、通訊Communication、電腦Computer及情報Intelligence）。C_4I也是現代多軍（兵）種聯合作戰的基礎。

四、作戰過程使用龐大資訊，由電腦、資料庫及衛星連接成整體網路，經系統整合提供指揮官最佳方案。

五、利用電磁波頻譜（Electronic－magnetic Freguency Spectrum）進行電子戰，成爲

陸、海、空並存的的四維戰場。所謂「戰場」已不受時空限制，有的士兵是在自己家中用電腦參戰，並與指管通情連成同一網路（Network）。

波斯灣戰爭中，我們見到聯軍的第三波部隊與伊拉克的第一波部隊相抗，美國與北約組織發展出來的第三波戰力，明顯的戰勝了俄製的第二波武器，當然，致勝的背後還有國家的基礎科技研究、國防工業（特指高科技）、經濟、社會及政治的發展程度基礎。第三波暴力是心智的延伸產品，而非拳頭的延伸品，第三波戰爭的來臨將重寫未來的歷史。

中共受第三波戰爭的刺激最大，積極整備電子戰及其C_4I系統，目前已是繼美、俄之後，第三個擁有極地軌道氣象衛星的國家。現在正推行第九個五年計畫（一九九六—二〇〇〇年），發展以光學和微波遙感爲主的對地觀測技術。我國的「二代戰力更新」及「十年兵力整建」計畫，是唯一有機會把國防軍事建設提升到擁有第三波戰爭能力者，實應投入智慧、財力以赴之。

軍隊國家化

一支有現代化組織的武力，能夠進行第三波戰爭，要由誰指揮？或說誰才能控制它，用它？這是一個更重要，更難解的問題。在我國憲法第十三章「基本國策」其實有明確的規定，「全國陸海空軍，須超出個人、地域及黨派關係以外，效忠國家，愛護人民。」「任何黨派及個人，不得以武裝力量爲政爭之工具。」「現役軍人不得兼任文官。」（註⑤）這便是軍隊國家化，只待落實執行。

然而，軍隊國家化仍是我國近代內戰及政治紛爭的焦點，最後在民國三十五年根據政治協商會議，國共簽訂「關於軍隊整編及統編中共部隊爲國軍之基本方案」，執行亦宣告失敗，（註⑥）中國終於被赤化。

政府遷台並開始數十年長期對抗共產主義鬥爭，此期間關於軍隊國家化紛爭仍多，特別是黨在軍中的活動及政戰制度的存在問題。大體上西方民主先進國家對「軍隊國家化」持較廣泛涵義：

一、軍隊在政治上保持中立態度，軍人不干預政治決策。

二、軍隊只扮演軍事專業角色，以其專業知識和技術從事建軍整備，善盡保國衛民之責。

三、軍隊屬於國家和全民所有，非屬任何黨派或階級所有，即軍隊應超越黨派，效忠國家。

四、軍人服從文人政府領導，既明訂於憲法，也在軍隊精神教育和生活實踐中。（註⑦）

西方學界和我國憲法所定其實涵義相同，問題出在國家認同與泛政治化。中共早在「中華人民共和國」成立前的民國二十五年，已先在江西成立「中華蘇維埃聯邦共和國」，這「兩國」之間談軍隊「國家」化，如何會有結論？

軍隊國家化的另一個重要意義，是「軍事專業主義」，指軍人爲暴力的管理者，須有專業而特殊的職能，在政府的文武互動關係上扮演專業性角色，發揮戰力以確保國家安全。此即軍事專業主義（Miltary Professionalism），這也是現代民主開放社會的高度分化（Differentiation）與特殊化（Specialization）的結果。現代化民主國家的軍隊，是在文人控制（Civilian－Control）下，只負責法定範圍內的專業事項—建軍備戰，保持戰力，運用戰力，確保國家安全。

以美國爲例的民主國家，文人控制的機制有政黨中立（Non－Partisan）、平民軍隊（Citizen－Soldier）、（註⑧）國會控制、行政控制、文人國防部長、國家安全會議、兵權分立等。惟當非常時期、國家安全受到威脅或戰時，文武關係有重大調整，如軍方權力擴張、軍政府成立或戰地政務推行，稱之「憲政獨裁」（Constitutional Dictatorship）。待戰爭結束後，再恢復原來「文官控制」的常態發展。

註釋

①聯合報，民國84年5月7日，第九版；暨6月6日，第十九版。

②組織的效能（Effectiveness）是按其實現目標的程度而定。效率（efficiency）則按產生某一單位的產品（或成果）之資財（時間、金錢、能源及人力）定。呂亞力，政治學方法論（台北：三民書局，民國74年9月，三版），頁三〇四─三〇五。

③Samuel P. Huntington，轉變中社會的政治秩序（Political Order in Changing Societies），江炳倫、張世賢、陳鴻瑜合譯，第三版（台北：黎明文化出版公司，民國74年12月），頁五一。

④同註③，頁五三。

⑤中華民國憲法，第一三八、一三九、一四〇條。

⑥爲解決整軍、統編共軍問題，於民國三十五年元月十六日成立軍事三人小組會議，政府代表爲張群、張治中，中共代表周恩來，馬歇爾（George C. Marshall）受政府聘爲此三人小組顧問。二月二十五日簽訂公布整軍統編方案，國民政府主席爲中國陸海空三軍

最高統帥，各部隊一律統編爲「國軍」，可惜亦告失敗。見秦孝儀主編，中華民國政治發展史，第三冊（台北：近代中國出版社，民國74年12月25日），第七章，第五節。

⑦ 李台京、洪陸訓，國軍政戰制度與各國政戰工作簡介（台北：政治作戰學校軍事社會科學研究中心，民國84年6月），頁五—六。

⑧ 西方政治學家，如布來克斯頓（William Blackston）、傑佛遜（Thoman Jefferson）或曾任美國總統的威爾遜（Woodrow wilson）等人，軍人來自社會，與社會要保持適度開放性，唯有如此軍人才會效忠國家，愛護人民，「平民軍隊」遂成爲防止軍人干政的一種機制。爲落實平民軍隊理念，美國軍隊的領導階層甚爲多元化，軍官來源除知名的西點軍校外，尚有許多公、私立軍校，另有與大學合辦的預備軍官訓練團（Reserve Officers' Training Corps, ROTC）。洪松輝，「美國國家安全體制中文人控制之理論與實際」，第一屆軍事社會學學術研討會（民國85年4月12日），頁七—九。

第三節　外交關係與國家安全戰略經營

有了現代化民主開放社會與現代化國防軍事建設（如我國、日本或以色列等國），是否就確保國家安全？維持一個短時期也許可以，但求國家的長治久安，仍須經營另一個更高層次的問題—外交關係與國家安全戰略。外交是國際關係和互動，或謂國際權力政治的核心工具。不論平時或戰時，外交都在戰略（特指大戰略、國家戰略和地緣戰略）指導下，維護國家利益，確保國家安全與和平。

外交與戰略的體用關係（註①）

國家安全政策，乃攸關國家之生存、安全、發展等重要價值。國家安全政策本身即具戰略意義，以既定的手段，達成國家目標。

一、戰略的目的性：長期的政策選擇旨在藉明確目標導向的行爲設計，以求得價值偏好的最大化。

二、戰略是具操縱性的（Manipulative）

環境變動不羈，敵方意圖難以捕摸，但決策者必須在諸多方案中做戰略性的選擇，爭取優勢，立於不敗。

三、戰略選擇的重點，不在於有系統，而在於能按部就班。

四、戰略選擇具有辯証的意含，亦即在贏得勝利的目標下，必須交互使用政治與軍事手段，運用武力與外交談判來達成目標。

就現實主義觀之，國家爲追求外交政策的目標，運用國家權力（政、經、軍、心）是實現國家利益的主要工具，而戰爭則爲合理的手段。戰爭是推行外交政策的工具，又是當外交行爲無法達成目的時才被運用的手段。因此，國家平時進行外交關係，也同時制定戰略，俾能於外交手段不克達成所要目標時，立即以既定戰略發動攻勢，屈服對方意志。

故所謂「戰略」（Strategy），簡單的說，是軍事行動的全部指導。所謂「外交」（Diplomacy）則是與其他國家交往的指導。兩者爲體用關係，皆須服從於政治，服從於國家或國家領導人所具有的國家利益觀念，以獲取國家安全與和平─長治久安。

外交與戰略的整合─國家安全戰略

國家欲求得長治久安，外交與戰略兩大途徑必須整合，才能兼具宏觀與微觀性質，而能林樹俱見，鉅細靡遺。經整合而得一「國家安全戰略」（National Security Strategy）概念。

儘管學術界至今對「國家安全戰略」一詞，並未形成一個可以界定或分析的概念，柯林士在其「大戰略」一書中說，這本書是以討論各種有直接關係的「國家安全」戰略爲主。集合在一起就構成「大戰略」，可見柯林士亦未整合成「國家安全戰略」一詞。實際上他所說的各種有直接關係的「國家安全」戰略，乃指國家戰略範圍內的，兼顧內政、外交、軍事、經濟、心理及其他戰略等。「每一部分都立即和直接影響國家安全。」（註②）這也是吾人研究國家安全，追求國家長治久安，圖以「國家安全戰略」概括之，其內涵包括有大戰略、國家戰略（政治、經濟、軍事、心理）、軍事戰略、野戰戰略及地緣戰略。

國內學者近年對「國家安全戰略」開始有研究者，如美國大西洋理事會顧問暨中國國民黨中央大陸工作會秘書曾復生博士、經濟建設委員會副主委薛琦先生、三軍大學戰爭學院院長徐博生將軍等人。（註③）如曾復生說「國家安全是國家持續生存與發展。」而國家安全戰略，是創造有利國家持續生存與發展的態勢。（註④）

故本文所提出「國家安全戰略」，不僅透過外交戰略整合國際安全（集體安全與區域安全），亦經由國家戰略指導整合其他戰略與內部安全，才能謀求、創造有利國家持續生存與發展的全般態勢。

附圖6－1：國家安全戰略架構的思維邏輯

戰略目標
↓
戰略指導原則
↓
政　策
↓
計　畫
↓
預算與人事
↓
執　行
↓
管　制→檢　討
↓
國家安全戰略

國家安全戰略架構的思維邏輯、

國家安全戰略既然與國家安全為直接關係，則國家之方向、目標必須明確而肯定，特別是領導者及整個領導階層的國家方向、目標必須很清楚，不容有任何質疑，否則便是國家之危機。

國家安全戰略是一種可行的構想，絕不可有空談幻想的成份，故須在最高指導原則（國家長程發展）下形成政策，完成計畫，以所要之預算及人事，按計畫逐一完成。其思維邏輯如「附圖6—1」所示。（註⑤）至於此一架構的產生，還是有一個戰略性的作業程序如後：

一、觀察特定時空內發生的相關現象（先作科學性觀察）。

二、蒐集充足的資訊。

三、排除主觀性的認定與臆測做客觀性的分析研整。

四、確認關鍵性因素（即最直接威脅國家安全因素，例如中共武力犯台，以及可能造成社會動亂或結構瓦解的重大事件。）

五、推斷戰略性能力、戰略性企圖及發展趨勢。

六、預估可能發生的影響。

七、研擬國家安全戰略架構。（註⑥）

我國國家安全戰略

研究我國現階段的國家安全戰略，應從「戰略性的作業程序」開始，瞭解內外環境中威脅國家的關鍵因素，而戰略目標更要鮮明、肯定，不容質疑。

一、國家安全戰略目標

㈠中華民國持續生存與發展。

㈡避免台海兩岸及台灣島內發生武裝衝突。

㈢促進以和平、民主、自由方式統一中國。

二、國家安全戰略（附圖6—2）

附圖 6－2：我國國家安全戰略

中　華　民　國

對中共守的戰略

1. 依據國家統一綱領的原則與進程，堅持以一個中國，兩個對等政治實體，共創中華民族命運共同體的架構，化解中共的「和戰」兩手策略。
2. 遵循「能戰才能和」的戰略原則，精實壯大國防力量。

對中共攻的戰略

1. 鼓吹“雙贏”策略，推展建設性的交流接觸。
2. 宣揚中華民族命運共同體的發展方向。

對美國的戰略

1. 吸引多國籍企業，建設台灣為亞太區域營運中心。
2. 倡導參與亞太區域集體安全體系。
3. 結合世界主流，形成和平演變中國大陸的基地。

對島內台獨的戰略

1. 鞏固中華民國命運共同體。
2. 爭取選舉勝利。
3. 頒佈國家建設發展綱領。

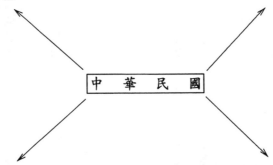

我國在面對中共「和戰」兩手策略及武力犯台威脅、島內分離主義的「再分離」與「再激化」、美國的中國政策、亞太安全戰略環境等複雜因素。（註⑦）乃應把握關鍵因素，理出國家安全戰略，以「附圖6—2」示之。

前述國家安全戰略及目標均簡單而明確，惟威脅目標之達成者不外兩個「關鍵」致命因素：中共犯台威脅及島內分離主義。尤其建國黨的成立宗旨是終結中國民國，等於是接續民進黨的分離主義，對台灣社會進行「再分離」與「再激化」，將爲我國帶來數十年、數百年，甚至更長久的社會動亂、暴力、仇恨、戰爭，此誠爲莫大之災難。國際上的實例處處可見，島內積極從事獨立建國者應深思之，難道「權力」滋味如此甜美乎？可以不顧所有人民的生命財產？不顧一切社會成本？

中國統一的困境也許難以突破，新加坡內閣資政李光耀於一九九六年六月五日，在美國接受訪問時就表示，無論台灣人民或香港人民，都不會願意在目前投入中國的懷抱，不過由於面對一個强大的競爭對手，台灣必須時時從地緣政治的角度對自身作長遠的考慮。（註⑧）

不論外交關係或國家安全戰略的考量，我國其實是面臨中共及島內台獨的「戰略包圍」與「外線作戰」，我們是否應該考慮「0」與「1」的中間選項？

附表：亞太安全體系

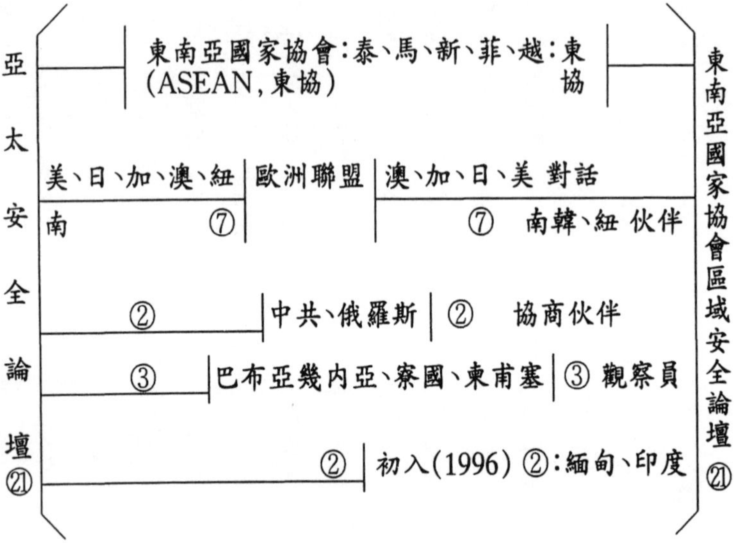

註釋

① 林吉郎，臺海軍事衝突時期的戰略／外交分析（一九五四－一九五八）（政治作戰學校政治研究所，博士論文，民國82年4月），頁五七六－五七七。

② 柯林士（John M Collins），大戰略，鈕先鍾譯（台北：黎明文化出版公司，民國64年6月），頁四〇－四一。

③ 近年國內學者研究「國家安全戰略」如：曾復生，「九十年代中華民國國家安全戰略分析」，台北市，國立台

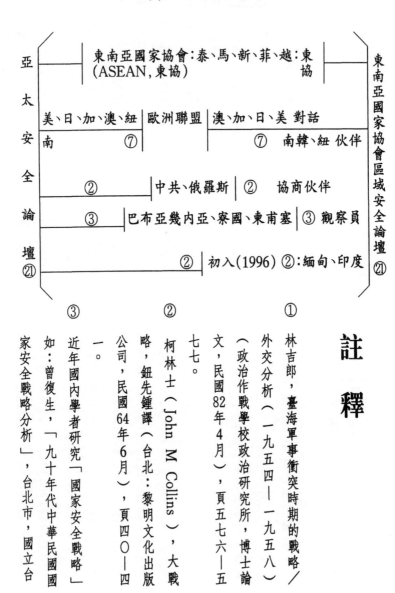

灣大學，民國83年10月13日；曾復生，「國家安全戰略與資訊—九十年代中共國家安全戰略研究」，國立台灣學，民國85年1月11日；薛琦，「國家安全戰略與經濟」，國立台灣大學，民國85年1月18日；徐博生，「國家安全戰略」，國立台灣大學，民國85年2月8日。

④ 曾復生，同註③。

⑤ 同註④

⑥ 同註④

⑦ 以區域安全爲主旨的亞太安全體系可如上表「亞太安全體系」示之。目前（一九九六年）只有我國和北韓尚未參與會議，一九九六年三月二十至二十三日爲期三天，在泰國佛統（Nakhon Pathom）召開「亞太安全會議」。兩岸的緊張情勢，因中共代表一開始就表明是中國內政問題，故始終沒有被提出來。此次會議」。兩岸　緊張情勢，因中共代表一開始就表明是中國內政問題，故始終沒有被提出來。此次會議評估「東協論壇」（ARF）在維護與推行亞太安全及和平的成效，討論武裝部隊在全球性安全任務（和平維持）、區域安全任務（建立互信）、國家安全任務（軍民關係）等三方面任務所扮演的角色。林敏，「亞太安全合作」，國防譯粹，第二十三卷，第十一期（民國85年11月1日），頁五—十一；高一中，「亞太安全對話」，同前，頁一一二—一一八。

⑧ 中國時報，民國85年6月6日，第三版。

第四節　國家之整合與統一——兼論中國之統一

有了現代化民主開放國家，有了現代化國防軍事建設，亦有良好的國際關係與戰略經營，是否確保國家的長治久安?對於一個已經完成整合（Integration）和統一的國家而言，這是肯定的。但對分裂中國家（如我國、韓國）及未完成整合國家（如英國、俄羅斯、加拿大），則必定不是。

整合與統一是研究國家安全，追求國家長治久安的最後一道困境。按社會科學百科全書（The Social Science Encyclopedia）的解釋，整合是「部分」發展成「整體」的過程，整合過程就是各種力量的相互激盪，包含比較、鬥爭、衝突、合作、階層（Hierarchy）與認同（Identity），當然也可能是趨向瓦解（Destroy）。整合的內容包含許多複雜的面向，如歷史、文化B社會、經濟或現實政治。（註①）可見統一是整合的結果，國家整合（National Integration）最好的結果就是國家認同（National Identity）建立整合完成而統一的國家。本文舉我國及其他尚未完成整合與統一的國家爲例，論証這是國家安全最後難題，尚待突破的困境。

國家整合、統一與國家安全

中國歷史的發展雖未合孟子的「五百年爲一治亂循環」說，但亦合乎他的「一治一亂」說，觀察各國歷史發展亦不過如此。惟我國的國家整合起源很早，　國父就說「中國民族自秦漢以後，就是一個民族造成一個國家。」（註②）秦漢以來的兩千年間，雖仍分分合合，基本上只有政權更替而沒有國家認同問題，現在的「中華人民共和國」應爲中國有史以來，唯一的一個對「中國」產生國家認同問題的政權。造成分分合合原因是整合尚未完成，從歷史發展與整合的過程中，發現一個事實：在分裂的時代，國家、政權、人民、社會都處於「不安全」狀態，且愈是大分裂時代，威脅安全因素愈多愈嚴重；反之，則趨於和緩，趨於安全。例舉我國幾個分裂時代如6－1附表」：

所謂「民不聊生」，或曰「國家危亡」，以大分裂、大動亂時代最爲嚴重。但有許多政權之末葉，如明末、晚清，雖未造成國家之分裂，但因異族及列强割據，亦形同分裂，一樣會造成「亡國滅種」。

國家認同或整合未完成之例

隨著蘇聯解體，冷戰結束，全球進入後冷戰時代，也是一個大整合、變動的時代。蘇聯

附表6—1：中國分裂時代概況

國家（政權）	年代	政治、社會情況
春秋戰國	（前770—前221年）約有500年	政治思想的開創時代戰禍慘烈、血流漂杵的年代。
三國兩晉南北朝	（220—589年）計有369年	列國林立，戰禍連年，中華文化與政治思想最消沈的時代，比之歐洲中古黑暗時代。
衰唐五代十國	（756—979年）計有223年	「天下殘破，蒼生危窘」（元結）；澈底的無政府主義，人同裸蟲。（無能子）
中華民國（南、北政府）	民國6—11年(1917—1922)	軍閥紛戰，竊取政權，擅自組織政府，此時中國有南、北兩個政府，國父號召北伐，統一中國。
中華人民共和國與中華民國	民國38—今（1949—）	中華人民共和國以共產主義理念建立共產政權；中華民國以三民主義理念建立民主政治。

解體後各共和國戰火不停，南斯拉夫又分裂成五個國家。不僅「後共產國家」、開發中國家出現各種分離主義，甚至許多現代化民主國家，也因各種內在因素產生分離主義，形成國家認同困擾，如「附表6—2」。而分離主義者所用手段，通常是恐怖攻擊、武力戰或游擊

附表6—2：國際上國家認同或整合未完成之例舉

國家	分離者	手段	原因	現況
俄羅斯	車臣	戰爭、恐怖活動	種族衝突、亡國之恨	1991年車臣宣佈獨立，俄、車之戰，打打停停。
英國	北愛爾蘭	恐怖攻擊	宗教、種族	1969年英國武力併吞北愛，北愛進行恐怖攻擊。
加拿大	魁北克	民主	宗教、民族主義	1995年10月30日公民投票，贊成獨立者49.44%，未成。
義大利	帕丹尼亞（北方）	民主？未定	經濟、社會發展差距太大	1996年5月定國名「帕丹尼亞共和國」，完成政府組織。
法國	科西嘉	游擊戰恐怖攻擊	民族主義	組成「科西嘉民族解放陣線」（FLNC）

戰，造成無數生靈塗炭，更別奢望國家安全與長治久安。

其他尚有國家認同問題者，如伊拉克之庫德族，英國之直布羅陀，義大利之西西里島，印尼之東帝汶，美國有夏威夷。凡此均表示國家整合尚未完成，自然是得不到國家認同的結果。國家認同有問題，即表示國家仍處於不安全狀態。（若能以民主政治方式解決國家認同問題，例如加拿大用公民投票解決，則對國家安全衝擊甚微。）

中國目前的國家認同觀察

中國近代產生的國家認同問題，根本原因是外環境因素的激化，終致不可收拾的分裂。最主要的外環境因素是俄共與日本的侵略和策動，例如「台灣民主國」、「滿州國」、「蒙古人民共和國」、「唐努烏梁海共和國」都是。這些有的已成事實，有的已成歷史，然而所帶來的災難並未結束，需要我們多少代子子孫孫來承擔這些惡果呢？

「舊恨未了，新愁已上心頭。」中國目前的國家認同問題，如「附表6—3」，（附表6—3中國目前的國家認同問題，特別是新疆、西藏地區的分離主義者採用恐怖攻擊手段，預判未來更大的動亂可能難以避免。分離主義（Separation or Secession）常以民族或種族主義爲訴求，要求分離母國而獨立，充滿浪漫主義（Romanticism），以爲獨立後「公主與王子從此過著幸福美滿的日子。」殊不知帶來更大災難，更多戰火。如索馬利亞、盧安達、薩伊、衣索比亞等國，內戰連年，餓孵遍野都是實例。

國家安全是一個整體的問題，不應割裂而單獨思考。若台灣獨立，對西藏、新疆或其他地區會有「學習」或「骨排」效應；而中國任何地區的分裂與動亂，對台海安全就是一個「安全顧慮」，這不僅是相同的歷史、文化使然，也是共同的生活安危使然。梁啓超從地緣戰略觀點曾說，「中國者，天然大一統之國也。人種一統，言語一統，文學一統，風俗一

附表6—3：中國目前的國家認同問題

國名（地區）	現　況
中華民國	是一九一二年國父所創建，是兩千年歷史、文化的中國，沒有國家認同問題，但「中華民國在台灣」並不能代表全中國，只是中國一部份。
中華人民共和國	中共非中國，亦非歷史、文化的中國，國際上雖有法人資格，但不能代表全中國，只是中國一部份。
新疆	激進派「東土耳其斯坦人民聯合民族革命陣線」，穩健派「自由維吾爾斯坦黨」，另有「維吾爾聯合民族革命陣線」均積極活動，中共採嚴厲鎮壓政策。
西藏	分離主義者利用炸彈、暗殺攻擊，中共提升快反部隊作戰能力，以利鎮壓。
台灣	民進黨、建國黨、建國會均正式組成，以終結中華民國，建立「台灣共和國」爲目標，動亂可能難免。

統，而其根原莫不由於地勢。」（註③）且從中華民國領土「固有之疆域」形成後，不論沿海、邊疆或內地，不僅是安危與共，且存亡相連，近代史「鐵証如山」，不可或忘。

國家整合與統一的困境和途徑

一七七六年，全世界有三十五個國家，今天已接近二百個國家。連美國的夏威夷也在醞釀獨立，加州北部諸郡正在進行脫離，另行成立新州。前美國國務卿克里斯多福就職前，在參院任命聽証會上說：「我們如果找不出不同族群在一國之內和平共處之道…未來我們將有五千個國家，而非目前這將近兩百個國家。」（註④）國家不論大小，族群不論眾寡，以完成整合與統一，才是國家長治久安之道。國家整合的基本困境不外四項：（註⑤）

一、種族主義（Ethnocentrism）的困擾

或是一種部落主義（Tribalism），通常存有「自我爲中心的意識」，易於形成「封閉人格」，自然產生以「反對」代替「自衛」的行爲，「種族效忠」是因，「分離主義」只是結果。

二、種族語言紛歧（Ethnic－Linguistic Divershity）障礙

語言是人類了解和溝通的主要工具，在「政治不安定」的因素中，高度種族語言分歧（Ethnic－Linguistic Fractionalization）的結果，乃形成政治危機的主因。故語言的統一是國家整合的基礎，亦是國家認同的條件。

三、地域認同（Regional Identity）觀念的衝突

「土地」是人類生命依存的泉源，當人們有了地方性認同，就形成了「鄉土本位主義」（Regionalism），習慣性把其他地區的人列爲「非我族類」加以排斥。如「閩人治閩」、「住民自決」，都可能形成地方割據，徒增加國家整合的困難。

四、宗教信仰的歧異與衝突

宗教是人類在時空中創造出來不可見的實體世界（A World of Unseen Entities），具有某種型態的控制力。 國父孫中山先生認爲宗教是民族的起因，也是民族構成要素之一。（註⑥）故宗教乃對國家整合有不可忽視的潛力，西洋歷史上長達一千年「黑暗時代」就是爲政教衝突。直到目前許多國家的內部分裂危機仍然是宗教問題，如中東各國、英國、印度，都還因宗教問題產生國家整合的危機。

在國家發展或整合的某些階段，社會制度也可能是國家整合的困境，整合不成即形成分裂或內戰。如早期美國的黑奴制度，南非的種族隔離，毛澤東把知識份子打成「臭老九」。今天印度的「種姓制度」（Caste System）仍是牢不可破。（註⑦）這些都是國家整合的困境。其他影響國家整合的因素，還有人口成長太快，經濟發展太慢，不健全的教育，政軍派系鬥爭等。

解決國家整合問題的途徑雖多，惟難度均高。主要者應爲合法性的增强、平等的政策取向和國家認同感的建立。簡述如下：

一、政治合法性（Political Legitimacy）的增強

簡單的說，這是指民心對政權的支持程度。若支持程度高易於形成多數共識，國家整合則可成；反之，人民對政權會產生政治不信任和政治疏離，逐漸形成政治對立（Political Opposition）和「零和衝突」（Zero－Sum Conflict），國家即陷於四分五裂的局面。

二、平等（Eguality）的政策取向

「不平等」是人類社會各種衝突的「原爆點」，有先天不平等或後天不平等，而表現在種族、性別、階級等方面。所以 國父孫中山先生才說，三民主義就是打不平等的，要把不平等的世界，打成平等。（註⑧）如我國憲法第五條規定各民族一律平等，第七條規定人民「無分男女、宗教、種族、階級、黨派，在法律上一律平等。」國家之內必須建立基本的平等社會，不但有利於完成國家整合，也易於形成一個現代國家。

三、建立一個相互尊重與多元包容的社會

國家認同是國家整合最好的結果，各個族群使用共同的國家語言，認同共有的政治符號（如國旗），形成全民共同的「公共意志」（或稱國家精神），多數國民的價值觀也相同。此時，政府的執政者雖按時更替，但國體和政體已不再變動，國家更是永存、永在、永續地發展。

中國從一九四九年以來，兩岸成爲分裂分治的局面，國家整合尚在「零和」階段，要達

到認同一個國家還是一條遙遠的路。中國的分裂乃超越了國家整合問題，而是內外因素互動的結果，內者是國家整合困境無法突破，整合途徑未能依循進行；外者是國際共黨赤化的結果。同時因國際共黨介入而造成國家分裂，與我國類似者有德國和韓國，德國已回歸統一，韓國與我國尚在努力中。

若兩岸各自建設現代化國家，各自進行建軍備戰，各自開拓國際關係與國家安全戰略經營，而統一問題始終不能正視解決。從國家安全觀點來看，「統獨」問題就是威脅國家安全最大的因素，中國一日不統一，國家認同一日不解決，國家就會始終處於「不安全」狀態中。

註　釋

①Adam Kuper and Jessica Kuper, The Social Science Encyclopedia（London：Routledge and Kegan paul, 1984）（在台北發行出版：唐山出版社），P.401。

②國父全集，中國國民黨中央黨史委員會，第一冊（台北：中央文物供應社，民國69年8月，第三版），頁壹—三。

③梁啓超，飲冰室全集（台北：智楊出版社，民國82年），頁四三四。我國山河系統的完整性，自成天然一統之局，若無外力介入，此實民族融和之基礎。先總統　蔣公在「中國之命運」一書第一章，亦有詳盡之論述。

④中國時報，民國85年5月31日，第三版。

⑤彭堅汶，孫中山三民主義建國與政治發展理論之研究（台北：時英出版社，民國76年12月），第二章，第三節。

⑥同註②，頁三—四。

⑦種姓制度是印度數千年堅牢不破的社會階級制度，把人分成四個等級。即最上等的婆羅

門（Brahmin，如祭師、僧侶），其次剎帝利（Kshastrya，如王室、官吏、戰士），再次吠舍（Vaisyas，為農、商等平民），最下等首陀羅（Sudras，奴隸或社會公認卑賤的服務業）。這四個等級在政治、法律、社會、經濟等各方面都是不平等的。印度在歷史上大多數時間是衰蔽的，屢招外敵入侵，國家四分五裂，與種姓階級的複雜支離有關，國家整合困難重重。江炳倫，亞洲政治文化個案研究（台北：五南圖書出版公司，民國78年6月），第三篇。

⑧ 同註②，第二冊，頁六三七。「平等」是　國父建立國家很重要的理念，欠缺平等觀念的暸解，就根本無法暸解三民主義。民族主義不僅追求國內各族群的平等相待，更追求中國在國際上的平等。民權主義追求人民政治地位的平等，民生主義追求人民經濟地位的平等。總的來說，　國父希望建設一個「眞平等」的社會，一個現代化中國。可參見三民主義各講。

結　論

有關國家安全的研究，到此可發現一個事實，在國家發展的過程中，達到一個現代國家應有的條件，有良好的政經制度與國家安全政策，並能在國家戰略指導下開拓有利的國際關係。那麼，不論是「地廣人眾」或「小國寡民」之國，基本上就具備「長治久安」之道。蘇聯的解體，美國的富強，以色列或新加坡仍受各國尊崇，都印證了本書所論長治久安之「道」。

但另一個事實—歷史上仍未發現有永不滅亡的國家，也印證了大史學家湯恩比（Arnold J. Toynbee, 1889－1975）的理論，文化成長之後必有衰亡，但真正滅亡之前尚有「崩裂」與「瓦解」的複雜過程。當創造力消竭，成長不再時，少數創造者變成少數專權者，想用權力集中或暴力維持，就會引發普羅（proletariat）大眾的反叛。湯恩比已經預見這樣的情形，當他在一九三八年寫「歷史研究」第五卷時，就堅信中國已可預見滅亡，因爲中國當時正在內憂外患的蹂躪下苟延殘喘。依湯氏之見，這就是崩裂與瓦解之間的「僵而不死的現象」。（註①）但是，中國並未如湯因比所預見的滅亡。到中共在大陸建立新政權時，湯氏又察覺到「大一統國家在中國重現的契機中，仍然存在」，他肯定的說：「今日之中國已以共產主義取代了儒家思想」。（註②）他没有生見共產主義「走回歷史」，及儒家思想的復甦。這其實不是他的差錯，歷史的發展往往超越了人類智慧。

既然如此，我們是否在追求一個背離事實的「政治神話」（Political Myth）？追求國家長治久安，永存不亡，永續經營。這是否又是一個政治神話或「國家神話」（The Myth of the State）呢？縱使神話，也的確與事實有關，雖然它不是事實，但是事實的表現。統治階層的神話是其權力體系的一部份，雖不易測量，但卻是事實。（註③）所以我們說神話是事實的表現，或說人們追求國家長治久安，永久或最久的和平與安全，是人類「心理」事實的表現，人們的內心深處，無不渴望過著和平安全的日子！

因爲我們渴望和平與安全，所以不論個人、團體或政府」才投入無數心力，追求國家的長治久安，把「心理」事實轉變成「現實」事實─永久或最久的和平安全。在本書討論國家安全範圍（第一章）時，說過包含外力入侵（國際安全）、建軍備戰（軍事安全）及社會結構與發展（內部安全）等三部分。人類歷史上由於戰爭頻繁，往昔均把國家安全重點放在建軍備戰與國際安全兩方面。但因社會發展及轉型失調，各國推行現代化及民主政治帶來强大的後遺症尚難克服，「後現代」雖有反思，但困境尚未突破。所以近年論國家安全者，已把重點放在內部安全。我們追根究底，能瓦解一個國家的安全體系，而最後能導至國破家亡者，就是內部因素（恐怖攻擊、種族主義、社會動亂、派系鬥爭、腐化惡化、治安敗壞等），這個「事實」早已被史學家湯恩比和政治思想家盧梭發現過，國家之亡是從內部腐化、惡化開始的。換言之，社會內部瓦解是「因」，亡國是最後的「果」，但「社會為什麼會變成即將瓦解的樣子呢？」則還有更初始之因，盧梭在「民約論」中提出導至亡國的最初始之因：

一、議會意見紛歧，吵鬧不休，私利抬頭，為國家衰亡之徵。

二、當任何人說國家大事「於我何關？」的時候，我們便可認該國亡了。

三、當公民不以公共服務為主要事務，他們寧願出錢而不願出力時，國家便瀕於覆亡了。

四、立法權是國家的心臟，心臟一經停止工作，這動物便死亡了。

五、政府首長不能依法行政，集權與專政即導至國家解體；但政府無能、軟弱，國家也會陷於滅亡。（註④）

盧梭論述國家滅亡的初始之因，都是內部因素。如何延長國家的生命—延續最久的和平與安全，盧梭認為要靠組織（制度），但最好的組織與制度的國家也有終結之日，（註⑤）故本書各章之論國家安全政策、制度、戰略，都應在國家安全「制度」規範下進行，才是國家長治久安之道。

註釋

① 汪榮祖，「湯恩比的大歷史」，歷史月刊，第一〇六期（民國85年11月5日），頁八二—九一。

② 同註①

③ 孫廣德，政治神話（台北：台灣商務印書館，民國79年9月），第一章。

④ 盧梭之論國家滅亡，或威脅國家安全之因素甚為深入。國家之生存不是靠法律，而是靠立法權。盧梭認為行政權是國家的腦部，立法權是國家的心臟，腦筋麻木人成了白癡，還可以生存，但心臟停止工作，人就死了。這個比喻從現代觀點看雖然欠當，但國家生存靠立法權則是事實。最良好的組織（制度）都賴立法權產生或修訂，只有最好的組織與制度能夠延長國家的生命。盧梭，民約論，徐百齊譯（台北：台灣商務印書館，民國57年7月臺二版），第二、三篇相關各章節。

⑤ 同註④，頁一一九。

參考書目

本書參考書目頗多，概有英文、中文、翻譯叢書、前人（古代）作品、各類工具書、博、碩士研究生論文、學術研討會論文、大陸出版品、講座（演講）、期刊、訪談、私人出版及未出版資料、法律文件（含中共與國際法）、時事報導、政府及民間各類出版品等，在各章節均已註明引用資料來源。爲簡化參考書目之編列，僅舉其大要者，區分九個部份，並爲參閱之方便，依序加上編號。

壹、英文部份

1. Adam Kuper and Jessica Kuper. The Social Science Encyclopedia. London : Routledge and Kegan paul, 1985.（國內出版發行，台北：唐山出版社）

2. Bernard C. Cohen and Scott A. Harris. Foreign Policy. Fred I. Greenstein and Nelson W. Polsby, no. 6. Massachusetts : Addison – Wesley Publishing Company, 1975.

3. Chow Tse－tsung, The May Fourth Movement. combridge：Harvard University Press, 1964.
4. Janiel J. Kaufman Jeffrey S. Mckitrick and Thomas J. Leney. U.S. Natiuonal Security. Massachusetts：Lexington Books, 1985.
5. David O. Sears. Political Socialization. Fred I. Greenstein and Nelson W. Polsby, no.2. Massachusetts：Addison－Wesley Publishing Company, 1975.
6. Dwight Waldo. political Science：Tradition, Discipline, profession, Science, Enterprise. Political Science：Scope and Theory, no.6. Massachusetts：Addison－Wesley Publishing Company, 1975.
7. David Robertson. A Dictionary of Modern Politics. London：Europa Publications Limited, 1985.
8. Encyclopaedia Britannica, Vol, 16－19. London：Encyclopaedia Britannica, INC. 1968.
9. George H. Quester. The World Political System. Fred I Greenstein and Nelson W. Polsby, no. 8. Massachusetts：Addison－Wesley Publishing Company, 1975.
10. Harold D. Lasswell. Research in Policy Analysis：The Intelligence and Appraisal Functions. Handbook of Political Science, no.6. Massachusetts：Addison－Wesley Publish-

ing Company, 1975.
11. John Norton Moore ; Frederick S. Tipson ; and robert F. Turner. National Security Law. North Carolina : Carolina Academic press, 1990.
12. Lucian W. Pye. Aspects of political Development. Massachusetts Institute of Technology, 1966.（國內出版發行，台北：虹橋書店，民國72年6月16日，第1版）
13. Lucian Pye. The Dynamics of chines Politics. Cambridge : Oelgeschlageer, Gunn and Hain, Publishers, Inc. 1981.
14. Lucian W. Pye. Asian Power and politics. U.S. Harvard University Press, 1985.
15. Michael E. Brown ; Sean M. Lynn – Jones ; and Steven E. Miller. East Asian Security. Masschusetts : The MIT press, 1996.
16. Norman J Padelford ; and George A Limcoln. International Politics. U.S. Military Acadeny press, 1954.
17. Richard Smoke. National Security Affairs. Handbook of Political Science, no.8. Massachusetts : Addison – Wesley Publishing Company, 1975.
18. Robert A. Dahl. Palyarchy, Participation and Oppostion. New Haven and London : Yale University Press, 1971.

19. Robert A. Dahl. Governments and Political Oppositions. Handbook of Political Science, no.3. Massachusets：Addison－Wesley Publishing Company, 1975.

20. Willam M. Carpenter；Dennis J. Doolin；Richard B. Foster；Stophon P. Gibert；Harold C. Hinton；Garrett N. Scalera；Richard G. Stilwell. Long Term Strategic Forecast For the republic of China. Taipei：Institute for International relations, 1980.

貳、中文部份（含翻譯叢書）

1. 丁肇强。軍事戰略。台北：中央文物供應社，民國73年3月。

2. 干國勳等著，藍衣社復興社力行社。台北：傳記文學出版社，民國73年11月30日。

3. 王文彝。羅馬興亡史。台北：台灣中華書局，民國73年1月臺七版。

4. Bruce Palmer, Jr.Etc. 一九八〇年代的大戰略。王正乙譯，台北：黎明文化出版公司，民國74年9月。

5. Samuel P. Huntington。轉變中社會的政治秩序（Political order in Changing Societies）。江炳倫、張世賢、陳鴻瑜合譯，第三版。台北：黎明文化出版公司，民國74年12月。

6. 江炳倫。政治發展的理論。台北：台灣商務印書館，民國74年3月，第五版。

7. 江炳倫。亞洲政治文化個案研究。台北：五南圖書出版公司，民國78年6月。

8. 丘宏達編。現代國際法基本文件。台北：三民書局，民國80年3月。

9. Martin E. Weinstein。日本戰後的國防政策（Japan's Postwar Defense Policy, 1947－1968）。孔中岳譯。台北：國防部編譯局，民國61年2月。

10. 孔令晟。大戰略通論。台北：好聯出版社，民國84年10月31日。

11. 李登輝。經營大台灣。台北：遠流出版公司，民國85年1月15日。

12. 李樹正。國家戰略研究集。台北：自印本，民國78年10月10日。

13. 李其泰。國際政治。台北：正中書局，民國65年3月臺七版。

14. 李啓明。不戰而屈人之兵。台北：台灣中華書局，民國85年1月。

15. Maxwell D. Taylor。變局中的國家安全（Precarious Security）。李長浩譯。台北：黎明文化出版公司，民國71年3月。

16. 卡爾・巴柏。開放社會及其敵人。李英明、莊文瑞譯，第三版。台北：桂冠圖書公司，一九八八年元月二十日。

17. Harry G. Summers—論戰略：對越戰的重要評析（On Stategy：A Critical Analysis of The Vietnam War）。李長浩譯。台北：國防部史政編譯局，民國75年8月。

18. 汪大鑄。國防地理。台北：帕米爾書店，民國44年11月。
19. 杜陵。中共公安制度研究。台北：中央警官學校，民國76年12月
20. Alvin Toffler。大未來（Powershift）吳迎春、傅凌譯，第二版。台北：時報文化出版公司，一九九五年三月三十日。
21. 林紀東等著。憲法戒嚴與國家動員論。台北：漢林出版社，民國73年1月。
22. 林秀欒。各國總動員制度。台北：正中書局，民國58年4月。
23. G.Etzel Pearcy 等著。世界政治地理（World Political Geography）。屈彥遠譯，第四版，上下冊。台北：教育部，民國73年10月。
24. 金耀基。金耀基社會文選。台北：幼獅文化事業公司，民國76年6月，第四版。
25. Air Command and Staff College Air University。美軍國家安全組織（Organization for National Security）。林哲也、張雨田譯。台北：空軍總司令部，民國48年11月。
26. 張柏亭。腓特烈大帝之研究。台北：國防部，民國49年11月。
27. 盧梭。民約論。徐百齊譯，臺二版。台北：台灣商務印書館，民國57年7月。
28. 馬漢。海軍戰略論。楊鎮甲譯。台北：軍事譯粹社，民國74年5月1日。
29. 陸民仁。經濟學。台北：三民書局，民國69年1月增訂六版。
30. 高希均。經濟學的世界，上下篇，第一版。台北：天下文化出版公司，民國80年1月31

日。
31. 陳民耿。地緣政治學，一、二冊。台北：中華文化出版事業委員會，民國45年5月。
32. 陳福成。決戰閏八月—後鄧時代中共武力犯台研究。台北：金台灣出版公司，民國84年7月10日。
33. 陳福成。防衛大台灣—台海安全與三軍戰略大佈局。台北：金台灣出版公司，民國84年11月1日。
34. 陳水逢。現代政治過程論。台北：財團法人中日文教基金會，民國79年8月。
35. 秦孝儀主編。中華民國政治發展史，一—四冊。台北：近代中國出版社，民國74年12月25日。
36. 馬起華。政治學原理，上下冊。台北：大中國圖書公司，民國74年5月。
37. 孫紹蔚。民防體制概論。台北：中央文物供應社，民國70年11月。
39. 孫廣德。政治神話論。台北：台灣商務印書館，民國79年9月。
40. 郭爲藩。人文主義的教育信念，第三版。台北：五南圖書出版公司，民國82年12月。
41. 息曙光。世界戰略大格局。台北：風雲時代出版公司，民國82年9月。
42. 柯林士。大戰略。鈕先鍾譯。台北：黎明文化出版公司，民國64年6月。
43. James R. Schlesinger。國家安全的政治經濟學（The Political Economy of National Se-

curity）。鈕先鍾譯。台北：軍事譯粹社，民國64年3月。

44. 李德哈達。戰略論。鈕先鍾譯。台北：軍事譯粹社，民國74年8月增訂五版。

45. 富勒。戰爭指導。台北，軍事譯粹社，民國63年12月。

46. 克勞塞維茨。戰爭論。鈕先鍾譯。台北：軍事譯粹社，民國69年3月20日。

47. 鈕先鍾。現代戰略思想。台北：黎明文化出版公司，民國74年6月。

48. Ray S. Cline。世界各國國力評估。鈕先鍾譯。台北：黎明文化出版公司，民國71年5月。

49. 薄富爾。戰略緒論。鈕先鍾譯。台北、軍事譯粹社，民國69年3月。

50. Paul Kennedy 強權興衰（The Rise and Fall of The great Powers）。鈕先鍾譯。台北：國防部史政編譯局，民國82年6月。

51. Michael Mandelbaum。近代國家之安全策略（The Fate of Nation）。黃德春譯。台北：國防部史政編譯局，民國82年4月。

52. Alvin and Heidi Toffler。新戰爭論。傅凌譯。台北：時報文化出版公司，一九九四年元月十五日。

53. 黃瑞祺。批判理論與現代社會學。台北：巨流出版公司，民國74年2月。

54. 彭堅汶。孫中山三民主義建國與政治發展理論之研究。台北：時英出版社，民國76年12

月。
55. 華力進。政治學。台北：經世書局，民國76年10月增訂一版。
56. 鄧元忠。三民主義力行社史。台北：實踐出版社，民國73年8月。
57. 謝文治。國際關係研究綱要。台北：中國文化大學出版部，民國75年3月六版。
58. 韓立基、潘富德譯。一九九〇年代日本之安全保障。台北：國防部史政編譯局，民國74年6月。
59. 謝高橋。社會學。台北：巨流圖書公司，民國73年6月。
60. 薩孟武。中國政治思想史，增補五版。台北：三民書局，民國76年3月。
61. 薩孟武。西洋政治思想史。台北：三民書局，民國67年6月。
62. 蕭公權。中國政治思想史，上下冊，新三版。台北：中國文化大學出版部，民國74年7月。
63. 楊日旭。街頭運動與民主憲政。台北：黎明文化出版公司，民國77年8月。
64. 日本防衛廳。日本防衛白皮書（防衛白書）。曾清貴譯。台北：國防部史政編譯局，民國69年3月。
65. 日本防衛廳。一九八五年日本防衛白皮書（昭和60年版防衛白書）。廖傳紘譯。台北：國防部史政編譯局，民國77年2月。

66. 日本防衛廳。一九八七年日本防衛白皮書（昭和62年版防衛白書）。曾清貴譯。台北：國防部史政編譯局，民國77年12月。
67. C.W.Borklund。美國國防部。葛敦華譯。台北：國防部編譯局，民國61年1月。
68. Robert F. Turner。美國戰爭權決議案之理論與實務。楊日旭譯。台北：國民大會憲政研討委員會，民國74年5月。
69. 鄭學稼。中共興亡史，第一、二卷。台北：帕米爾書店，民國73年6月。
70. 蔣緯國。國防體制概論。台北：中央文物供應社，民國70年3月。
71. 鄭介民。軍事情報學。台北：國家安全局，民國47年2月。
72. 劉仲平。中國軍事思想。台北：中央文物供應社，民國70年12月。
73. 劉仲平、魏汝霖合著。中國軍事思想史，第三版。台北：黎明文化出版公司，民國70年5月。
74. 劉清波。中國大陸司法制度。台北：華泰書局，民國84年4月。
75. National Defense University。美國國家安全政策之制訂（National Securty Policy Formulation）。劉正侃譯。台北：三軍大學，民國69年元月。
76. Jomes Banfard。美國全球性通訊情報透視（The Puzzle Palace：A Report on NSA, America's Most Secret Agency）。葉信庸譯。台北：國防部史政編譯局，民國77年4

月。

77. Neville Brown（納維爾勃朗）。英國的軍備與戰略。錢懷源譯。台北：國防部史政編譯局，民國62年9月。

參、政府（機構、團體）部份

1. 中國國民黨中央委員會黨史委員會。國父全集，第一、二冊。台北：中國國民黨中央委員會黨史委員會，民國77年3月1日再版。
2. 新華書店。毛澤東選集，第一、二、三卷。北京：人民出版社，一九七一年四月。
3. 中國歷代戰爭史編纂委員會。中國歷代戰爭史。台北：黎明文化出版公司，民國69年4月修訂再版。（第二、四冊）
4. 石牌訓練班函授研究部。國內安全工作。台北：石牌訓練班，民國51年5月。
5. 立法院圖書館。公共安全，上下輯。台北：立法院圖書館，民國76年9月。
6. 台灣警備總司令部。英國民防組織與作業管制。台北：台灣警備總司令部，民國48年6月。
7. 中華民國八十五年國防白皮書。台北：黎明文化出版公司，民國85年5月。

8. 國防研究院。國防建設論文集。台北：國防研究院出版部，民國56年10月。
9. 國家統一綱領與大陸政策。台北：國立編譯館，民國82年3月。
10. 美國國家安全管理學概論。台北：國家總動員委員會，民國59年4月。
11. 中華民國政府組織與工作簡介。台北：行政院研究發展考核委員會，民國82年7月6日。

肆、古籍部份

1. 袁少谷註。左傳詳譯。台北：五洲出版社，民國60年4月1日。
2. 司馬遷。史記。台北：宏業書局，民國79年10月15日。
3. 曹操等注。孫子十家註。台北：世界書局，民國73年3月。
4. 左丘明。國語。台北：漢京文化事業公司，民國72年12月31日。
5. 廿五史，晉書、北史、周書、隋書、北齊書，武英殿版。台北：德志出版社，（出版時間不詳）。

伍、學術研討會論文、演講、訪談

1. D.C.Daniel and K.L.Herbig。軍隊現代化研討會論文集。朱德穩、王正己、海峨合譯。台北：黎明文化出版公司，民國76年2月。
2. 中央警官學校。公共安全學術研討會論文集。台北：中央警官學校，民國75年8月。
3. 政治作戰學校研究部政治研究所。國家安全學術研討會論文集。台北：政治作戰學校，民國85年6月7日。
4. 薛琦：國家安全戰略與經濟。台北市：國立台灣大學軍訓室，民國85年1月18日。
5. 徐博生。國家安全戰略。台北市：國立台灣大學軍訓室，民國85年2月8日。
6. 包宗和。國家安全與政治。台北市：國立台灣大學軍訓室，民國85年1月4日。
7. 孔令晟。縱觀天下大勢。台北市：國立台灣大學軍訓室，民國85年3月。
8. 鄭毓珊。國家安全與國防科技。台北市：國立台灣大學軍訓室，民國85年1月25日。
9. 李登科。國家安全與外交。台北市：國立台灣大學軍訓室，民國85年3月21日。
10. 曾復生。九十年代中華民國國家安全戰略分析。台北市：國立台灣大學軍訓室，民國83年10月13日。

11. 曾復生。國家安全戰略與資訊—九十年代中共國家安全戰略研析。台北市：國立台灣大學軍訓室，民國85年1月11日。

12. 賀俊。武器系統之需求計畫與使用管理。台北市：國立台灣大學工學院，民國81年10月28日。

13. 中正理工學院暨中華民國人文科學研究會。第一屆軍事社會學學術研討會論文集。台北世貿國際會議中心，民國85年4月12日。

14. 陳福成、陳梅燕，訪鈕先鍾先生談國家安全，台北：鈕先生居所，民國八十五年元月十六日。

陸、研究生論文

1. 林吉郎。臺海軍事衝突時期的戰略／外交分析（一九五四—一九五八）。政治作戰學校政治研究所，博士論文。

2. 陳福成。中國近代政治結社之研究。政治作戰學校政治研究所，碩士論文，民國77年6月。

柒、期刊

1. 周紀祥。「中共武警制度研析」，中國大陸研究，第34卷，第6期。民國80年6月，頁七三—八三。
2. 陳璋津。「中共的權力機制」，中國大陸研究，第36卷，第五期。民國82年5月，頁二一—三三。
3. 吳新興。「台北務實外交對兩岸關係的意義」，中國大陸研究第37卷，第10期。民國83年10月。
4. 「鄧後中國大陸何去何從」研討會，中國大陸研究，第38卷，第三期。民國84年3月。
5. 丁樹範。「中共軍事現代化與亞太安全機制」，中國大陸研究，第38卷，第7期。民國84年7月，頁6－20。
6. 宋國誠。「中共綜合國力的分析模式及其測算」，中國大陸研究，第39卷，第9期。民國85年9月，頁五—二六。
7. 閻淮。「中國大陸政治體制淺論」，中國大陸研究，第34卷，第八期。民國80年8月。頁一八—四〇。

8. 錢復。「一九九〇年代中華民國外交政策的新取向」，問題與研究，第30卷，第10期。民國80年10月10日，頁一—九。
9. 何思因。「亞太地區的國際安全」，問題與研究，第6期。民國80年6月，頁一—八。
10. 張隆義。「日本自衛隊與海外派兵問題」，問題與研究，第31卷，第12期。民國81年12月10日，頁一二—二四。
11. 芮正皋。「中華民國的務實外交回顧與展望」，問題與研究，第32卷，第4期。民國82年4月10日，頁三三—五〇。
12. 金榮勇。「一九九〇年代日本的亞太政策」，問題與研究，第32卷，第6期。民國82年6月，頁三〇—三九。
13. 趙建民。「一九九〇年代中華民國的務實外交」，問題與研究，第32卷，第1期。民國82年1月10日，頁一—一六。
14. 林碧炤。「論集體安全」，問題與研究，第33卷，第8期。民國83年8月，頁一—二三。
15. 周世雄。「概念性探討國際和平與集體安全」，問題與研究，第33卷，第五期。民國83年5月，頁六五—七三。
16. 張麟徵。「分離主義的內省與外觀」，問題與研究，第33卷，第10期。民國83年10月，頁一一二一。
17. 陳文賢。「聯合國與集體安全」，問題與研究，第34卷，第9期。民國84年9月，頁一一一一。
18. 李國雄。「東協安全機制的演變與區域秩序」，問題與研究，第34卷，第9期。民國84年9月，頁二一一四〇。
19. 王高成。「東協與亞太區域安全」，問題與研究，第34卷，第11期。民國84年11月，頁六〇一六七。
20. 莫大華。「安全研究之趨勢」，問題與研究，第35卷，第9期。民國85年9月。
21. 陳福成。「戰爭與和平理念之體認」，陸軍學術月刊，第三四一期，民國83年1月16日，頁一七一二〇。
22. 陳福成。「對常與變戰爭理念之體認」，陸軍學術月刊，第三三六期。民國82年8月16日，頁一九一二四。
23. 鈕先鍾。「後冷戰時代美國戰略的預測」，國防雜誌，第八卷，第十期。民國82年4月5日，頁九一二〇。
24. 宋曉剛譯。「亞太地區之安全」，國防譯粹，第十九卷，第七期。民國81年7月1日，頁一八一二三。

25. 張台航譯。「英國國防組織重整」，國防譯粹，第二十卷，第十二期。民國82年12月1日，頁二二—二八。

26. 黃廣山。「日美關係與亞太安全」，國防譯粹，第23卷，第一期。民國85年1月1日，頁四—一〇。

27. 劉好山。「日本新防衛計畫大綱」，國防譯粹，第23卷，第8期。民國85年8月1日，頁四八—五五。

28. 林敏。「亞太安全合作」，國防譯粹，第23卷，第11期，民國85年11月1日。頁四—十一。

29. 周茂林。「美國陸軍梗概」，國防譯粹，第23卷，第4期。民國84年4月1日，頁五二—七一。

捌、法律文件（我國、中共及國際法）

1. 中華民國憲法，民國36年元月1日國民政府公布，同年12月25日施行。

2. 動員戡亂時期臨時條款，民國37年5月10日公布，61年3月23日第四次修正公布。

3. 中華民國憲法增訂條文，民國83年7月28日國民大會通過，8月1日總統令公布。

4. 國家安全局組織法，民國82年12月30日公布。
5. 臺灣地區與大陸地區人民關係條例，民國81年7月31日公布，同年9月18日施行。
6. 國家安全法，民國76年7月1日公布，81年8月1日第一次修訂公布。
7. 戒嚴法，民國23年11月29日公布施行，38年1月14日修正公布。
8. 妨害軍機治罪條例，民國40年5月6日公布施行，61年2月8日修正公布。
9. 臺灣關係法，一九七九年三月二十八日。
10. 聯合國憲章，一九四五年六月二十六日。
11. 聯合國大會關於聯合維持和平決議，一九五〇年十一月三日
12. 中華人民共和國憲法，一九八二年十二月四日第五屆全國人民代表大會第五次會議通過。
13. 人民警察條例，一九五七年六月二十五日第一屆人代會常委會通過公布。
14. 懲治反革命條例，一九五一年二月二十日中央人民政府委員會第十一次會議通過。
15. 勞動改造條例，一九五四年八月二十六日政務院會議通過，九月七日公布。
16. 中華人民共和國國家安全法，一九九三年二月二十二日第七屆全國人代會常委員通過。

玖、報紙專文

1. 「台灣經驗再定位—政治篇」，聯合報。民國84年8月7日，第六版。
2. 李登輝，「一場和平寧靜的政治革命」，中央日報。民國84年8月22日。
3. 杭亭頓。「比較台星兩國民主改革範例」，自立早報。民國84年8月28日。
4. 杭亭頓，丁連財譯。「全球第三波民主化的發展與鞏固—民主爭千秋」，中國時報。民國84年8月27日，第九版。
5. 「與杭亭頓對話—文明衝突時代來臨了嗎？」。中國時報，民國82年11月14日。
6. 辜振甫。「跨世紀國家發展策略系列講座—我國民間產業如何迎接廿一世紀的挑戰」，中國時報。83年4月30日，第七版。
7. 「東亞現代化的困境與出路」國際研討會論文。中國時報，民國83年6月25日。
8. 聯合報系民意調查中心。「影響目前國內經濟景氣的主要原因」，聯合報。民國84年9月16日，第二版。
9. 李登輝。「第九任總統就職演說—培育新文化重建新社會，擔起文化新中原重任」，中國時報。民國85年5月20日。

10. 艾文・托佛勒、海蒂・托佛勒。「戰爭型態邁入第三波」，中國時報，民國80年3月2日、4日。
11. 「兩岸關係與亞太局勢國際研討會」論文，中國時報。民國85年7月22日奈伊（美國助理國防部長）。「台海不穩定，將威脅美國家安全」，中國時報。民國84年12月14日。
12. 奈伊（美國助理國防部長）。「台海不穩定，將威脅美國家安全」，中國時報。民國84年12月14日。
13. 中共「台灣問題與中國的統一」白皮書，聯合報。民國82年9月1日，第九版。
14. 「臺海兩岸關係說明書」，中央日報。民國83年7月6日。
15. 李光耀。「台灣須從地緣政治角度作長遠考慮」，中國時報。民國85年6月6日，第三版。
16. 張平宜。「走過勞改歲月，劫後餘生話當年」，中國時報。民國85年5月8日，第三十三版。
17. 「預防外交與西太平洋和平與安全」研討會報告，中國時報。民國85年8月30日。
18. 杭亭頓。「西方文明獨特，但非四海皆準」，中國時報。民國85年11月18日。